Jean-Pierre FOUGEA

LES OUTILS
DE LA PRODUCTION
Cinéma et Télévision

Remerciements à :

André CHAUBEAU – Denis CREPIN – Stéphane DAVY
Anne-Sophie BARD – Anne GOZE – Patrick LAMASSOURE
Benjamin MONTELS – François PIERRUGUES
Antoine VIRENQUE – Idzard VAN DER PUYL – Nadia WALRAVENS

DIXIT
EDITIONS

TELEVISION
LE LANGAGE DES IMAGES ET DES SONS
ECRIRE POUR LE JEU
ECRIRE TOURNER MONTER En Numérique Léger
CREER ET GERER UNE ENTREPRISE AUDIOVISUELLE
ECRIRE un COURT METRAGE
LES AIDES AU FINANCEMENT
LES CLES DES PLUS GRANDS SUCCES CINEMATOGRAPHIQUES
LE GUIDE DU SCENARISTE
PRODUIRE ET DIFFUSER EN NUMERIQUE
ESSAI & AUDITION LES TEXTES POUR S'Y PREPARER
LA PRODUCTION AUDIOVISUELLE LES CONTRATS
LE DOCUMENTAIRE Cinéma et Télévision
LA VIDEO NUMERIQUE comment ça marche ?
LE MANUEL DU JEUNE AUTEUR-REALISATEUR
La Programmation d'une chaîne de Télévision
LES PRODUCTEURS
Le montage
ECOLES METIERS CINEMA TELEVISION NOUVELLES TECHNOLOGIES
Le SITCOM
PROFESSION REPORTER D'IMAGES
DVD Normes et Méthodes
TELEVISION L'offre et la demande de programmes
INTRODUCTION AU SCENARIO
PRISE DE SON ET MIXAGE
CONTRATS du THÉÂTRE
ECRIRE UNE COMÉDIE
VOUS ECRIVEZ ? QUELS SONT VOS DROITS ?
Créer Sa WebTv Ou Sa WebRadio
CRÉER DES PERSONNAGES INOUBLIABLES
LES CLÉS POUR CRÉER UN STORYBOARD
FAIRE D'UN BON SCENARIO UN SCENARIO FORMIDABLE
COMMENT FINANCER
ROBERT McKEE STORY
LE JOURNALISME AUDIOVISUEL
Ciné-Passions
LE GUIDE DU THÉÂTRE
PROFESSION PRODUCTEUR
L'ENREGISTREMENT NUMERIQUE SUR CD ET DVD
ESSAI & AUDITION LES PISTES ET LES CONSEILS POUR REUSSIR
L'ASSISTANT RÉALISATEUR
Ecrire son scénario MANUEL PRATIQUE
DICTIONNAIRE Français-Anglais/Anglais-Français DICTIONARY English-French/French-English
LES CONTRATS de l'INTERNET et du MULTIMÉDIA
LES ATELIERS D'ÉCRITURE Guide Annuaire
METIERS ET GENS DE RADIO
LE GUIDE PRATIQUE DU SCENARISTE
Comment Reconnaître Identifier et Définir les Problèmes liés à l'écriture de Scénario
La censure cinématographique aux Etats-Unis
LES 250 MÉTIERS DU CINÉMA DE LA TÉLÉVISION ET DES NOUVELLES TECHNOLOGIES ET LES FORMATIONS QUI Y CONDUISENT
180 C.V. de Scénaristes
www.dixit.f

SOMMAIRE

Catherine MARTEL

LA PRODUCTION AUDIOVISUELLE

LES CONTRATS

Auteurs :
Option
Scénariste
Réalisateur
Oeuvre littéraire
Retrocession - Renonciation
Cession au forfait

Acteurs :
Cinéma
Télévison
Enfant mineur

Exploitation :
Distribution
Vidéo
Télévision
Vente à l'étranger
Achat et vente tous droits

Production :
Développement
Co-production
Participation financière
Production exécutive
Co-production franco-étrangère
Sofica

Techniciens :
Technicien
Réalisateur
Photographe du plateau

Divers :
Achat et vente extrait
Achat et vente court métrage
Conception affiche
Location décor
Image d'un passant

DIXIT ÉDITIONS
PANTHÉON - SORBONNE - UNIVERSITÉ PARIS 1
DESS COMMUNICATION AUDIOVISUEL

Tous les contrats d'auteurs, d'acteurs, de techniciens de production, d'exploitation pour la production cinématographique et télévisuelle.

QU'EST-CE QU'UN PRODUCTEUR ?

I- Les étapes du métier de producteur

1- La structure
2- Recherche de scénario
3- Négociation du contrat avec l'auteur
4- Constitution d'une équipe d'écriture et le suivi de l'écriture
5- Choix et négociation des acteurs
6- Etude financière du projet
7- La recherche de financement
8- L'engagement de l'équipe et le tournage
9- Le montage
10- La sortie du film
11- Le mercredi à 14 heures
12- La gestion
13- Le commis voyageur

II- Etre producteur au quotidien

III- Trois catégories de producteur sur un même film

1- Producteur délégué
2- Producteur exécutif
3- Producteur associé

Qu'est-ce qu'un producteur ?

Dans le dictionnaire, la définition est la suivante : "Qui fournit des produits industriels ou agricoles"; nous ajouterons cette phrase du plus grand producteur français Pierre BRAUNBERGER (plus de 300 films en 65 ans de carrière) : "J'espère n'avoir pas produit trop de navets!".

Qu'est-ce qu'un producteur : un marieur, un accoucheur, un metteur en relation, un créatif, un financier ? C'est peut-être tout cela à la fois.

C'est un métier à forte diversité car il faut être à la fois diplomate, social, inventif, précurseur, comptable, négociateur, directeur artistique, innovateur, psy, avocat, commercial, concepteur publicitaire, gratte-papier, commis voyageur et dans des cas extrêmes : liquidateur.

C'est savoir vendre du vent, transformer ce vent en image et faire rêver.

Ce métier indéfinissable peut être exercé par n'importe qui, il n'est sanctionné par aucun cursus, aucun diplôme, il suffit de mettre sur sa porte ou son papier à lettre "PRODUCTEUR". Il n'est pas nécessaire d'avoir une fortune ou des relations, mais sans doute une passion.

Cet ouvrage n'a pas pour objectif de donner les recettes et le talent mais uniquement une bonne connaissance du fonctionnement de ce métier; il constitue avec l'ouvrage sur les contrats les bases fondamentales du secteur.

À chacun son envie, sa méthode, son intention, son point de vue et son imaginaire qui le conduira vers la production de court métrage, de long métrage, de documentaire, de fiction télé, de film publicitaire ou tout cela à la fois.

I- LES ETAPES

Nous avons établi une sorte de mode d'emploi du producteur en procédant par le déroulement chronologique de son activité, en prenant comme principe la production de longs métrages.
Si la sortie du film constitue une spécificité propre au long métrage, toutes les autres étapes concernent la production en général.

1- La structure

C'est d'abord créer sa société avec un capital de 45 800 euros (règlement du CNC pour pouvoir produire du long métrage, 7 622 euros pour toute autre activité de production). La structure de base c'est un local, un téléphone et un secrétariat. Le coût moyen annuel d'une structure de ce type est de l'ordre de 45 000 euros, hors investissement et hors salaire du gérant. La particularité de cette structure, c'est qu'avec un capital relativement faible, le producteur va gérer des budgets de 2 à 12 millions d'euros, et la société va gonfler et se dégonfler en permanence, en fonction de l'avancement des projets.

2- La recherche de scénario

Dans le cinéma en France, on a une tradition d'auteur-réalisateur, ce qui veut dire qu'il est assez difficile de développer un scénario sans avoir à l'origine la participation de celui qui devra assurer la mise en scène.
Cette tradition, née de la "Nouvelle vague", commence peu à peu à être battue en brèche, mais lentement, trop lentement.
Il est extrêmement rare que la même personne ait à la fois un talent d'auteur et un talent de metteur en scène.
D'ailleurs les secteurs de la publicité et de la fiction télévisuelle ont séparé totalement les deux métiers.
La recherche du scénario, c'est une rencontre avec un livre, une bande dessinée, une pièce de théâtre, un auteur, un fait de société, c'est aussi bien souvent l'évolution d'un couple ou d'un trio auteur-réalisateur-producteur issus du court métrage.

3- La négociation du contrat d'auteur

À ce stade, il faut quelques notions d'ordre juridique pour négocier le contrat en général avec un agent. Le producteur a un problème cornélien : il lui faut impérativement un scénario pour démarrer un projet et il a peu ou pas d'argent pour payer ce scénario. Il va donc choisir entre deux solutions : soit prendre une option limitée dans le temps si possible gratuite, soit signer un contrat avec un "step deal", c'est-à-dire des paiements à ou aux auteurs en fonction des étapes d'avancement du projet.

Quelques exemples d'étapes d'avancement du projet : l'obtention de l'Avance sur Recette, la signature du contrat avec une chaîne généraliste, la signature du contrat avec une chaîne cryptée, le premier jour de préparation, le premier jour de tournage etc. (voir "La Production audiovisuelle - Les Contrats").

Dans tout contrat d'auteur, il est fortement conseillé de se réserver la possibilité de faire intervenir d'autres auteurs à l'écriture, comme il est tout à fait judicieux d'obtenir des délais d'option assez longues.

4- *Constitution d'une équipe d'écriture et suivi de l'écriture*

Il est rarissime qu'un producteur trouve un sujet qui soit finalisé. Il va donc avoir à constituer et animer une équipe d'écriture, équipe à laquelle participera le réalisateur s'il est déjà pressenti. C'est une phase plus ou moins longue où l'implication du producteur doit être importante, s'il veut une équipe d'écriture motivée, qui travaille à un rythme rapide.

Dans le cas d'un sujet de fiction pour la télévision, le ou les diffuseurs interviennent dans la phase d'écriture et bien souvent le réalisateur n'est engagé qu'une fois le scénario terminé.
Dans le cas d'un long métrage, le réalisateur est impliqué dans la majorité des cas dès l'origine de l'écriture.

Le producteur doit être l'animateur de l'équipe d'écriture, il peut même participer à l'écriture (mais c'est souvent mal vécu par le réalisateur).
Le rôle du producteur est déterminant à ce stade car il doit aider le ou les auteurs à améliorer leur sujet sur tous les plans, la structure, le conflit, l'émotion, l'identification, et avoir en permanence en ligne de mire LE PUBLIC et encore LE PUBLIC.
Le succès d'un téléfilm ou d'un film relève d'une adéquation entre l'histoire et le public.
Le producteur va décider à quel stade de l'écriture le scénario est présentable, c'est un choix très important car il faut savoir que ceux qui vont avoir à lire le scénario, qu'ils soient comédiens, intervenants financiers, membre de l'Avance sur Recette, etc., ne le feront pas deux fois. Il faut donc que la "mouture" que l'on décide de présenter soit de qualité même si l'on sait qu'il y aura encore du travail à faire sur le scénario.

Pour qu'un producteur soit efficace par rapport à l'écriture d'un scénario, il doit impérativement connaître les bases de la dramaturgie. Ces bases peuvent être acquises grâce à la lecture d'ouvrages de référence (il y en a chez DIXIT) soit en ayant participé à une formation adéquate. Une des meilleurs formations étant le séminaire STORY de Robert McKee, qui en 4 jours fait le tour complet de la structure narrative (il est organisé par Dixit tous les deux ans).

5- *Choix et négociation des acteurs*

La première question que posera un intervenant financier, surtout dans le cas d'un long métrage, sera : qui joue dans ce film ?
Il faut donc avant de démarrer le financement avoir déterminé le casting, en tout cas pour les rôles principaux : "déterminer" veut dire avoir choisi des comédiens, leur avoir fait lire le scénario, avoir leur accord et si possible une idée assez précise de leurs conditions financières.
C'est une phase assez pénible car c'est l'immobilisme total, l'attente non productive. Ce moment est d'autant plus long qu'il est difficile de proposer le même rôle à plusieurs comédiens à la fois; il faut donc attendre la réponse de celui que l'on a sollicité et si elle est négative, redémarrer sur un autre comédien.

Un comédien "porteur" est par définition extrêmement actif et terriblement sollicité, cela ne facilite pas les choses. Il est vivement conseillé à ce stade de la lecture, de rentrer directement en rapport avec le ou les comédiens sans passer par les agents, cela fait gagner beaucoup de temps, en tout cas en perdre beaucoup moins. Il est vivement conseillé d'engager un casting directeur dont c'est le métier et qui peut avoir un contact direct et privilégié avec les comédiens.

6- *Etude financière du projet*

Il faut apporter un soin particulier à cette étape car le chiffrage qui va être communiqué va servir de base à tous les intervenants, cette étude financière doit être préparée avec minutie, ce qui peut être plus ou moins long en fonction d'éléments nécessitant une réflexion de la part de spécialistes : effets spéciaux, cascades, constructions de décors, etc.

Le devis, c'est un peu comme le scénario, ceux que cela concerne "ne le reliront pas deux fois", on ne peut pas revenir trois mois après en disant mon film coûtera 20 % de plus. Il faut donc avoir une estimation précise et prendre un certain nombre de sécurités au cas où !

7- *La recherche de financement*

La force de conviction, la qualité de narration, les qualités relationnelles du producteur, ses succès récents, vont être des éléments presque aussi important que le package sujet/réalisateur/comédien pour trouver des

intervenants financiers; car il ne faut pas oublier "que l'on vend du vent", on vend un prototype, on vend un projet à différents "clients" qui auront chacun leurs propres critères de choix. Les chaînes décideront en fonction du potentiel du projet à faire de l'audience à 20 h 30, la notoriété du réalisateur et des comédiens pouvant peser plus que le scénario, la commission de l'avance sur recette sera plutôt sensible au texte, les SOFICA auront d'autres critères, etc., etc., etc. La caractéristique commune sera que pour un film de cinéma, pratiquement aucun des intervenants financiers à l'exception du distributeur n'aura le souci du succès salle.
Il faut savoir que tous les projets de longs métrages (environ 500 par an) vont se retrouver en concurrence aux mêmes guichets financiers : Canal +, TPS, TF1, France 2, France 3, M6, Arte, les SOFICA, les distributeurs, etc.

8- L'engagement de l'équipe et le tournage

Le premier collaborateur engagé sera le directeur de production qui, sous le contrôle du producteur, engage l'ensemble de l'équipe et gère le budget.
Au moment du tournage, le producteur n'a plus aucune intervention possible sur "l'artistique". Le tournage, c'est un rouleau compresseur qui avance inexorablement, toujours trop lentement, mais que rien ne pourra stopper. Le rôle du producteur est de "huiler la mécanique" pour qu'elle tourne bien. Souvent sur un tournage, la mission du producteur est réduite au moins intéressante, c'est-à-dire gérer les conflits (heures supplémentaires trop nombreuses, revendications sur la cantine, intervention entre l'acteur principal et le metteur en scène qui ne se parlent plus, etc.)
Il arrive aussi - surtout dans le cas de tournage en province - qu'une sorte de magie s'installe dans l'équipe avec des rapports quasi amoureux.

La plus grosse difficulté du producteur est de se retrouver avec une estimation du temps de tournage qui a été sous-estimée et de voir au fil des semaines s'accumuler les dépassements qui peuvent être de nature à mettre en péril la bonne fin du film.

9- Le montage

C'est un moment particulièrement riche car la qualité du film dépend aussi pour une part très importante du montage, et l'efficacité du couple producteur/réalisateur prend à ce moment toute sa signification. On peut dire schématiquement que le réalisateur voit son film avec une loupe et le producteur avec une longue vue, et que la confrontation de ces visions doit donner un élan très positif au film. Il est très souvent difficile au réalisateur d'avoir du recul, de pouvoir atteindre le niveau d'autocritique nécessaire et c'est vraiment là le rôle du producteur.

10- La sortie du film

Etape primordiale qui voit la collaboration d'une nouvelle entité : le distributeur. C'est le choix définitif du titre, de l'affiche, de la conception du matériel de promotion et du plan média (affichage, radio, tv), de la gestion des relations presse, des avant-premières de promotion, des tournées dans les villes clés de province, etc. C'est aussi le moment d'une étape fondamentale souvent ignorée par les producteurs, la conception du film-annonce et sa mise en place sur un maximum d'écrans.
Le film-annonce est un des éléments les plus déterminants de la campagne promotionnelle d'autant qu'il s'adresse à un "cœur de cible".

C'est aussi pour les comédiens le "service après-vente", quelquefois difficile car ils sont en tournage sur un autre film et pas forcément disponibles.
Très bizarrement, ce travail demandé aux comédiens plusieurs mois après le tournage, n'est concrétisé par aucun accord contractuel.

11- Le mercredi à 14 heures

C'est le moment le plus terrible, le verdict du public, vous allez savoir si vous avez bien fait de faire ce film où si vous êtes complètement à coté de la plaque. Arriver devant une salle et voir une queue de 400 mètres est un des plus beaux cadeaux que l'on puisse faire à un producteur.
À 14 h 20 tout est joué, vous savez si votre film a un potentiel commercial ou si tout est foutu.
Les quotas d'entrée sur la première séance permettent déjà d'avoir une idée précise de ce que sera la première journée, voire la première semaine. Dans le cas d'un échec, il n'y a rien à faire, on aura beau refaire de la pub, racheter de l'espace en presse et radio, un film qui ne marche pas, ne marche pas. Autant ce moment est formidable quand ça fonctionne, autant il est dur à gérer dans le cas de l'échec car c'est 2, 3 voire 4 années de travail sur un projet qui partent en fumée en vingt minutes; il faut vraiment avoir des nerfs d'acier.
Il est un phénomène étrange et inexplicable : comment les spectateurs auront décidé ou non d'aller voir tel ou tel film; c'est la magie de ce métier et du mercredi à 14 heures, ce qui est extraordinaire, c'est qu'un film à petit budget est pratiquement à égalité de chance avec une grosse machine. C'est le public qui décide, et lui seul, avec le miracle du bouche à oreille.

12- La gestion

Soit on a produit un succès et on est devenu très médiatique, très convoité, sollicité, vous vous découvrez des amis insoupçonnés, on vous proposera même de devenir le prochain président du syndicat professionnel des

producteurs - car en 20 minutes (14 h/14 h 20) votre Q.I. approche du maximum - soit on fait un échec et tout d'un coup, c'est le silence radio, le téléphone ne sonne plus beaucoup, à l'exception des créanciers inquiets pour leurs échéances.
En tout état de cause, échec ou succès, il faut faire les comptes pour l'ensemble des associés et co-intervenants.

13- Le commis voyageur

Vous allez décider soit d'engager un vendeur à l'étranger, soit avec votre film sous le bras d'aller faire les marchés, tenter de le commercialiser dans différents pays; alors commence une grande tournée qui vous amènera de Los Angeles (AFM) à Cannes (Festival et MIP) en passant par Berlin, Milan (MIFED) et d'autres lieux où les acheteurs du monde entier ont pris l'habitude d'aller faire leurs courses.

Autres moments très forts, sont les sorties dans les capitales étrangères, la version allemande à Berlin, la version italienne à Rome, la version espagnole à Madrid, la sortie à Montréal, les avant-premières à Buenos Aires, Rio, Bucarest, etc.
Toutes ces sorties sont très enrichissantes, fortes en émotion et souvent déconcertantes dans la redécouverte des différents publics, les rires ne se retrouvent pas forcément au même endroit du film que l'on soit à Berlin ou à Bucarest !

Voilà d'une manière un peu synthétique les grandes phases de ce métier passionnant, métier qui s'exerce essentiellement avant et après le tournage.

Il est bien entendu qu'un producteur aura plusieurs opérations en cours, sur le projet n°1 il sera à l'étape "tournage", sur le projet n°2 à l'étape "sortie" et sur le projet n°3 à l'étape "écriture".

Une des caractéristiques de ce métier, c'est que l'on passe énormément de temps à attendre que les comédiens veuillent bien lire, attendre qu'ils veuillent bien répondre, attendre la réponse des chaînes, attendre la réaction des intervenants divers, attendre la décision de telle ou telle commission, attendre les propositions des diffuseurs.
Attendre, toujours attendre, encore attendre.
Peut-être est-ce une spécificité française, car que ce soit aux Etats-Unis ou en Allemagne, si vous avez un projet, d'une part vous n'êtes pas obligé de téléphoner 50 fois pour avoir les responsables, et d'autre part, ils répondent extrêmement rapidement.

II- ETRE PRODUCTEUR AU QUOTIDIEN

Le producteur fabrique une machine très chère, un genre de prototype d'avion et il ne sait jamais à l'avance s'il va décoller.
C'est vrai qu'il n'y a pas de recette, mais il est vrai aussi, compte tenu du foisonnement des possibilités de financement, que certains exercent ce métier dans un but uniquement lucratif. D'ailleurs l'image actuelle du producteur, c'est quelqu'un qui est là pour chercher de l'argent, un point c'est tout; qu'il ne se mêle surtout pas d'artistique.
Et nombreux sont les producteurs qui ont perdu le contact avec le public; quand ils sont devant un projet ils ne se disent pas : "Est-ce que cela va marcher ?" mais plutôt : "Combien je vais gagner avec cette affaire ?"
Et ils oublient la fonction essentielle qui est la leur, faire d'abord écrire un scénario qui tient la route.

D'ailleurs, la principale différence entre le cinéma français et américain, ce n'est pas la différence de budget, ce n'est pas la différence des marchés internes ou extérieurs, ce n'est pas la langue, c'est que le film américain s'est fixé comme but essentiel de satisfaire le public; en France c'est tout l'inverse, il faut satisfaire les chaînes, les banquiers, les commissions, etc. À aucun moment on ne pense au public, pas étonnant que la majorité des films français ne marchent pas.
C'est la magie de "l'exception culturelle", on peut produire un film qui ne fait pas une entrée dans les salles mais qui a néanmoins généré un gros profit.

Il faudrait générer une nouvelle race de producteurs, ceux qui devront établir une communication entre le réalisateur et le public, ceux qui devront être les consultants des auteurs, ceux qui devront consacrer un minimum d'investissement au développement des projets, ceux qui vont influencer la nature des sujets pour les recentrer sur l'attente de l'opinion publique, ceux qui vont faire les films qui intéressent le public, c'est-à-dire le divertir, le captiver, l'étonner, l'émouvoir, bref une race de producteurs créatifs.
Il faudrait aussi inciter l'émergence d'une génération de producteurs créatifs "à l'américaine" qui seraient des *"free lance"* débarrassés de toute activité de gestion, financement et fabrication, dont le rôle essentiel consisterait à mettre en place les *"packages"* scénario/réalisateur/casting, "package" qui serait ensuite pris en main par une major qui en assurerait la production.

III- TROIS CATEGORIES DE PRODUCTEUR

1- *Le producteur délégué*

Le producteur délégué ou plutôt la société productrice déléguée, c'est la société qui a le mandat de gestion de l'ensemble des coproducteurs et co-intervenants financiers; par extension, c'est le responsable de la société productrice déléguée qui a fonction de producteur délégué.
La responsabilité essentielle du producteur délégué est de garantir la bonne fin du film.
C'est une fonction qui peut se partager, surtout en matière de production de fiction T.V., la réglementation du CNC faisant obligation d'être producteur délégué pour mobiliser du soutien financier.
Le producteur délégué n'est pas nécessairement majoritaire, il se peut tout à fait qu'il ait cédé 95 % du négatif et qu'il ne lui reste que 5 % des droits du film.

2- *Le producteur exécutif*

Là aussi, il s'agit d'une société qui en assure les fonctions et par extension les responsables de cette société. Le producteur exécutif est engagé par le producteur délégué pour assurer la fabrication d'un film, c'est en fait un super directeur de production.
Il peut avoir ou ne pas avoir de parts sur le film, il peut percevoir une rémunération, il peut aussi travailler sur un devis bloqué, les pertes et/ou les économies étant à sa charge.
Toutes les formules sont possibles.

3- *Le producteur associé*

Il s'agit du ou des responsables des sociétés coproductrices; le producteur associé n'a aucune fonction ou responsabilité sur le film.

Compte tenu de ces trois catégories de producteur, il est tout à fait fréquent de les voir figurer au générique d'un même film.

LE DROIT D'AUTEUR

I- Le droit d’auteur

II- La rémunération de l'auteur

III- La rémunération pour copie privée

IV- Le droit moral

I- LE DROIT D'AUTEUR

"L'auteur d'une œuvre de l'esprit jouit sur cette œuvre, du seul fait de sa création, d'un droit de propriété incorporelle exclusif et opposable à tous".

(Article L 111-1 du code de la propriété intellectuelle)

Cet article confère à l'auteur le droit d'autoriser ou d'interdire toute reproduction et toute représentation de son œuvre.

D'où l'utilité et l'importance de signer un contrat avec un auteur pour définir avec une grande précision les possibilités de reproduction et de représentation de son œuvre.

Le monopole d'exploitation conféré à l'auteur se décompose en deux droits distincts, que l'auteur confiera à un tiers (en général un producteur) moyennant rémunération.

1) **le droit de représentation**, la représentation étant définie comme "la communication de l'œuvre au public par un procédé quelconque, et notamment :

   - par récitation publique, exécution lyrique, représentation dramatique, présentation publique, projection publique et transmission dans un lieu public de l'œuvre télédiffusée",

   - par télédiffusion, c'est-à-dire "diffusion par tout procédé de télécommunication de sons, d'images, de documents, de données et de messages de toute nature".
   Est assimilée à une représentation l'émission d'une œuvre vers un satellite ou Internet (article L 122-2 du code de la propriété intellectuelle).

2) **le droit de reproduction**, la reproduction étant définie comme la "fixation matérielle de l'œuvre par tous procédés qui permettent de la communiquer au public d'une manière indirecte", par enregistrement mécanique, cinématographique ou magnétique notamment (article L 122-3 du code de la propriété intellectuelle).

Il faut noter que dans l'article L 111-1 du code de la propriété intellectuelle : "L'auteur d'une œuvre de l'esprit jouit sur cette œuvre, du seul fait de sa création..."
La phrase "du seul fait de sa création" signifie que l'auteur n'a aucune formalité à accomplir pour bénéficier de la protection de son œuvre, mais si l'auteur dans un litige doit prouver sa paternité (en particulier en cas de

plagiat) il lui est vivement conseillé de l'avoir déposée (huissier, notaire, société de perception de la répartition, etc.), la procédure la plus simple et la moins onéreuse étant tout simplement de se l'adresser par la poste en recommandé et en prenant bien soin de garder l'enveloppe cachetée, pour la produire le cas échéant devant un tribunal.

> *L'œuvre audiovisuelle est une œuvre de collaboration*

"Ont la qualité d'auteur de l'œuvre audiovisuelle la ou les personnes physiques qui réalisent la création intellectuelle de cette œuvre".

(Article L 113-7 du code de la propriété intellectuelle)

Sont considérés comme auteur :

- l'auteur de l'œuvre originaire (roman, bande dessinée, nouvelle, pièce de théâtre, etc.)
- l'auteur du scénario ;
- l'auteur de l'adaptation ;
- l'auteur du texte parlé (dialogues) ;
- l'auteur des compositions musicales avec ou sans paroles spécialement réalisées pour l'œuvre ;
- le réalisateur (même s'il n'a pas écrit une ligne du scénario).

Bien entendu, certains de ces postes peuvent ne pas être pourvus, une même personne peut avoir plusieurs fonctions (scénariste et réalisateur, par exemple) ou une même fonction peut être assurée par plusieurs personnes (plusieurs co-scénaristes).

Le producteur d'une œuvre audiovisuelle doit impérativement conclure avec chacun des auteurs de l'œuvre un contrat de cession de ses droits, car ce n'est qu'en possession de ces droits qu'il pourra exploiter l'œuvre.

> *Durée des droits patrimoniaux d'auteur*

L'auteur jouit de ses droits patrimoniaux sa vie durant. A sa mort ils subsistent au profit de ses héritiers pendant l'année civile en cours et les cinquante années qui suivent, soixante-dix pour les œuvres musicales. A cette durée de principe a été ajoutée, par des lois spéciales, la durée des deux guerres mondiales.

Pour les œuvres de collaboration, donc pour les œuvres audiovisuelles, le décompte, se fait à partir du décès du dernier survivant.
L'œuvre tombée dans le domaine public peut être librement exploitée sous réserve du droit de propriété sur le support matériel de l'œuvre (par exemple celui du producteur sur le négatif).

II- LA REMUNERATION DE L'AUTEUR

La loi française, très soucieuse des intérêts des auteurs, impose trois conditions pour la rémunération de l'auteur

1) qu'elle soit due pour chaque mode d'exploitation
2) qu'elle soit proportionnelle
3) qu'elle soit assise sur le prix public si celui-ci est facile à déterminer.

La rémunération dite "au forfait" n'est licite qu'exceptionnellement dans des cas strictement énumérés et ainsi définis par la loi :
La base de calcul de la rémunération proportionnelle ne peut être pratiquement déterminée,
Les moyens de contrôler l'application de la participation font défaut,
Les frais des opérations de calcul et de contrôle seraient hors de proportion avec les résultats à atteindre,
La nature ou les conditions de l'exploitation rendent impossible l'application de la règle de la rémunération proportionnelle, soit que la contribution de l'auteur ne constitue pas l'un des éléments essentiels de la création intellectuelle de l'œuvre, soit que l'utilisation de l'œuvre ne présente qu'un caractère accessoire par rapport à l'objet exploité.

III- LA REMUNERATION POUR COPIE PRIVEE

La copie privée, c'est l'usage de copies réalisées sur support magnétique ou électronique à partir de programmes audiovisuels diffusés par les chaînes de télévisions et limitée à l'exploitation dite du "cercle de famille".

Le développement de la copie privée a pris une telle ampleur qu'il est apparu équitable au législateur français, de compenser le manque à gagner subi par les ayants droit du fait de ce nouveau mode d'exploitation des œuvres.

La loi du 3 juillet 1985 a instauré, par licence légale (c'est-à-dire sans qu'il soit besoin d'une autorisation préalable mais moyennant une contrepartie financière), une rémunération pour copie privée des phonogrammes et vidéogrammes.
Une somme forfaitaire est perçue sur chaque support d'enregistrement vierge utilisable pour la reproduction à usage privé d'œuvres fixées sur phonogrammes ou vidéogrammes lors de la mise en circulation ou de l'importation de ce support en France (c'est le fabricant ou l'importateur du support qui paye cette somme).

Dans l'audiovisuel, la rémunération pour copie privée bénéficie conjointement à trois catégories d'ayants droit, par l'intermédiaire de société de perception et de répartition :

- 1/3 pour les auteurs via la SACD et la SCAM
- 1/3 pour les producteurs via la PROCIREP (voir chapitre PROCIREP)
- 1/3 pour les artistes interprètes via l'ADAMI et la SPEDIDAM.

Vous trouverez dans l'ouvrage intitulé "Les contrats" (Dixit 2002) l'intégralité des contrats types nécessaires dans le cadre d'une production télévisuelle ou cinématographique.

IV- LE DROIT MORAL

Tout auteur dispose automatiquement d'un droit moral sur son œuvre.

C'est un droit qui a pour effet de confier à l'auteur un droit au respect de son œuvre, de manière à ce qu'elle ne soit pas modifiée, dénaturée, tronquée, et qui lui garantit la divulgation de l'œuvre sous son nom.

Ce droit est inaliénable et intransférable, contrairement aux droits patrimoniaux :

"L'auteur a le droit au respect de son nom, de sa qualité et de son œuvre."

(Article L121-1 du code de la propriété intellectuelle)

Dans l'audiovisuel, s'agissant d'une œuvre de collaboration, le droit moral est porté par le réalisateur, ce droit échappe de fait aux auteurs du texte d'origine (idée originale, roman, théâtre, bande dessinée,...) ainsi qu'aux scénaristes, adaptateurs et dialoguistes.

L'article L121-5 du code de la propriété intellectuelle stipule ceci :

"L'œuvre audiovisuelle est réputée achevée lorsque la version définitive a été établie d'un commun accord entre, d'une part le réalisateur ou <u>éventuellement</u> les co-auteurs, et d'autre part le producteur."

Dans cet article de loi, le mot <u>éventuellement</u> prive irrémédiablement le ou les auteurs du scénario de toute possibilité de recours au droit moral, et confie au seul réalisateur le droit moral sur l'œuvre. Ce droit est appelé dans le jargon audiovisuel "final cut".

Le producteur ne pourra donc faire aucune modification de l'œuvre sans l'accord du réalisateur.

Le producteur devra faire preuve de beaucoup de conviction pour suggérer à son metteur en scène des modifications quand celles-ci sont des "points de vue" sur les temps morts, les longueurs, le rythme, le montage, etc.

Si le réalisateur doit donner son accord pour toute modification, il est par contre tout à fait convenu qu'il accepte que des coupes puissent être réalisées, dans deux cas de figure :

- interruption de l'œuvre pour permettre la diffusion d'écrans publicitaires dans le cadre de diffusion télévisuelle.
- coupes de certaines scènes du film, si elles sont nécessaires, pour l'obtention du visa d'exploitation (censure) dans tel ou tel territoire étranger.

LE DROIT A L'IMAGE

I- Le droit à l'image et les personnes

1- Qu'est-ce que le droit à l'image

a- Droit à l'image et droit à l'information

b- Droit à l'image et liberté de création

2- Le consentement

II- Le droit à l'image et la représentation des objets ou des immeubles

III- Les sanctions

I- LE DROIT A L'IMAGE ET LES PERSONNES

1- *Qu'est-ce que le droit à l'image ?*

Le droit à l'image n'est pas défini par un texte mais il est reconnu et protégé par les tribunaux. Il est aujourd'hui considéré comme un des éléments du *"droit au respect de la vie privée"* consacré par l'article 9 du Code Civil.

Il s'inscrit dans la catégorie des droits de la personnalité comme la liberté, le respect de la dignité ou de l'intégrité du corps.

Ce droit a aussi des effets au plan patrimonial, chacun ayant le droit d'exploiter son image.

Le principe est que l'utilisation de l'image d'une personne sans son autorisation constitue une violation de la vie privée. Cette interdiction concerne aussi la voix considérée comme un des attributs de la personnalité.

Toute personne est protégée, quelle que soit sa situation dans la vie sociale, culturelle ou politique. Le fait que cette personne exploite ou non de manière habituelle ou occasionnelle son image n'autorise pas à se dispenser d'obtenir son autorisation. Les Tribunaux le rappellent constamment.

Le droit à l'image ne concerne que les personnes vivantes. Cependant les Tribunaux s'attachent à la protection de l'image des personnes défuntes en faisant appel à l'article 16 du Code Civil qui porte sur le respect de la dignité de la personne humaine. Les Tribunaux se montrent également attentifs aux sentiments des proches des personnes disparues : la publication d'images sans leur accord est considérée comme une atteinte à leur vie privée.

L'atteinte au droit à l'image est constituée dès lors que fait défaut l'autorisation nécessaire et ce même s'il n'existe aucune altération, dénaturation, dégradation de l'image ou atteinte à la dignité de la personne.

a- Droit à l'image et droit à l'information

La Convention de Sauvegarde des Droits de l'Homme et des Libertés Fondamentales du 4 novembre 1950 dispose :

> En son article 10 intitulé *"Liberté d'expression"* - *"Toute personne a droit à la liberté d'expression. Ce droit comprend la liberté d'opinion et la liberté de recevoir ou de communiquer des informations ou des idées sans qu'il puisse y avoir ingérence d'autorités publiques ...*
>
> *L'exercice de ces libertés comportant des devoirs et des responsabilités peut être soumis à certaines formalités, conditions ou restrictions aux sanctions prévues par la loi qui constituent des mesures nécessaires dans une société démocratique à la sécurité nationale, à l'intégrité territoriale ou à la sûreté publique, à la défense de l'ordre et à la prévention du crime, à la protection de la santé ou de la morale, à la protection de la réputation ou des droits d'autrui pour empêcher la divulgation d'informations confidentielles ou pour garantir l'autorité et l'impartialité du pouvoir judiciaire"*

Cet article garantit et marque les limites du droit à l'information mais aussi du droit à la liberté de recevoir ou de communiquer des idées, c'est à dire la liberté de création.

> En son article 8 intitulé *"Droit au respect de la vie privée et familiale"* - *"Toute personne a droit au respect de sa vie privée et familiale, de son domicile et de sa correspondance. Il ne peut y avoir ingérence d'une autorité publique dans l'exercice de ce droit que pour autant que cette ingérence est prévue par la loi et qu'elle constitue une mesure qui, dans une société démocratique, est nécessaire à la sécurité nationale, à la sûreté publique, au bien être économique du pays, à la défense de l'ordre et la prévention des infractions pénales, à la protection de la santé ou de la morale ou à la protection des droits et libertés d'autrui"*.

La liberté d'expression et le droit au respect de la vie privée sont sans aucun doute des droits fondamentaux. Ils ne sont pas pour autant absolus et le juge a pour mission d'arbitrer entre le respect de ces droits et leurs abus.

A propos de l'affaire dite du *"Pull-Over Rouge"* et d'une émission de FR3 montrant une photographie de l'enfant et une photographie du père reconnaissant le corps de sa fille au cours d'un acte de l'enquête, le Tribunal de Grande Instance de Marseille a rappelé le 11 mai 1988 que *"l'affaire relève désormais des archives de la chronique judiciaire elle-même comprise dans le patrimoine historique et sociologique de la nation en ce qu'il en reflète la criminalité, que l'information doit respecter la vie privée et trouver ses propres limites dans les dispositions de l'article 9 du Code Civil ; mais qu'il est de jurisprudence établie que la divulgation échappe à la critique si elle porte sur des faits qui appartiennent à l'histoire ou qui relèvent de l'actualité judiciaire sauf, dans cette dernière hypothèse, à être limitée aux nécessités de l'actualité".*

Poursuivant son analyse, le tribunal relève,

- que les photographies en cause ont été prises dans un lieu public au cours de l'enquête de police et n'ont été diffusées que pendant quelques secondes.
- que la présence de la presse n'avait pas été interdite,
- que l'identification du corps de la victime constituait un acte important de l'enquête et devait trouver sa place dans le film,

Enfin , il observe que le réalisateur s'était abstenu de toute insistance excessive ou inutile et n'avait pas recherché le sensationnel, ni une utilisation abusive et de mauvais goût du drame vécu par les demandeurs.

S'agissant des morts, les tribunaux ont plusieurs fois jugé que le droit à l'information ne légitime pas la reproduction de leur image sans autorisation des proches. Tel fut le cas pour François Mitterrand sur son lit de mort ou pour la photographie du Préfet Erignac assassiné.

La Cour de Cassation a considéré qu'il suffisait de relever que *"la photographie publiée représentait distinctement le corps et le visage du Préfet assassiné, gisant sur la chaussée d'une rue d'Ajaccio..."* pour *"considérer qu'elle était attentatoire à la dignité de la personne humaine".*

Cette décision a cependant fait l'objet de vives critiques.

Ainsi Michel Guerrin dans un article du Monde du 16 février 1999 écrivait :

"Comment ne pas entendre les reporters-photographes qui rappellent que Claude Erignac était "le premier Préfet assassiné depuis Jean Moulin ?". Ce document, il faut le regarder en face pour prendre la mesure de l'évènement ... Ne plus pouvoir représenter une victime d'un attentat c'est indirectement gommer la réalité même de l'attentat ... Etrange époque encore qui cherche à entraver celui qui montre plutôt que de s'interroger sur ce que l'image montre reflète, révèle...".

Et d'ailleurs le 2 avril 1997, le Tribunal de Grande Instance de Paris, à propos de photographies publiées après l'attentat dans le RER à Saint-Michel, avait considéré *"qu'il est constant que si chacun a droit au respect de sa vie privée peut interdire la reproduction de son image, un journal jouit du droit d'informer ses lecteurs par le texte et par l'image sur un événement présentant le caractère d'un drame international interpellant l'opinion publique...".*

Les juges d'appel n'avaient pas été d'accord mais la Cour de Cassation, dans un arrêt du 20 février 2001, a considéré *"qu'en se déterminant ainsi alors qu'elle relevait que la photographie était dépourvue de recherche du sensationnel et de toute indécence et qu'elle ne portait pas atteinte à la dignité de la personne représentée, la Cour d'Appel a violé les textes susvisés".*

C'est aussi au nom du droit à l'information qu'est autorisée la diffusion de l'image de tous ceux qui participent à un événement d'intérêt public.

La Cour de Cassation retient le critère de la *"relation directe avec l'événement".* Un lieutenant de Police reprochait à l'auteur d'un tract d'avoir utilisé une photographie le représentant dans l'exercice de ses fonctions lors de l'opération du 23 août 1996 dirigée contre les occupants de l'Eglise Saint-Bernard à Paris. Il reprochait à la Cour d'Appel d'avoir admis une nouvelle utilisation de son image alors qu'il s'agissait *"d'un écrit de propagande étranger à toute fin d'information, seul de nature à justifier la publication de l'image d'une personne sans son autorisation".*

La Cour de Cassation a considéré *"que la Cour d'Appel a constaté que le tract diffusé, quelques jours après l'événement, en était l'écho retenant ainsi, à bon droit, que la publication litigieuse était légitime comme étant en relation directe avec l'événement".*

Cette décision est particulièrement intéressante en ce qu'elle protège la liberté d'expression et d'information de tout citoyen et pas uniquement la liberté de la presse.

Les réalisateurs d'œuvres de fiction doivent également être attentifs au droit à l'image :

A propos d'un film évoquant Jacques Mesrine et mettant en scène ses proches, le réalisateur avait fait valoir qu'ils avaient été mêlés à des affaires judiciaires ou à des épisodes historiques et qu'ils n'étaient pas présentés sous un jour ridicule ou odieux.

Mais, la Cour de Cassation, a été d'avis, le 13 février 1985 que *"l'utilisation dans une œuvre qui n'est que partiellement de fiction, sans qu'elles l'aient autorisée, des prénoms et noms de personnes existantes et identifiables comme telles, tant en raison de cette utilisation que de l'évocation des évènements véritables auxquels elles ont été mêlées, constitue à elle seule une atteinte illicite à l'intimité de leur vie privée dès lors que l'œuvre est censée les représenter dans leur existence quotidienne à l'intérieur de leur domicile ; que même à supposer qu'elle ne comporte rien de désobligeant à leur égard une telle intrusion justifie les mesures ordonnées par l'arrêt attaqué"* (c'est-à-dire la suppression des noms de ces personnes).

Jean-Pierre FOUGEA - Pascal ROGARD

LES AIDES AU FINANCEMENT

Cinéma et Télévision

Régionales - Nationales - Européennes

Long métrage - Court métrage - Fiction TV
Documentaire - Animation - Video
Développement - Ecriture - Production
Musique - Distribution - Promotion

DIXIT EDITIONS

Long métrage, court métrage, fiction télévisuelle, documentaire, animation, vidéo, multimédia... Et les aides spécifiques à l'écriture, à la musique de film, à la distribution internationale, à l'édition de supports pour la vente de films à l'étranger et à l'édition de copies.

b- Droit à l'image et liberté de création

Un procès a eu lieu concernant Monsieur Luc Delahaye, co-auteur avec Jean Baudrillard d'un livre intitulé "L'autre" et représentant des visages anonymes photographiés dans le métro. Une des personnes prises en photo a demandé aux juges de condamner les auteurs à lui payer des dommages et intérêts et à retirer la photographie du livre. Le Tribunal de Grande Instance de Paris (2 juin 2004) a considéré que le droit à l'image n'est pas absolu *"lorsque l'exercice par un individu de son droit à l'image aurait pour effet de faire arbitrairement obstacle à la liberté de recevoir ou communiquer des idées qui s'expriment spécialement dans le travail d'un artiste"*.

Le photographe avait expliqué que *"le métro est un lieu où les gens sont des portraits d'eux-mêmes. Quand ils remontent à la surface, ils prennent un masque, font semblant de croire que tout va bien, adoptent des codes relationnels factices – sinon la vie serait intenable. Dans le métro, il n'y a pas de relation du tout, je peux donc y trouver plus de vérité. J'ai volé ces photos ... c'est vrai, mais c'est au nom d'une vérité photographique que je n'aurais pu atteindre autrement"*.

Il a aussi souligné que cette photographie s'inscrivait dans un ensemble de photographies représentant l'Homme dans sa dimension universelle et qu'il ne s'agissait pas d'un portrait individualisé.

Le Tribunal considérant que l'ouvrage était incontestablement une œuvre artistique par l'originalité de la démarche de l'auteur photographe mettant son art au service d'une observation sociologique et que le but recherché n'aurait pu être atteint si le photographe avait agi à découvert, a estimé que le demandeur n'était pas montré dans une situation dégradante ou le tournant en ridicule et qu'il ne pouvait donc se prévaloir d'un usage fautif de la liberté d'expression et d'un préjudice.

Cette décision fait actuellement l'objet de controverses et si les juges d'appel décidaient de la confirmer, il s'agirait d'une évolution marquante au plan de la protection de la liberté de création.

2- Le consentement

Il doit être personnel.

Ainsi un documentaire à propos des prisons nécessite outre l'autorisation de l'Administration pénitentiaire, celle des détenus et des membres du personnel filmés.

L'autorisation accordée est d'interprétation stricte. Ainsi un touriste qui photographie un passant avec son accord ne peut pour autant procéder à une exploitation commerciale de cette image.

Le consentement peut être écrit ou tacite .

En l'absence d'écrit, l'auteur devra être en mesure de prouver l'existence et l'étendue du consentement.

C'est ce qu'illustrent deux décisions:

Raymond Depardon dans *"Faits divers"* avait filmé des agents de Police Secours intervenant à propos d'une dispute d'époux autour de la garde de leur enfant.

Le réalisateur et les producteurs faisaient observer que la mère avait nécessairement remarqué la caméra et n'avait élevé aucune protestation et qu'en faisant appel à police secours, elle avait *"passé la frontière"* qui sépare la vie privée de la vie sociale et publique, c'est à dire du fait divers ;

Ils soutenaient *"que Raymond D ..., en filmant cette scène avec sérieux et respect de la dignité des participants, s'est livré à un travail d'information et de documentation sur un fait de société et son œuvre a provoqué une grande émotion dans le public attentif au drame vécu par ceux qui font appel à "Police Secours" et alerté sur le rôle ingrat des policiers confrontés à ces situations".*

Le Tribunal a été d'un autre avis : *"Attendu que Raymond D ... a filmé une scène de la vie privée des époux R. ... dans ce qu'elle pouvait avoir de plus intime ; - attendu que celui qui dans un tel désarroi fait appel à un service public tel que "Police Secours" doit pouvoir compter sur la discrétion et la réserve qui s'imposent dans ce cas et ne pas redouter qu'un cinéaste soit mêlé aux policiers lors de leur intervention ; - que quel que soit l'intérêt pour le public de connaître la conscience et le tact que savent avoir dans de telles circonstances les policiers, le but poursuivi ne justifie pas la présence d'un cinéaste, faisant œuvre de journaliste, directement associé aux services publics ; - qu'ainsi et nonobstant les autorisations données au réalisateur, la prise de vue de ces images d'une part et leur diffusion d'autre part ne pouvaient être effectuées que sous réserve des droits des intéressés lesquels ne peuvent être présumés avoir accepté ou sciemment toléré la présence du réalisateur en raison de leur affolement et de l'appartenance de celui-ci au groupe des policiers ; - attendu que les demandeurs sont dès lors fondés à demander réparation de l'atteinte portée tant à l'intimité de leur vie privée qu'au droit qu'ils ont sur leur image".*

Nicolas Philibert souhaitait réaliser un documentaire ("*Etre et avoir*") portant sur la vie d'une classe unique à effectif réduit réunissant des enfants de la petite section de maternelle au CM2 dans un village du massif central.

Il a reçu l'appui de l'Inspection académique du Puy de Dôme qui l'a dirigé vers la classe de Monsieur Lopez, instituteur à Saint-Etienne sur Usson.

Celui-ci a immédiatement donné son accord. L'Inspection d'Académie a alors demandé que soient recueillies les autorisations des parents d'élèves, ce qui a été fait avec le concours de l'instituteur lui-même.

Comme l'instituteur l'a déclaré maintes fois à la presse, le tournage qui a duré dix semaines s'est déroulé en totale harmonie.

Après la sortie en salle de *"Etre et Avoir"*, Monsieur Lopez a imaginé de soutenir qu'il avait des droits d'auteur sur le film et aussi que son image avait été utilisée sans son accord au prétexte qu'il n'existait pas d'écrit.

Il a saisi le Tribunal de Paris qui a entièrement rejeté ses demandes.

S'agissant de la prétendue utilisation abusive de l'image de Monsieur Lopez le Tribunal a considéré que l'ensemble des données de fait démontrent *"l'accord tacite mais certain de Monsieur Lopez pour la création, la réalisation et la sortie du film ainsi que par voie de conséquence pour la diffusion de son image par ce film ; qu'il n'a formulé aucune objection et a adhéré aux diverses étapes de reconnaissance du film tant par les professionnels que par le grand public, qu'en participant à sa promotion, il a contribué au succès du film ; que Monsieur Lopez ne peut pas invoquer son absence de consentement ; que le caractère imprévisible du succès du film vaut pour toutes les œuvres cinématographiques ; que dans ces conditions, Monsieur Lopez ne peut pas soutenir que la représentation de son image, de sa voix et de son nom dans le film constitue une violation de ses droits de la personnalité au sens de l'article 9 du Code Civil".*

A propos de l'exploitation du film, le Tribunal a jugé que *"la publicité pour un film, par bande annonce, s'analyse également dans les conditions culturelles et économiques contemporaines comme un élément de l'ensemble indissociable, à défaut de stipulations contraires, que constituent la production et la diffusion normale d'un film".*
et aussi que "... dès lors qu'un film, quel que soit son genre, documentaire ou fiction, rencontre un succès en salle, il possède une vocation normale et même évidente dans les conditions culturelles et économiques contemporaines à être diffusé en VHS et DVD puis à la télévision".

Le Tribunal avait aussi relevé que le film ne comportait pas de dénaturation, de détournement ou de dévalorisation de l'image de l'instituteur : *"Attendu qu'il convient de constater préalablement qu'à l'évidence l'ensemble du film est imprégné d'empathie et ou de sympathie à l'égard de l'instituteur et de la manière dont il exerce sa mission ; qu'il s'en suit que le film ne dénature ni n'altère l'image de Monsieur Lopez".*

La conclusion c'est qu'à défaut d'écrit, le réalisateur a l'obligation d'établir la réalité et l'étendue du consentement au vu des circonstances.

II- LE DROIT A L'IMAGE ET LA REPRESENTATION DES OBJETS OU DES IMMEUBLES

Le droit du propriétaire sur la représentation de son bien n'est pas un droit de la personnalité mais un attribut du droit de propriété défini par l'article 544 du Code Civil : *"la propriété est le droit de jouir et de disposer des choses de la manière la plus absolue pourvu qu'on n'en fasse pas un usage prohibé par les lois ou règlements".*

Aucun texte n'accorde au propriétaire un droit de reproduction de son bien mais la Cour de Cassation considérait jusqu'à récemment qu'il résulte de l'article 544 du Code Civil que *"le propriétaire a seul le droit d'exploiter son bien sous quelque forme que ce soit*" (Cour de Cassation, 1ère civile, 10 mars 1999)

Alors que la Cour d'Appel de Caen avait refusé la saisie de cartes postales reproduisant l'image d'un café sans l'autorisation de sa propriétaire au motif que *"la photographie prise sans l'autorisation du propriétaire d'un immeuble exposé à la vue du public et réalisée à partir du domaine public ainsi que sa reproduction fut-ce à des fins commerciales ne constitue pas une atteinte aux prérogatives reconnues au propriétaire"*, la Cour de Cassation, elle, s'est opposée à cette décision en considérant "*que l'exploitation du bien sous la forme de photographies porte atteinte au droit de jouissance du propriétaire...*"

Des décisions récentes sont heureusement venues mettre un frein à cette privatisation de l'espace public.
Les propriétaires du "Pariou" prétendaient avoir subi un trouble de jouissance en raison de l'utilisation de l'image de ce puy d'Auvergne et de son cratère. C'était la première fois que le débat portait sur la représentation d'un site naturel.

Le Tribunal de Clermont-Ferrand a rejeté la demande de dommages et intérêts en considérant que les propriétaires ne justifiaient d'aucun préjudice de l'exploitation de l'image d'un bien *"exposé à la vue de tous"* ne pouvant leur occasionner *"un trouble certain"*.

Le 7 mai 2004, la Cour de Cassation s'est prononcée à propos de la reproduction dans une campagne publicitaire de la façade d'un immeuble historique de Rouen *"l'Hôtel de Girancourt"*.

Elle a jugé que seul un trouble anormal peut autoriser le propriétaire d'un bien à s'opposer à l'utilisation de l'image de ce bien par un tiers. La raison de cette décision c'est que dit la Cour de Cassation *"le propriétaire d'une chose ne dispose pas d'un droit exclusif sur l'image de celle ci"*.

Il est à souligner que cette jurisprudence n'opère aucune distinction : l'image peut être utilisée pour les besoins de l'information ou pour une campagne publicitaire.

Cette jurisprudence n'a pas pour effet de priver les propriétaires de leur droit à la protection de leur vie privée : interdiction de photographier le linge séchant sur une terrasse, le manoir normand d'une actrice, l'intérieur d'un logement sans autorisation.

Le propriétaire n'est pas le seul titulaire de droit sur l'image de son bien. Le créateur d'un objet demeure après la vente de celui-ci titulaire du droit moral au titre de la propriété artistique. Son autorisation doit être obtenue et son nom mentionné.

Les architectes quant à eux bénéficient d'un monopole de reproduction de leur œuvre, assuré par une loi spécifique. Ce monopole ne disparaît que soixante-dix ans après le décès de l'architecte.

Cependant, quand la réalisation d'un architecte est photographiée *"non pas isolément en tant qu'œuvre d'art mais dans son cadre naturel qui ne fait l'objet d'aucune protection"* et que l'image ne livre pas au public *"les traits caractéristiques originaux"* de l'œuvre, l'autorisation n'est pas nécessaire. (Cour d'Appel de Paris – 27 novembre 1980 à propos de la Tour Montparnasse).

III- LES SANCTIONS

Lorsqu'une une personne ou un bien a été filmé sans autorisation, il est possible d'obtenir du Juge des Référés, juge de l'urgence qui statue effectivement dans des délais très rapprochés, la suppression des images litigieuses comme la saisie de cartes postales ou encore d'un magazine et ce en vue de faire cesser immédiatement le trouble ressenti.

Il est également possible d'obtenir des dommages intérêts en réparation du préjudice moral subi et **aussi** en compensation d'un éventuel manque à gagner résultant de l'exploitation de l'image d'une personne. Pour l'exploitation de l'image d'un bien il faut dorénavant être en mesure d'apporter la preuve d'un trouble anormal .

Des sanctions pénales sont également prévues par les textes.

Tel est le cas quand l'absence d'autorisation se double d'une violation des droits moraux d'un créateur et par conséquent d'une contrefaçon.

L'article 226-1 du Code Pénal réprime la captation, fixation, l'enregistrement ou la transmission de paroles prononcées à titre privé ou confidentiel ; il en va de même lorsqu'il s'agit de l'image d'une personne prise dans un lieu privé sans son consentement.

La publication par voie écrite ou audiovisuelle d'un montage réalisé avec les paroles ou l'image d'une personne sans son consentement est également passible de sanctions pénales s'il n'apparaît pas à l'évidence qu'il s'agit d'un montage (article 226-8 du Code Pénal).

Ce texte sur le droit à l'image a été rédigé par :

Maîtres Roland RAPPAPORT, Claire HOCQUET, Judith SCHOR
de la **SCP Rappaport - Hocquet - Schor**
99, rue de la Verrerie 75004 Paris
Tél. : 01 42 77 13 76
rappaport.hocquet@wanadoo.fr

PROTECTION D'UN PROJET & PROTECTION D'UN TITRE

I- La protection d'un projet

1- Application du droit d'auteur
2- Notion d'agissement parasitaire
3- Preuve de l'antériorité du projet

II- La protection du titre

1- La protection par le droit d'auteur
  a- Attribution restrictive de la protection
  b- Limite de l'intérêt de la protection par le droit d'auteur

2- La protection par le droit de la concurrence
  a- Champ d'application
  b- Conditions de dépôt
  c- Sanctions

3- Dépôt du titre à l'INPI
  a- Les conditions de dépôt
  b- Opposition et nullité
  c- Protection accordée par le dépôt de la marque

4- Vigilance en matière de titre

Nous ne reviendrons pas sur les protections des œuvres apportées par la législation française en matière de droits d'auteur et de droits voisins. Nous nous bornerons à évoquer ici les éventuelles nécessités de protéger un projet ou un titre.

I- LA PROTECTION D'UN PROJET

La question de la protection d'un projet n'est pas du tout rhétorique; avant qu'une émission, par exemple, ne soit réalisée, elle a voyagé, souvent au stade de *"projet"* de l'auteur à différents producteurs, de ceux-ci à d'éventuels partenaires, etc.

Le risque est donc grand de voir le projet *"pillé"*.

1- Action en contrefaçon - Application du droit d'auteur

La protection reconnue aux œuvres par la loi ne s'étend pas aux idées. Celles-ci restent au domaine public; c'est ce que traduit l'article L.112-1 du Code de la Propriété Intellectuelle :

> "Les dispositions du présent code protègent les droits des auteurs sur toutes les œuvres de l'esprit, quels qu'en soient le genre, la forme d'expression, le mérite ou la destination."

Ainsi ne suffit-il pas de "lancer" l'idée d'une nouvelle émission pour se voir reconnaître un droit sur toutes les utilisations qui en seront faites; les articles L.112-1 et L.111-2 du Code de la Propriété Intellectuelle requièrent une *expression* qui traduise la *conception* de l'auteur. Antérieurement à ces textes, la jurisprudence et la doctrine distinguaient déjà dans une œuvre trois éléments l'idée - l'expression - la composition; les deux derniers étant seuls susceptibles de protection.
Un projet ne pourra donc être protégé que s'il est l'aboutissement d'un travail intellectuel. Il doit révéler la personnalité de l'auteur et son empreinte personnelle.

En pratique, lorsque le projet porte sur une œuvre de fiction, un projet sous forme de synopsis pourrait remplir les conditions requises. Mais pour les émissions, notamment de plateau, la frontière entre idée et projet est plus difficile à cerner. Plus il sera précis et détaillé dans les motivations, le choix de tel genre d'invités, l'enchaînement des séquences, etc., plus le projet se démarquera de la simple idée. L'appréciation sera faite au cas par cas.

La jurisprudence révèle bien souvent l'embarras des juges à déceler la projection de l'œuvre future dans les projets et des décisions parfois contradictoires coexistent. D'autant que la question relevant du pouvoir souverain des juges du fond, la Cour de Cassation ne peut donc pas jouer en ce domaine son rôle d'unification.

- *Le projet d'une émission quotidienne spécifiquement féminine a été considéré par la Cour d'Appel de Paris comme "une simple idée en forme de canevas, dont le contenu au fond ou l'expression formelle (ensemble, les thèmes débattus et le procédé technique de l'interview ou de la table ronde) ne constitue pas une création intellectuelle propre et ne présente aucune originalité."* (CA Paris 14 octobre 1975, RIDA N°89, juillet 1976, p.136).
- *Un projet d'émission télévisée sur les "stars" a été qualifié de banal* (CA Paris 1re Chambre, 12 fév. 1990, Galardi c/ Mitterrand, D. 1990, IR 78).

La jurisprudence se montre donc plutôt sévère afin de respecter la règle selon laquelle les idées sont de libre parcours.

Pourtant la protection a été accordée

- *au projet de Jean Cocteau relatif à un ballet dont il avait oralement donné l'argument au chorégraphe.* (Trib. civ. Seine 2 juill. 1958, JCP 1958 II 10762 obs. Plaisant).

alors qu'elle était refusée

- *à un projet d'émission sur la vie romancée de Nicéphore Niepce accompagné d'une documentation importante et qu'un partenaire de l'auteur s'était approprié et avait achevé.* (TGI Paris 27 juin 1990, Aff. Nicéphore Niepce, RIDA, juill. 1991 n°149. Confirmé par CA Paris, le 2 juin 1992 et par la Cour de Cass. 1ère chambre civ. 5 oct. 1994 RIDA Janv. 95 n° 163 p 205).

Toute reproduction partielle ou totale, toute imitation d'une œuvre protégée par le droit d'auteur constitue une contrefaçon. Il appartient à l'auteur lésé de fournir la preuve de la matérialité de la contrefaçon (celle-ci pouvant être établie notamment par procès-verbaux d'officiers de police judiciaire, par constats d'huissier, contestations des agents assermentés des sociétés de gestion collective et de l'ALPA).

Les tribunaux procèdent alors à une étude comparative (composition, expression, personnages, etc.) des deux œuvres. Mais ils rechercheront également si l'œuvre contrefaite bénéficie bien de la protection du droit d'auteur.

L'intérêt de l'action en contrefaçon réside essentiellement dans le fait que l'auteur lésé n'a à rapporter ni la preuve d'un préjudice, ni celle de la mauvaise foi du contrefacteur (une jurisprudence constante l'en dispense et c'est au prévenu de faire valoir sa bonne foi. Exercice d'autant plus difficile s'il est professionnel).

Par exemple, le procédé de remise en synchronisation labiale (ou liping) d'images d'hommes politiques sur une bande sonore musicale préenregistrée n'est pas considéré comme pouvant être protégé par le droit d'auteur, et par conséquent il ne peut pas y avoir de contrefaçon.

"Attendu que dans le programme 'Oh Yeah', le choix d'une chanson et d'une voix pour chacun des hommes politiques, de même que l'insistance des auteurs sur les gestes des hommes politiques commandés par le rythme de la chanson ne constituent en fait que la mise en application d'une idée ayant permis d'accentuer mais non de créer l'élément comique déjà constaté dans la technique de M. Bolender, idée qui ne saurait faire l'objet d'une protection particulière; que les demandeurs allèguent donc à tort une contrefaçon de leur programme."
(Tribunal de Grande Instance de Paris (1e ch.), 5 mars 1992 – société Avantages Production, société FDA International, Pascal Forni, Arnaud Vincenti c./ TF1, société Glem Productions).

2- *L'action en concurrence déloyale - le parasitisme*

Toutefois les auteurs des projets auxquels la qualité d'œuvre n'aura pas été reconnue pourront faire valoir la faute (sur l'article 1382 code civ.) du second auteur ou plus généralement de celui qui sera à l'origine de la reprise de leur projet.

Cette action a vocation à sanctionner un comportement contraire aux usages commerciaux. Elle est donc ouverte même si la création ne peut prétendre à l'originalité nécessaire au bénéfice du droit d'auteur, ou bien encore si l'œuvre est tombée dans le domaine public.

Si, les conditions en sont réunies, l'auteur du projet peut agir en concurrence déloyale. La concurrence déloyale résulte d'actes étrangers à la reproduction elle-même, qui sont une faute du défendeur et causent un préjudice au demandeur, car "*ce sont les circonstances dans lesquelles le défendeur a procédé à la reproduction, en elle-même licite, qui donnent prise à la critique*" (Desbois).

Généralement elle sera constituée par la volonté de créer la confusion, le dénigrement, la désorganisation du concurrent lésé. Classiquement, il est nécessaire que les deux protagonistes soient en situation de concurrence.

Un courant doctrinal récent s'est prononcé en faveur de la notion de "parasitisme", notion que Philippe Le Tourneau décrit ainsi : "*Le fait pour un agent économique de vivre aux dépens d'un autre*". Cette théorie, reprise dans certaines jurisprudences, offre une possibilité plus large de défense des projets. En effet, la situation de concurrence n'est plus une condition nécessaire. La notion de parasitisme permet dorénavant de sanctionner le comportement anormal.

"Si les idées sont de libre parcours, des circonstances particulières peuvent obliger certains tiers à ne pas révéler une idée qui leur a été confiée. La société d'édition qui a eu connaissance d'une chanson lors de pourparlers en vue d'un éventuel contrat d'édition, puis qui en communique dans les semaines suivantes l'idée génératrice à des auteurs-compositeurs (qui l'utilisent pour composer une œuvre du même genre), et édite la seconde chanson sous le titre de la première, commet une faute et cause à l'auteur de la première un préjudice consistant dans l'impossibilité d'exploiter utilement son œuvre. " (CA Paris, 8 juillet 1972, JCP 1973, II 17509, note Leloup).

Plus récemment, la qualification d'œuvre a été refusée à des recettes de cuisine, mais une condamnation pour agissement parasitaire a été prononcée (TGI Paris, 3ème Ch., 30 septembre 1997, RIDA, p.273).
Encore faut-il que les deux protagonistes aient été en contact, et qu'il y ait eu copie servile ou quasi-servile.
En effet, la jurisprudence renâcle à condamner un auteur qui aurait puisé dans une compilation antérieure, mais en y ajoutant par sa propre originalité, un travail de création.

"Le parasite se borne à reproduire le travail d'autrui en s'épargnant tout effort personnel. " (CA Paris, 14 janvier 1992, RIDA avril 1992, n° 152, p.198).

3- *Preuve de l'antériorité du projet*

Encore faut-il que l'auteur puisse rapporter la preuve de l'antériorité de son projet et que celui-ci était connu de celui qui se l'est approprié. Cette preuve éclaterait sans conteste avec la production d'un contrat ou d'un pré-contrat. Mais en pratique, l'obtention de ceux-ci s'avère prématurée avant que le projet n'ait capté l'attention de ses destinataires.

A défaut, l'auteur (ou le producteur cessionnaire des droits) a tout intérêt à faire circuler le projet par voie de pli recommandé; voire de se l'adresser auparavant à lui-même (afin de pouvoir produire, en cas de litige, l'enveloppe fermée devant le tribunal), le cachet de la poste constituant un commencement de preuve de la date du projet.

Un auteur prétendant qu'une société de production avait suivi son scénario, commettait des actes de dénigrement préjudiciables à cette dernière et intentait à son encontre une action en contrefaçon.
Le TGI de Paris (3ème Ch. 5 juillet 1996) a débouté le prétendu auteur qui n'apportait pas la preuve qu'il avait transmis à la société de production un quelconque synopsis, ni qu'un tel synopsis existait, ni même enfin qu'il en aurait reçu commande.

II- LA PROTECTION DU TITRE

Le titre bénéficie d'une protection spéciale, expressément prévue à l'article L.112-4 du Code de la Propriété Intellectuelle :

> *"Le titre d'une œuvre de l'esprit, dès lors qu'il présente un caractère original, est protégé comme l'œuvre elle-même.*
> *Nul ne peut, même si l'œuvre n'est plus protégée dans les termes des articles L.123-1 à L.123-3, utiliser ce titre pour individualiser une œuvre du même genre, dans des conditions susceptibles de provoquer la confusion."*

Il peut paraître curieux que le titre soit dissocié de l'œuvre; mais le législateur a voulu par là, faire une analogie avec le droit des marques. Cette attention particulière se comprend aisément. En effet, le titre est le pilier de la production. La publicité, la critique, l'exploitation... tout passera par lui. Ainsi la valeur d'une œuvre, tant patrimoniale que morale, tient toute entière dans le titre qui a donc une importance inestimable.

Les deux alinéas de l'article L.112-4 protègent le titre de deux façons : par le droit d'auteur (alinéa 1), par le droit de la concurrence (alinéa 2).
On verra qu'il est également possible de déposer le titre à l'INPI (Institut National de la Propriété Industrielle) afin de lui assurer la protection relative aux marques.

1- La protection par le droit d'auteur

a- Attribution restrictive de la protection

On notera que cette fois, la loi vise expressément le caractère "original" pour y subordonner la protection.
Les titres ne relèvent donc pas automatiquement du droit d'auteur. Il existe d'ailleurs un plus grand nombre de titres s'étant vu refuser la protection du droit d'auteur que de titres en ayant bénéficié.

Il serait bien malaisé de donner quelques lignes directrices susceptibles d'assurer l'originalité du titre. Certes la jurisprudence abonde en exemples, mais la variété de ceux-ci ne permet pas de donner de définition de l'originalité telle que retenue par les tribunaux.

Ainsi pourquoi la protection a-t-elle été reconnue à "**Rififi**"[*1], "**Le Père Noël est une ordure**"[*2] mais pas à "**Doucement les basses**"[*3].
On peut également rapprocher "**Le 6e Continent**"[*4] et "**La Septième Face du dé**"[*5] : le premier n'a pas été jugé original, le second, si.

Les décisions font souvent appel à la notion de "nouveauté" comme en matière de marques; et un titre sous forme d'expression inusitée qui n'a

jamais été antérieurement employée dans le langage courant ou pour une autre œuvre aura toutes les chances d'être taxé d'originalité.
Toutefois ce critère peut se révéler incertain : ainsi la cour d'appel avait-elle accordé la protection au titre "**Jeunes loups**", mais la cour de cassation, curieusement, a cassé cet arrêt, car se plaçant (contre toute logique du droit d'auteur) non au moment de la création mais postérieurement, elle a estimé que l'expression était devenue banale*[6].

*1 *Paris 4e ch., 24 janv. 1970, RTD com., 1971,94 obs Desbois mais pour le même terme de Rififi employé seul dans le titre d'une œuvre dans un genre différent cf CA Paris, 1e ch., 3 fév. 1988, Le Breton c/ Théâtre Fontaine, D. 1989 som.43 obs. Colombet, CDA 1989 n°16 p.11*
*2 *TGI Paris, 3e ch., 25 sept. 1986, Chazel c/ Apple Computer, RDPI 1986 n°8 p.101*
*3 *TGI Paris, 3e ch., 15 juin 1972, RIDA N°75 p.157*
*4 *Paris, 10 juin 1977 et Cass. civ. 1e, 13 déc. 1978, RIDA Juill. 1979, p.126*
*5 *CA Paris, 4e ch., 12 janv. 1984, Gaz Pal. 1984, 2, som.294*
*6 *CA Paris, 1ère, 4 oct. 1982, RIDA juill. 1983, p.95; D. 1983, IR 94, obs. Colombet et Cass. civ., 1ère, 13 nov. 1984, RIDA, av. 1985, p.152; RTD com. 1985, 309, obs. Françon*

L'association du mot "fashion", au caractère non distinctif, au terme "télévision", pour désigner une émission de télévision sur la mode, ne porte pas l'empreinte de la personnalité de son créateur et ne présente pas l'originalité requise pour bénéficier de la protection du droit d'auteur.

"Pour nier le caractère distinctif du mot 'fashion' et lui dénier la qualité de titre protégeable au titre du droit d'auteur, les juges du second degré ont justement retenu que, s'il ne fait pas partie du langage français courant, ce mot est compris d'une grande partie du public français comme désignant la mode. C'est donc à bon droit qu'à cette fin la cour d'appel s'est fondée notamment sur des extraits de dictionnaires comportant au mot 'fashion' des rubriques dans lesquelles sont cités des auteurs français ayant employé ce mot."
(Cour de cassation, 28 janvier 2003 – société Chum c./ M. X et société Fashion TV)

b- Limite de l'intérêt de la protection par le droit d'auteur

La protection n'est accordée qu'aux titres dont l'originalité a été reconnue. C'est-à-dire que la plupart des titres en sont écartés.
De plus cette protection est limitée dans le temps, et s'éteint quand l'œuvre tombe dans le domaine public.
Par contre, un titre non protégeable au titre du droit d'auteur peut être protégé au titre de la confusion entre deux œuvres.

"Si, aux termes de l'article L. 112-4 CPI, le titre d'une œuvre de l'esprit est protégé comme l'œuvre elle-même dès lors qu'il présente un caractère original, chaque terme du titre 'Disparue dans la nuit' est en soi banal, et l'association des termes est elle-même banale. Ce titre ne peut donc être protégé au titre de la disposition précitée du code de la propriété intellectuelle.

Pour autant, les titres dépourvus d'originalité peuvent être protégés par l'action en concurrence déloyale, l'article L.112-4 CPI disposant que le titre non protégé par le droit d'auteur ne peut être utilisé pour individualiser une œuvre du même genre dans des conditions susceptibles de provoquer une confusion. Si une adaptation audiovisuelle et un film sont du même genre, encore faut-il que ladite adaptation audiovisuelle ne soit pas qu'à l'état de projet. Il ne peut y avoir de confusion entre un projet qui, par définition, n'est pas connu du public et un film. En revanche, si un roman et un film ne procèdent pas des mêmes techniques et poursuivent des buts différents, ils n'en appartiennent pas moins au même genre quand le roman est susceptible d'adaptation audiovisuelle. Peu importe que la parution du roman soit relativement ancienne (1994), dès lors que l'auteur n'a pas renoncé à l'exploiter.

En l'espèce, la maison d'édition d'un écrivain notoire, à qui celui-ci a cédé les droits d'édition et d'exploitation audiovisuelle de l'un de ses ouvrages, intitulé 'Disparue dans la nuit', a consenti une option sur la cession des droits d'adaptation audiovisuelle de l'ouvrage en question à une société de production audiovisuelle, laquelle a levé cette option. Or une chaîne de télévision hertzienne a procédé à la diffusion d'un film américain intitulé dans sa version française 'Disparue dans la nuit'. L'adoption du même titre ne peut qu'induire le téléspectateur en erreur, avant même d'avoir vu, lu ou entendu l'œuvre. Il est donc fait interdiction à la chaîne de télévision d'utiliser ce titre pour désigner ladite œuvre, en version française, de quelque manière que ce soit. Le préjudice moral de l'auteur est évalué à 2000 €, en l'absence d'un préjudice patrimonial fondé exclusivement sur le projet d'adaptation audiovisuelle."

(TGI Paris (3e ch., 1e sect.), 31 mars 2003 – Yann Quéffelec, Ed. Grasset Fasquelle et autre c./ M6 Diffusion).

2- La protection par le droit de la concurrence

L'alinéa 2 de l'article L.112-4 prévoit une autre forme de protection, basée sur la notion de parasitisme.

a- Champ d'application

Avant d'en aborder les conditions, le problème se pose de savoir si l'alinéa 2 concerne tous les titres, quel que soit leur degré d'originalité ou uniquement les titres originaux mais dont l'ancienneté ne permettrait plus de revendiquer une protection sur la base du droit d'auteur (premier alinéa du même article).

La jurisprudence tend à élargir l'application de l'alinéa 2 et n'exclut en fait que les termes trop génériques ou ceux qui emprunteraient au fond commun (de l'histoire: "La Révolution française" et des légendes: "Oedipe", par exemple). Bref, pour être protégé, le titre doit être "distinctif" (comme en matière de marque) mais n'a pas à faire preuve d'originalité. De ce fait, un auteur débouté sur le fondement du droit d'auteur, pourra se prévaloir du droit de la concurrence s'il réunit les conditions nécessaires.

Il va de soi que le titre, pour bénéficier de la protection dans le cadre de la concurrence déloyale doit être celui d'une œuvre déjà publiée.

"C'est ainsi qu'un auteur s'est vu refuser la protection du titre d'une chanson "La Publicité", repris quelques mois plus tard, au motif que sa chanson n'avait pas été

exploitée. Il ne pouvait par conséquent pas y avoir risque de confusion." (Paris 8 juillet 1972, RIDA janv. 1973 p. 138).

A défaut, ce serait à l'Auteur du titre repris pour une œuvre publiée de le modifier avant de rendre lui-même son œuvre publique, afin ainsi d'éviter tout risque de confusion.

b- Conditions d'application

Deux autres conditions doivent toutefois être remplies pour que joue cette protection :

- le titre doit être repris pour une œuvre du même genre,
- il doit impliquer un risque de confusion.

L'affaire relative au titre "**Les liaisons dangereuses**"*7 révèle assez bien la position de la jurisprudence :

*7 *Paris, 14 avril 1960, D. 1960 535 Desbois*

- Il a été jugé que le film de Roger Vadim et le roman de Laclos dont il reprenait le titre étaient du même genre :

  "sous un titre rigoureusement identique, les images, les dialogues et les scènes du film illustrent le même texte, la même pensée et la même intrigue."

- D'après l'Avocat général, le risque de confusion existait et était même double :

  * vis-à-vis du public averti qui espérait retrouver dans le film l'œuvre originale

  * vis-à-vis du public non averti qui pourrait croire que le film traduit fidèlement l'œuvre de Laclos (il y aurait même alors atteinte au droit moral).

Un courant jurisprudentiel semble toutefois attacher une importance à l'analyse des deux œuvres portant le même titre :

si celles-ci procèdent de veines différentes le grief devra être rejeté. Tel fut le cas pour deux chansons qui portaient le même titre "**J'aime les filles**"; l'une étant légère l'autre plus intellectuelle, le premier auteur s'est vu débouté (TGI Seine 31 mai 1968, GP 1968.2.267),

si au contraire les œuvres sont inspirées par le même état d'esprit, la preuve du risque de confusion sera établi.

Par contre, il a été jugé que le film de Claude Berri "Débandade" et que le livre écrit par Madame Sophie Chauveau n'étaient pas du même genre :

Tribunal de Grande Instance de Paris (3e chambre, 30 juin 2000) :

Protection des titres d'œuvres protégées.
Litige concernant la protection du titre "Débandade" d'un ouvrage imprimé.

1) Le titre litigieux, même utilisé dans un sens différent de celui d'une déroute militaire, est dépourvu d'originalité et en peut donc bénéficier de la protection prévue par le 1er alinéa de l'article L.112-4 CPI.

2) Protection demandée contre le risque de confusion entre titres originaux ou non, d'œuvre de même genre (concurrence déloyale), en application du 2e aliéna de l'article L.112-4.

Le titre quasi identique désignant un film ne peut créer aucune confusion avec l'ouvrage portant le titre dont la protection est demandée, non parce que les deux œuvres ressortent d'arts différents (littérature et cinéma), mais parce que les deux ouvrages, dont l'un est un essai sociologique et l'autre une œuvre de fiction relatant une intrigue, appartiennent à des "registres" différents.

Sophie CHAUVEAU c./ société Renn Productions et Claude Berri

[Extraits]

1- Sur l''originalité contestée du titre "Débandade"

Attendu que l'œuvre de Mme Chauveau s'apparente à un essai, rédigé sous forme de monologue et d'interjections adressées aux hommes de 1982 qui sont décrits comme fragiles, incapables de tendresse, désertant trop tôt, trop vite la couche de leur compagne;

Attendu que l'originalité du titre "Débandade" doit s'apprécier au moment de la publication de l'œuvre soit en 1982;

Attendu que Mme Chauveau en choisissant ce titre, lui donne un double sens, à la fois un sens militaire, cf. en 4e de couverture : "... plus personne à l'horizon. Débandade générale", mais aussi un sens sexuel;

Attendu qu'elle soutient que l'originalité du titre réside dans l'usage du seul terme "débandade" pour identifier un ouvrage qui n'a aucun rapport avec le monde militaire;

Attendu cependant que le texte publié en 1976, aux éditions Hallier, sous le titre "La Débandade" prive d'originalité le titre choisi par Mme Chauveau, car son auteur, qui se cache sous le pseudonyme de Jean Cordelier, fait état à l'envi de ses aventures sexuelles et n'a pas d'autres propos que de "raconter (ses) aventures et de faire à (son) tour croustiller la littérature";

Attendu que Mme Chauveau n'est donc pas fondée à rechercher la protection conférée par l'article L.112-4 al.1.

2- Sur la concurrence déloyale

Attendu que l'invocation de l'alinéa 2 de l'article précité suppose la seule preuve d'un risque de confusion dès lors qu'il n'est pas contesté que si les œuvres en cause ne relèvent pas du même art, elles peuvent eu égard à la fréquence des adaptations au cinéma d'œuvres littéraires être considérées comme relevant du même genre;

Attendu que pour établir le risque de confusion, dans l'esprit du public, il y a lieu d'apprécier si l'œuvre cinématographique de M. Berri risque d'être considérée comme l'adaptation de l'ouvrage de Mme Chauveau;

Attendu que les identités de genre – largement entendu – et de titre sont insuffisantes à elles seules pour asseoir l'allégation d'un risque de confusion;

Qu'en effet, sans porter une appréciation sur le fond des œuvres, force est de constater qu'elles relèvent de registres bien différents : un essai sous forme de pamphlet pour l'œuvre de la demanderesse, une œuvre de fiction avec une intrigue et des développements en chaîne pour celle des défendeurs;

Attendu qu'il est par ailleurs constant que, comme Mme Chauveau le souligne elle-même, le propos du film est à l'opposé du sien, puisqu'il s'agit en effet d'une comédie sur les effets et méfaits de remèdes variés aux défaillances sexuelles dont souffre le personnage principal.

PAR CES MOTIFS :
Le Tribunal, statuant publiquement par jugement contradictoire et en premier ressort, déboute Mme Chauveau de l'intégralité de ses demandes.

(M. Girardet, Vice-Président, M. Saint-Schroeder, Premier Juge, Mme Beaudonner, Juge, Mes Moyersoen et Kiejman, Avocats).

c- Sanctions

Les sanctions sont celles :

- de la concurrence déloyale et l'utilisateur d'un titre préexistant, même s'il est de parfaite bonne foi, devra changer le titre de son œuvre,

- du droit d'auteur et l'auteur du premier titre pourra se prémunir à l'avance du risque de confusion en demandant la saisie-contrefaçon de l'œuvre litigieuse,

- enfin les sanctions pourront être pénales (articles L.335-1 et suivants du Code de la Propriété Intellectuelle), c'est-à-dire l'emprisonnement et/ou une amende.

3- Dépôt du titre à l'I.N.P.I. (Institut National de la Propriété industrielle)

Le dépôt du titre à l'INPI confère en principe à son titulaire un droit opposable à tous. L'inscription d'un titre d'œuvre audiovisuelle en tant que marque peut s'avérer particulièrement utile s'il existe des produits dérivés.

a- Les conditions du dépôt

> *Conditions de forme*

La demande doit être établie en cinq exemplaires sur des formulaires fournis par l'INPI. Doivent notamment y figurer :

- *l'identification du demandeur* et le cas échéant de son mandataire
- *la représentation du signe choisi;* dans notre espèce et à titre d'exemples : le titre ou le logo ou l'indicatif d'une émission, ou la bande annonce d'un distributeur de films (le rugissement du lion de la MGM par exemple)
- *l'énumération des produits et services* pour lesquels le signe est déposé ainsi que la classe. Il existe 42 classes. Mais en matière audiovisuelle, il s'agira essentiellement et selon les cas des classes 28 (jeux), 35 (publicité), 38 (télécommunications), 41 (éducation, formation, divertissement, activités sportives et culturelles).
- Le coût est de 215 € pour 3 classes (38 € par classe supplémentaire)

> *Conditions de fond*

Le signe doit être distinctif, c'est-à-dire original et nouveau. La jurisprudence retient volontiers "l'empreinte [sur le signe] de la personnalité de son auteur".

En revanche le signe retenu :

- ne peut pas être illicite, c'est-à-dire porter atteinte aux bonnes mœurs ou induire le consommateur en erreur,
- doit être libre de tout droit.

b- Opposition et nullité

> *Opposition durant la procédure de dépôt*

La loi du 4 janvier 1991 permet à présent à l'INPI de s'opposer de lui-même au dépôt d'une marque pour irrégularité.

Selon leurs qualités par rapport à la marque dont le déposant demande l'enregistrement, les tiers disposent de recours distincts pour s'opposer à la demande. C'est notamment le cas des titulaires d'un droit d'auteur ou d'un dépôt antérieur à l'INPI, sur la marque ou de ceux qui l'auraient notoirement utilisée auparavant. Ils doivent agir dans un délai de deux mois à compter de la demande de dépôt.

> *Action en nullité après le dépôt*

Les titulaires d'un droit antérieur peuvent introduire une action en nullité à l'encontre du déposant de la marque litigieuse.

> *"Seul le titulaire d'un droit antérieur peut agir en nullité sur le fondement de l'article L.711-4. Toutefois son action n'est pas recevable si la marque a été déposée de bonne foi et s'il en a toléré l'usage pendant cinq ans."* (article L.714-3 du code de la Propriété intellectuelle).

Il découle de l'article L.711-4 e) que les titulaires du droit d'auteur pourront agir ainsi.

Toutefois et ainsi que le relève le Professeur Françon (RTD com 1991 chr. 44) ce délai de forclusion par tolérance limite le monopole de l'auteur contrairement aux lois de 1957 et 1985 qui lui reconnaissaient des droits sa vie durant et cinquante ans après sa mort.

c- Protection accordée par le dépôt de la marque

La marque entre dans le patrimoine de son propriétaire. Celui-ci peut l'exploiter librement. L'exploitation est une condition essentielle au maintien de la marque dans le patrimoine.

L'exclusivité dont jouit le propriétaire sur sa marque est toutefois limitée par la possibilité pour un tiers :

- d'indiquer la destination de son propre produit ou service,
- d'user du signe distinctif de la marque comme enseigne ou nom commercial (ou titre) si ce tiers en avait fait l'usage avant le dépôt de la marque par le propriétaire de celle-ci. Ainsi par exemple, une œuvre exploitée antérieurement n'aura pas à changer de titre, même si ce titre n'est pas protégé par le droit d'auteur,
- d'user du signe distinctif de la marque si ce signe est son nom patronymique et à condition que ce tiers soit de bonne foi.

Hors ces limites, l'usage de la marque d'autrui est sanctionné par l'action en contrefaçon. Celle-ci est plus intéressante que la concurrence déloyale, en ce sens que certains actes de contrefaçon sont retenus même en l'absence de tout risque de confusion (contrefaçon sur des produits ou services identiques, contrefaçon par suppression ou modification de la marque déposée sur les produits et services qu'elle concerne).

L'action doit être introduite au civil ou au pénal dans un délai de trois ans à compter du jour où l'acte de contrefaçon est commis. La fixation des dommages et intérêts est fortement liée à la renommée de la marque protégée.

Il est également possible de demander simultanément en référé l'interdiction, à titre provisoire et sous astreinte, des actes de contrefaçon ou la constitution de garanties destinées à assurer l'indemnisation une fois le litige tranché.

La contrefaçon peut être prouvée par tous moyens. Il existe toutefois deux modes de preuves spécifiques :

- la saisie-contrefaçon
- la saisie en douane (qui permet de demander à l'administration des douanes de retenir les marchandises contrefaites)

d- Dépôt d'une marque communautaire

Il est possible de déposer une marque européenne auprès de l'Office de l'harmonisation : http://oami.eu.int/

Cette procédure permet aux entreprises dont l'activité a vocation à couvrir plusieurs pays de bénéficier d'une seule marque (ou titre), sur l'ensemble de la communauté européenne, après des formalités finalement moins onéreuses et moins lourdes qu'une multiplication de dépôts et de recherches d'antériorité dans les pays concernés.

* La demande doit être déposée dans une des langues officielles de la communauté et doit indiquer une seconde langue parmi les langues de l'Office (allemand, anglais, espagnol, français, italien).

* Elle précise la liste des produits et services et la reproduction de la marque.

* En l'absence de toute opposition, la procédure dure environ sept mois et demi auprès de l'INPI et comporte quatre étapes :
  - vérification par l'office, avec recherches d'antériorité
  - publication de la demande par l'Office
  - opposition possible dans les trois mois de la publication
  - enregistrement de la marque communautaire

Il est à noter que cette procédure n'est pas réservée aux seules personnes physiques ou entreprises ressortissantes d'un pays européen.

* La marque européenne confère un droit exclusif sans les secteurs où elle a été déposée, dans tous les Etats membres, pendant dix ans, renouvelable indéfiniment.

* La validité de la marque européenne s'apprécie de façon uniforme par l'Office sous le contrôle de la CJCE.

* La marque communautaire peut être transférée librement. Elle peut être donnée en licence.

* Elle se perd, en cas de non usage sérieux pendant CINQ ans. Cela dit, l'usage peut n'être que national.

INPI - Institut National de la Propriété Industrielle
26 bis rue de Saint-Pétersbourg 75800 Paris cedex 08
Tél. : 0825.83.85.87 - www.inpi.fr
Du lundi au vendredi de 9h à 18h
(les dépôts s'effectuent jusqu'à 16h30)

4- *Vigilance en matière de titres*

Il sera donc préférable, d'une part pour espérer prétendre à un droit sur le titre, et d'autre part pour ne pas se voir poursuivi pour utilisation d'un titre préexistant, de procéder à des recherches d'antériorité, notamment :

- auprès du Registre Public de la Cinématographie et de l'Audiovisuel, puisque les œuvres cinématographiques y sont immatriculées avec leur titre, ainsi que certaines œuvres audiovisuelles (cf RPCA),
- les bibliographies éditées par les organismes responsables du dépôt légal (cf Dépôt légal),
- Institut National de la Propriété industrielle (www.inpi.fr),
- Electre, banque de données qui répertorie plus de 400 000 titres de livres (www.electre.com).

LE DROIT DE CITATION

I- Conditions tenant à l'œuvre citée

II- Conditions tenant à l'œuvre emprunteuse

III- Conditions tenant à la citation elle-même

I- CONDITIONS TENANT A L'ŒUVRE CITEE

> Œuvre déjà divulguée

Le droit de citation n'emporte pas appropriation du droit moral de l'auteur. C'est donc uniquement ce dernier qui pourra décider si son œuvre sera ou non soumise au public.

Affaire Brel (Cass. civ. 8 juillet 1981 : *Paris Match* avait publié en 1977 un article sur le chanteur venu à Paris enregistrer de nouvelles chansons. Cet article était illustré de quelques photos et d'extraits des nouveaux textes, (il est à noter que la presse avait déjà largement décrit ces nouvelles chansons, mais la Cour de cassation a précisé qu'il convenait de prendre en compte la divulgation ou la non divulgation de l'œuvre à la date de la publication de l'article incriminé). Ces nouvelles chansons n'ayant pas encore été divulguées, la Cour de cassation a jugé que l'hebdomadaire ne pouvait se prévaloir des dispositions de l'article 41-3 de la loi de 1957 (aujourd'hui art. L.122-5 du CPI).

> Respect de l'œuvre citée

Ce principe a encore été rappelé dernièrement par le Tribunal de grande instance de Paris dans une affaire qui opposait les héritiers de Saint-Exupéry à Emmanuel Chadeau, auteur d'une biographie sur l'auteur.

Le biographe avait illustré son livre par des emprunts, notamment à des correspondances de Saint-Exupéry, dont il soulignait lui-même le caractère d'inédits. Mais de plus, ces citations étaient fréquemment dénaturantes, des mots ayant été omis ou purement et simplement remplacés par d'autres. (TGI Paris, 21 septembre 1994 - RIDA 163 - janvier 1995).

> Respect de la paternité de l'œuvre

Par ailleurs, la loi impose que la paternité de l'œuvre puisse être clairement établie (indication de la source et du nom de l'auteur).
En ce qui concerne l'audiovisuel, il est conseillé de mentionner également les noms des principaux interprètes. Le problème pratique qui se pose est l'aspect physique de ces mentions. Il devra y être procédé dans le générique avec identification, par tous les moyens, de la séquence citée. Les mentions ne peuvent pas être faites par incrustation sur les images : cette surcharge ayant été considérée comme une atteinte au droit moral du réalisateur :

Affaire Marchand c/ La Cinq - TGI Paris 29 juin 1988 - RIDA octobre1988. Le litige concernait la diffusion du téléfilm *"Yvette"* adapté par Armand Lanoux d'après la nouvelle de Guy de Maupassant et réalisé par Jean-Pierre Marchand en 1971. Le réalisateur avait averti La Cinq de ce qu'il s'opposait à la diffusion avec interruptions publicitaires et incrustation du logo de la chaîne. La Cinq avait maintenu son logo en bas de l'écran. Le TGI de Paris a condamné la chaîne pour atteinte au droit moral des auteurs (50 000 F à chacun des coauteurs et publication de la décision).

II- CONDITIONS TENANT A L'ŒUVRE EMPRUNTEUSE

> *Qualification d'œuvre*

Cette condition est essentielle pour éviter que des personnes ne s'attribuent, de façon détournée, le bénéfice de l'œuvre citée, sans véritable apport de leur part.
Par leur étendue, les emprunts ne doivent pas détourner le lecteur du premier livre.

Ainsi, le TGI de Paris a, le 6 juillet 1972 (D. 1972, 628, note Mme Pactet), jugé que le livre d'André Passeron "De Gaulle : 1958 -1969" constituait un abus de droit. En effet, les citations de De Gaulle (plus de 300) représentaient, du fait de leur grand nombre, environ un quart du livre et son plus grand intérêt.

L'œuvre emprunteuse doit donc faire preuve d'originalité et porter l'empreinte de la personnalité de son propre auteur. Le juge s'attache à rechercher si l'œuvre emprunteuse survivrait sans la citation.

Par un célèbre arrêt "Microfor", l'Assemblée plénière de la Cour de cassation a apporté un notable assouplissement sur ce point, en admettant que des banques de données (dont l'intérêt est tributaire des œuvres citées) pouvaient avoir le caractère d'une œuvre d'information. (Cass. Ass. plén., 30 octobre 1987 - RIDA janvier 1988).

En résumé l'on peut dire que la citation doit rester l'accessoire de l'œuvre dans laquelle elle est reprise. Elle n'est que l'illustration du propos tenu.

> *Objectifs précis de l'œuvre emprunteuse*

La loi énumère limitativement les objectifs que l'œuvre emprunteuse doit poursuivre :

- critique
- polémique
- pédagogique
- scientifique
- ou d'information

Ces caractères ne peuvent être étendus par analogie, et la jurisprudence se montre très stricte sur ce point. Dès lors, il est clair qu'une œuvre de fiction ne pourra comporter aucune citation : les extraits d'œuvres antérieures qu'elle pourrait comporter devront donc faire l'objet d'une autorisation expresse des ayants droit. La même conclusion s'impose pour les œuvres publicitaires.

En revanche, une œuvre de fiction peut être citée, pourvu que les conditions légales soient réunies et notamment que l'œuvre citante réponde à l'un des objectifs ci-dessus rappelés.

CA Paris, 22 mars 1995, UGC c/ *Le Parisien Libéré* : le journal avait reproduit une photo du film *"Le Corniaud"* pour illustrer un article, consacré aux assurances et intitulé *"La fin de l'arnaque"*. La Cour d'appel a considéré que la photo aurait éventuellement pu s'analyser en une courte citation, mais qu'eu égard à la teneur de l'article, la citation ne pouvait pas être justifiée par le caractère critique, polémique, pédagogique, scientifique ou d'information.

III- CONDITIONS TENANT A LA CITATION ELLE-MEME

> Brièveté

Il n'existe aucune indication sur ce point, en terme de minutage, de ligne, de mesures, etc.
La brièveté s'apprécie à la fois par rapport à l'œuvre citée et à l'œuvre emprunteuse - on l'a vu à propos de l'affaire Passeron.

Récemment, deux décisions sont intervenues entre la SPADEM et ANTENNE 2 rappelant la notion de citation d'une œuvre d'art dans un document audiovisuel.

Cass. civ. 4 juillet 1995 - RIDA n° 167 : La chaîne avait consacré une des émissions *"Les Chefs d'œuvres en péril"* aux Jardins des Tuileries. Des séquences montraient les sculptures d'Aristide Maillol. *"La présentation d'œuvres situées en permanence dans un lieu public, dont elles constituent un accessoire, est libre quand elle est faite à l'occasion d'un événement ou d'une circonstance constituant le sujet principal de l'œuvre télévisuelle"*, ce qui n'était pas le cas en l'espèce, la représentation ayant été faite en gros plan et intégralement.

L'autre espèce portait sur la diffusion dans l'émission *"Du côté de chez Fred"* des fresques de Vuillard au théâtre des Champs Elysées. Le reportage était consacré à une pièce qui se jouait dans ce théâtre. La Cour de cassation a relevé que les fresques avaient été montrées dans leur intégralité et qu'en conséquence il ne pouvait s'agir d'une courte citation : *"La représentation intégrale d'une œuvre quelles que soient sa forme et sa durée, ne peut s'analyser en une courte citation"*. Il est à relever que les premiers juges s'étaient montrés plus libéraux et avaient admis la brièveté de la citation (dans son intégralité mais sur quelques secondes seulement) (TGI Paris 15 mai 1991 - *Images Juridiques* n° 83).

Ainsi faut-il distinguer les œuvres d'art situées dans un lieu public et celles présentées dans un lieu privé. Par ailleurs, la "citation" ne doit pas porter sur l'intégralité de l'œuvre... encore qu'une présentation partielle pourrait être qualifiée de dénaturante... sauf à justifier que le morceau choisi correspond précisément à l'illustration de l'œuvre seconde.

Un autre critère est celui de la nécessité de ne pas dénaturer la pensée de l'auteur cité.

En réalité, il convient de garder à l'esprit un critère économique : le deuxième auteur ne devant pas détourner à son bénéfice le profit de l'œuvre première, dont la citation ne doit être qu'une illustration pour souligner son propre propos.

Le TGI de Paris, 14 septembre 1994, a fait droit à la demande du réalisateur Med Hondo et a considéré que la reprise, dans une émission canadienne intitulée "*Vues d'Afrique*" sur la découverte de ce continent à travers les œuvres et les réalisateurs africains, d'extraits de son film "*Saraounia*" pour une durée de 17 minutes et demi, ne pouvait être considérée comme une courte citation dans une émission de 58 minutes.

Le Code de la Propriété Littéraire et Artistique prévoit la même exception de citation à l'encontre des droits dits "voisins", notamment des entreprises de communication.
De nombreux cas ont porté sur les retransmissions sportives avant qu'un accord n'intervienne entre les chaînes nationales hertziennes, puis qu'une loi du 13 juillet 1992 (*JO* 15 juillet 1992) ne vienne organiser la concurrence que les chaînes se livrent sur le terrain du sport (droit de citation de courts extraits de 30 secondes maximum, librement choisis, dans le cadre d'émissions d'information).

	Conditions de la citation
œuvre citée	déjà divulguée
œuvre citante	. elle doit être une œuvre par elle-même et . elle doit avoir l'un des objectifs suivants : - critique - polémique - pédagogique - scientifique - d'information
citation	. brève et fidèle par rapport à l'œuvre citée, . brève par rapport à l'œuvre citante, . indication : - de la source - de l'auteur - des artistes-interprètes

LE SOUTIEN FINANCIER DU CNC

I- Le soutien financier

II- Long métrage : l'agrément

1- Les conditions d'éligibilité au soutien financier
2- La génération du soutien financier
3- L'agrément des investissements
4- L'utilisation du soutien financier

III- Télévision : l'autorisation de production

1- Les conditions d'éligibilité
  a- Conditions relatives aux entreprises
  b- Conditions relatives aux œuvres

2- Procédure
  a- Autorisation préalable
  b- Autorisation définitive

IV- Court métrage : l'autorisation de production

1- Autorisation de production
2- La qualification professionnelle
3- Les éléments d'une réforme

I- LE SOUTIEN FINANCIER DU CNC

Le Centre National de la Cinématographie a comme principale activité celle de gérer le compte de soutien financier à l'industrie cinématographique et à l'industrie des programmes audiovisuels.

Ce compte de soutien est alimenté par des taxes sur les recettes de cinéma , de télévision et de vidéogrammes, et il est redistribué à la profession sous deux formes, une forme sélective et une forme automatique.

Ce compte de soutien intervient pour financer trois grands secteurs d'activité :

1. L'investissement dans la production cinématographique et audiovisuelle, dont on trouvera les conditions d'éligibilité et les procédures d'utilisation dans ce chapitre.
2. L'investissement dans l'exploitation pour l'amélioration du parc de salles
3. Le financement d'opérations contribuant au rayonnement et à la promotion du cinéma, comme Unifrance Film et le Festival de Cannes.

LE FINANCEMENT DU COMPTE DE SOUTIEN

Il est financé par des taxes :

- par le cinéma : une taxe de 11% prélevée sur les recettes au guichet des salles, quelle que soit la nationalité du film projeté ;
- par des sociétés de télévision : une taxe de 5,5 % sur les recettes provenant de la publicité, des abonnements et de la redevance ;
- par la vidéo : une taxe de 2% prélevée sur les ventes et locations de cassettes vidéo et DVD, réalisées par les détaillants.

Il s'agit de montants conséquents puisque pour l'année 2004 le montant de ces taxes avoisine les 500 millions d'euros.

UTILISATION DU SOUTIEN FINANCIER

Ce soutien est redistribué sous forme automatique ou sélective à hauteur de :

- 20% pour la production cinématographique
- 43% pour la production audiovisuelle
- 16% pour les salles de cinéma
- 5% pour la distribution

- 10% pour les manifestations et opérations de promotion
- 1,5% pour l'édition vidéo
- 4,5% pour la gestion du CNC

Les chapitres qui suivent expliquent les procédures d'accessibilité en matière de soutien automatique pour la production de longs métrages, de téléfilms, de documentaires, de films d'animation et de courts métrages.

Une partie du soutien financier est aussi répartie sous forme sélective à travers différents dispositifs d'aide, dont la liste et le mode d'utilisation sont décrits avec force détails dans l'ouvrage intitulé "Les aides au financement" (Dixit, 2004).

Le décret n°93-130 du 29 février 1999 relatif au soutien financier de l'industrie cinématographique et les arrêtés pris pour l'application des dispositions du décret sont consultables et téléchargeables sur le site du CNC :

www.cnc.fr

PRODUCTION - REALISATION

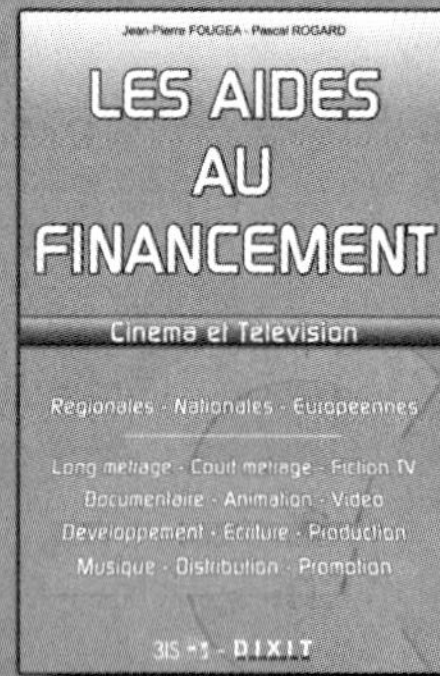

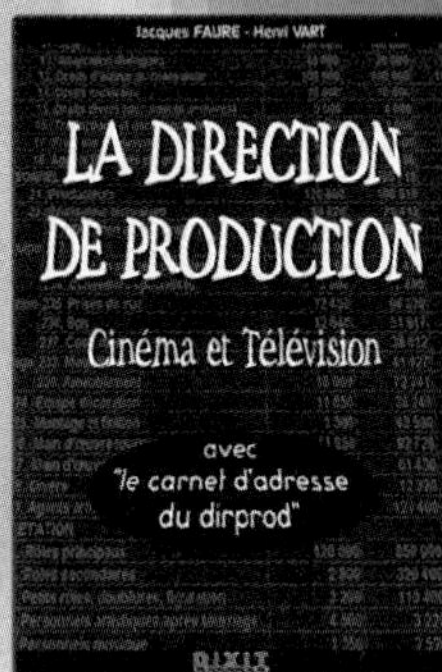

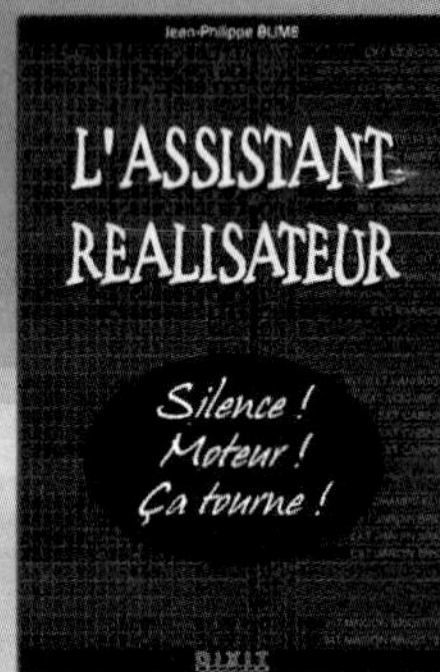

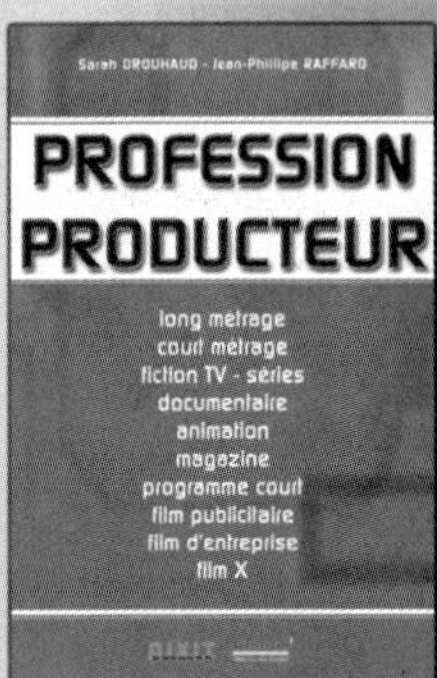

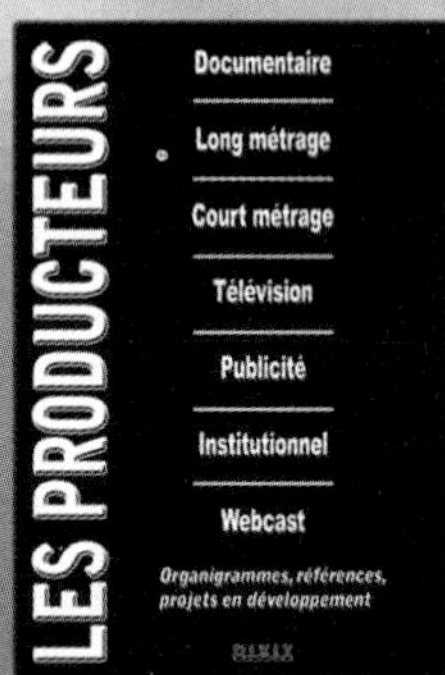

II- LONG METRAGE : L'AGREMENT

L'agrément est la carte d'identité du film cinématographique de long-métrage, sans lequel aucun contrat ne pourra être validé (chaînes, sofica, escompte, aides diverses, etc.). Il permet de faire bénéficier le film de tout le système d'aide automatique futur (salle, T.V., vidéo) ainsi que d'investir les droits (à l'aide automatique) antérieurement acquis.

L'agrément, qui ouvre l'accès au soutien financier, clé de voûte de l'ensemble du système français d'aide au cinéma, poursuit un double objectif :

- un objectif interne tendant à garantir aux yeux de tous les partenaires du film le caractère correct du montage de la production, en termes réglementaires, en termes de financement comme au regard de la protection sociale des collaborateurs de création;
- un objectif externe, destiné à vérifier que, dans le cas des coproductions, l'aide nationale bénéficie dans une forte mesure aux talents et aux industriels français.

La procédure d'agrément actuelle a été mise en place en 1999. Elle a été élaborée avec l'ensemble des organisations professionnelles du secteur.

1- Les conditions d'éligibilité au soutien financier

Pour qu'un film puisse bénéficier du soutien financier, il faut qu'il réponde à un certain nombre de critères tenant à la fois à la société qui produit le film et aux différentes collaborations humaines et techniques.
On verra que les collaborateurs spécifiques de chaque film permettent de lui attribuer un certain nombre de points et que le total de ces points va être pris en compte, pour à la fois déclencher le soutien, et lui conférer un coefficient pour le calcul des montants financiers qu'il va générer.

> Critères concernant l'entreprise de production

Le film doit être produit par au moins une entreprise remplissant les conditions suivantes :

1. elle doit être établie en France et être titulaire de l'autorisation d'exercice prévue par le code de l'industrie cinématographique;
2. ses présidents, directeurs ou gérants doivent être :
   - soit de nationalité française
   - soit ressortissants d'un Etat européen

Par Etat européen, on entend :

* un Etat membre de la Communauté européenne (voir liste en annexe 1),
* un Etat partie à la Convention européenne sur la télévision transfrontière du Conseil de l'Europe (voir liste en annexe 1),
* un Etat tiers européen avec lequel la Communauté européenne a conclu des accords ayant trait au secteur audiovisuel (voir liste en annexe 1).

Les étrangers autres que les ressortissants des pays européens précités justifiant de la qualité de résidents sont assimilés aux citoyens français;

3. elle ne doit pas être contrôlée par une ou plusieurs personnes physiques ou morales ressortissantes d'Etats autres que les pays européens précités.

Ce critère concernant la nature de la société est un critère indispensable, qui enclenche la prise en compte des autres critères.

> *Critères concernant les industries techniques*

Il faut que le film soit réalisé avec le concours de studios de prises de vues et de laboratoires établis en France ou dans un état membre de la communauté européenne en cas de coproduction.

> *Critères concernant les collaborateurs techniques et artistiques*

Il faut que les collaborateurs soient français ou ressortissants français, c'est-à-dire que les charges sociales soient payées en France.
Il n'est pas obligatoire que les techniciens français aient la carte professionnelle délivrée par le CNC; mais si ce n'est pas le cas, cela entraîne des pénalités sur le montant su soutien financier généré.

Les étrangers autres que les ressortissants des états européens précités qui ont la qualité de résidents sont assimilés aux citoyens français. Désormais, dans les films dits "d'initiative française" (films dont le financement est majoritairement français), les acteurs étrangers non professionnels qui n'ont pas la qualité de résidents mais dont le concours est justifié par le récit et qui s'expriment dans leur langue maternelle peuvent également, par dérogation, bénéficier des points européens.

Tous ces critères sont définis et traduits en terme de points pour chaque film et c'est le total de ces points qui vont à la fois déclencher le soutien financier et conférer au film un coefficient qui va être pris en compte pour le calcul du montant du soutien financier qu'il va générer.

QUALIFICATION EUROPEENNE

Pour avoir accès au soutien financier, il faut que le film obtienne d'abord la qualification européenne; cette qualification est obtenue en ayant un minimum de 14 points sur les 18 du barème européen ci-après :

LES 18 POINTS DU BAREME EUROPEEN

* **6 points** **Auteurs et Réalisateurs**
  - 3 points Réalisation
  - 2 points Scénario (scénaristes, dialoguistes)
  - 1 point Autres auteurs (œuvre originale, adaptateur, musique)
* **6points** **Comédiens**
  - 3 points Premier rôle
  - 2 points Deuxième rôle
  - 1 point 50% des autres cachets
* **4 points** **Collaborateurs de création**
  - 1 point Image (chef op., cadreur, 1er assistant)
  - 1 point Son (ingénieur du son, 1er assistant)
  - 1 point Montage (chef monteur, 1er assistant)
  - 1 point Décorateur (chef décorateur, 1er assistant)
* **2 points** **Industries techniques**
  - Laboratoires (tournage et finitions)
  - Montage / Sonorisation (salle de montage et auditorium)
  - Studio de prises de vues

Le barème des points européens, outre le fait qu'il conditionne l'accès au soutien financier, permet d'attribuer à un film la qualification d'œuvre européenne. A cet égard, il faut souligner que pour un film soumis aux procédures de l'agrément, le directeur général du CNC donne un avis sur la qualification européenne mais que la décision définitive d'attribution de la nationalité appartient au Conseil Supérieur de l'Audiovisuel.

BAREME DU SOUTIEN FINANCIER

Une fois que le film a obtenu sa qualification européenne, il faut qu'il obtienne au moins 25 points (hors les 20 points sur la langue du tournage), sur les 100 points du barème du soutien financier ci-après :

LES 100 POINTS DU BAREME DU SOUTIEN FINANCIER

* **10 points** **Entreprises de production**
* **20 points** **Langue de tournage**
* **10 points** **Auteurs**
  - 5 points Réalisateur
  - 4 points Auteurs, adaptateurs, dialoguiste

1 point	Compositeur

* **20 points Artistes interprètes**

10 points	Rôles principaux pour au moins 50 % des scènes
10 Points	Rôles secondaires et petits rôles (à partir de 4 cachets)

* **14 points Techniciens et collaborateurs de création**

2 points	Réalisation autre que le réalisateur
2 points	Administration et régie
3 points	Prises de vue
2 points	Décoration
2 points	Son
2 points	Montage
1 point	Maquillage

* **6 points Ouvriers**

4 points	Equipe de tournage
2 points	Equipe construction

* **20 points Tournage et post-production**

5 points	Localisation des lieux de tournage dont :
3 points	Lieux de tournage
2 points	Laboratoires de tournage
5 points	Matériels techniques de tournage dont :
2 points	Prise de vue
2 points	Eclairage
1 point	Machinerie
5 points	Post-production son (mixage de la V.O.)
5 points	Post-production image (travaux de laboratoire)

Ce barème de 100 points concerne les œuvres cinématographiques de fiction, les œuvres cinématographiques documentaires et les œuvres cinématographiques d'animation ont un barème spécifique (disponible au service de l'agrément du CNC).

EXPLICATION POUR LE CALCUL DES POINTS

10 points au groupe "Entreprises de production"

Les points sont obtenus lorsque le film est produit par au moins une entreprise de production remplissant les conditions exposées ci-dessus.

20 points au groupe "Langue de tournage"

Les points sont obtenus lorsque le film est réalisé intégralement ou principalement en version originale en langue française ou dans une langue régionale en usage en France. Toutefois, les points sont réputés obtenus lorsque le film est soit un film de fiction tiré d'un opéra et réalisé dans la langue du livret, soit un film documentaire réalisé dans une langue dont l'emploi est justifié par le sujet traité.

10 points au groupe "Auteurs"qui se répartissent en :

- 5 points pour le réalisateur
- 4 points pour les auteurs de l'œuvre originaire, du scénario, de l'adaptation et du texte parlé
- 1 point pour l'auteur des compositions musicales avec ou sans paroles spécialement réalisées pour le film.

Les points sont acquis quand les contrats de cession de droits d'auteur ainsi que le contrat de travail du réalisateur désignent la loi française comme loi applicable.

20 points au groupe "Artistes-interprètes" qui se répartissent en :

- 10 points pour les artistes-interprètes assurant les rôles principaux
- 10 points pour les artistes-interprètes assurant les rôles secondaires et les petits rôles.

Sont considérés comme rôles principaux les rôles pour lesquels la présence à l'écran des artistes-interprètes est requise pour la moitié au moins des scènes du film.

14 points au groupe "Techniciens collaborateurs de création"qui se répartissent en :

- 2 points pour l'équipe "Réalisation", autre que le réalisateur
- 2 points pour l'équipe "Administration et Régie "
- 3 points pour l'équipe "Prise de vues"
- 2 points pour l'équipe "Décoration "
- 2 points pour l'équipe "Son"
- 2 points pour l'équipe "Montage"
- 1 point pour l'équipe "Maquillage "

6 points au groupe "Ouvriers" qui se répartissent en :

- 4 points pour les ouvriers de l'équipe de tournage
- 2 points pour les ouvriers de l'équipe de construction

Pour les groupes "Artistes-interprètes", "Techniciens collaborateurs de création" et "Ouvriers", les points sont obtenus lorsque :

- Les individus concernés sont, soit de nationalité française, soit ressortissants d'un état membre de la communauté européenne, d'un état partie à la Convention européenne sur la télévision transfrontière du Conseil de l'Europe ou d'un état tiers européen avec lequel la communauté européenne a conclu des accords ayant trait au secteur audiovisuel. Les étrangers autres que les ressortissants des états européens précités ayant la qualité de résidents sont assimilés aux citoyens français.

- Le contrat de travail désigne la loi française comme loi applicable.

20 points au groupe "Tournage et post-production" qui se répartissent en :

- 5 points pour la localisation des éléments de tournage dont :
  * 3 points pour les lieux de tournage
  * 2 points pour le laboratoire de tournage
- 5 points pour les matériels techniques de tournage dont :
  * 2 points pour l'équipement prises de vue
  * 2 points pour l'éclairage
  * 1 point pour la machinerie
- 5 points pour la post-production son (mixage de la version originale)
- 5 points pour l'entreprise de post-production image (travaux de laboratoire)

En ce qui concerne le poste "localisation des éléments de tournage", si une partie du tournage est effectuée à l'étranger et qu'elle n'est pas justifiée par des raisons artistiques, les points relevant de ce poste ne sont pas obtenus.

En ce qui concerne les prestations techniques, les points sont obtenus lorsque les entreprises chargées de les effectuer sont établies en France et sont titulaires de l'autorisation d'exercice prévue par la réglementation.

Lorsqu'il n'est pas fait appel, pour des raisons artistiques ou techniques justifiées ou compte tenu du genre de l'œuvre cinématographique, à des postes prévus dans les groupes "Auteurs, Artistes-interprètes, Techniciens collaborateurs de création, Ouvriers, Tournage et post-production", les points correspondants à ces postes sont réputés acquis.

Par exemple, s'il n'y a pas d'équipe de construction au poste ouvrier, les 2 points sont acquis.

2- La génération du soutien financier

LES REGLES DE CALCUL

Un film agréé génère du soutien financier du fait de son exploitation en salles, de sa diffusion à la télévision, et de son exploitation en vidéo.

Le montant du soutien généré est pondéré par des coefficients déterminés en fonction du nombre de points obtenus dans le barème des 100 points du soutien financier. Les coefficients sont d'autant plus favorables que le nombre de points obtenus est élevé.
Ainsi :

- Lorsqu'un film obtient de **25 à 70 points**, le coefficient est égal au **nombre de points obtenus divisés par 100**. Par exemple, si le film obtient 30 points, le coefficient sera égal à 0,30*;
- Lorsqu'un film obtient **71 points**, le coefficient appliqué sera de **0,73**.
- Lorsqu'un film obtient **72 points**, le coefficient sera de **0,76**.
- Lorsqu'un film obtient **73 points**, le coefficient sera de **0,79**.
- Lorsqu'un film obtient **74 points**, le coefficient sera de **0,82**.
- Lorsqu'un film obtient **75 points**, le coefficient sera de **0,85**.
- Lorsqu'un film obtient **76 points**, le coefficient sera de **0,88**.
- Lorsqu'un film obtient **77 points**, le coefficient sera de **0,91**.
- Lorsqu'un film obtient **78 points**, le coefficient sera de **0,94**.
- Lorsqu'un film obtient **79 points**, le coefficient sera de **0,97**.
- Lorsqu'un film obtient **entre 80 et 84 points**, le coefficient sera de **1**.

** Pour les coproductions financières, le film peut obtenir un minimum de 10 points au barème (pour l'entreprise de production); il génère alors du soutien à hauteur du nombre de points obtenus (pour 10 points, 10 %...)*

LE CALCUL DU SOUTIEN FINANCIER

> *Pour l'exploitation salles*

Le montant du soutien financier s'établit en fonction des éléments ci-après, qui sont déterminés par l'exploitation du film :

1- le nombre d'entrées réalisé par le film
2- le prix moyen du billet (il était de 5,30 € en 2004)
3- le taux de la taxe (TSA) perçue sur le billet (elle était de 11% en 2004 soit 0,58 €)
4- le coefficient pondérateur établi en fonction des critères et du tableau ci-dessus
5- d'un pourcentage qui varie en fonction du nombre d'entrées réalisé par le film, ce pourcentage s'établit comme suit :
   - 125 % jusqu'à ce que le film ait réalisé 500.000 entrées
   - 110 % pour les entrées réalisées entre 500.000 et 5 millions
   - 50 % au-dessus de 5 millions d'entrées

En prenant ces entrées et en appliquant la règle suivante : **1x2x3x4x5**, on établit le montant du soutien dont bénéficiera le film.

Exemples :

- Un film a réalisé. 230 000 entrées (en 2004) et il a obtenu 74 points sur le barème de soutien financier soit un coefficient pondérateur de 0,82; le calcul sera le suivant :

  230 000 x 5,30 x 11% x 125% x 0,82 = 137 442 €

- Le même film qui a réalisé le même score mais qui a obtenu 80 points sur le barème du soutien et dont le coefficient pondérateur est 1 obtient :

  230 000 x 5,30 x 11% x 125 % x 1 =167 612 €

- Un film est un énorme succès (en 2004), il a réalisé 6.500.000 entrées et son coefficient pondérateur est de 1, son soutien sera calculé comme suit :

  * Jusqu'à 500.000 entrées :
  500 000 x 5,30 x 11% x 125% x 1 = 364 375 €
  * De 500.000 à 5 millions d'entrées :
  4 500 000 x 5,30 x 11% x 110% x 1 = 2 885 850 €
  * Sur la partie supérieure à 5 millions (soit ici 1.500.000) :
  1 500 000 x 5,30 x 11% x 50 % x 1 = 437 250 €

  Soit un total de soutien de : 3 687 475 €

La génération est de 5 ans à compter de la première représentation publique en salle.

Le jeu des coefficients s'applique à toutes les formes de soutien automatique généré par le film. Ainsi, si le coefficient applicable est de 0,88, ce coefficient sera appliqué au soutien antenne et au soutien généré par l'exploitation en vidéo.

> Pour l'exploitation télévisuelle

La diffusion d'un film titulaire d'un agrément de production par un service de télévision soumis à la taxe audiovisuelle est génératrice de soutien financier (voir liste des chaînes à l'annexe 4).

Le soutien, dit "soutien antenne", est calculé par application de taux aux sommes H.T. versées par les services de télévision en exécution des contrats de cession des droits de télédiffusion.

Les taux sont fixés en deux temps : en début d'année, le soutien est calculé sur la base d'un taux provisoire (depuis plusieurs années, le taux provisoire est fixé à 12 % du prix d'acquisition versé par les services de télévision jusqu'à 305 000 € H.T., et à 5 % au delà) et le soutien calculé sur cette base est inscrit à hauteur de 60 % sur les comptes des bénéficiaires. En fin d'année, un taux définitif est fixé et permet de calculer le solde de l'allocation.

Le délai de génération est de huit ans à compter de la première projection publique du film.

> Pour l'exploitation vidéo

Les ventes et / ou locations de vidéogrammes destinés à l'usage privé du public d'un film titulaire de l'agrément de production donnent lieu au calcul de soutien financier au profit des producteurs du film.

Le soutien financier est calculé par application de taux au montant de la taxe prélevée sur les ventes et locations en France de vidéogrammes destinés à l'usage privé du public. Ces taux sont fixés chaque année, en deux temps : le taux provisoire en début d'année (en général 100 % du montant de la taxe) et le taux définitif en fin d'année (pour 1996 : 300 %).
Le délai de génération est fixé à six ans à compter de la date de la première projection publique du film.

LA REPARTITION DU SOUTIEN FINANCIER ENTRE LES ENTREPRISES COPRODUCTRICES D'UN FILM

La répartition du soutien financier est contractuelle. Toutefois, des règles encadrent désormais les modalités de répartition entre les différents coproducteurs :

- Le producteur délégué a droit au minimum à 25 % du soutien généré par le film. En cas de coproduction déléguée (la qualité d'entreprise de production déléguée ne peut être reconnue qu'à deux entreprises de production au plus à la condition qu'elles agissent conjointement), chaque producteur délégué a droit à 12,5% au minimum.
- Les filiales de production des chaînes hertziennes en clair soumises à des obligations de production (TF1, France 2, France 3 et M6) et des chaînes cryptées (Canal Plus) ne peuvent pas obtenir plus de 50 % du soutien généré.
- Les filiales de production des chaînes de télévision mentionnées au paragraphe ci-dessus n'ont pas droit au soutien généré par la première acquisition de droits de diffusion qu'effectue la chaîne de télévision "mère" de la filiale pour la diffusion sur son antenne.
- La répartition contractuelle du soutien doit tenir compte de l'apport de chacune des entreprises de production et des risques assumés par elles.

3- *L'agrément des investissements*

Toute demande d'agrément des investissements est préalablement présentée à la commission d'agrément.

La demande d'agrément des investissements est déposée par l'entreprise de production déléguée. En cas de coproduction, cette entreprise agit au nom et pour le compte des autres entreprises de production; elle est expressément désignée à cet effet au contrat de coproduction.

L'obtention de l'agrément des investissements est **obligatoire** dans les cas suivants :

- Le producteur veut investir, dans la production d'un nouveau film, du soutien financier inscrit sur le compte de son entreprise. L'agrément des investissements permet la mobilisation effective du soutien et l'octroi des éventuelles majorations.
- Le financement du film prévoit :
  * des apports des chaînes hertziennes en clair soumises à des obligations de production (TF1, France 2, France 3, M6)
  * des investissements de SOFICAS
  * une avance sur recettes (le versement de l'avance intervient lorsque le film a obtenu l'agrément des investissements).
- Le film fait l'objet d'une coproduction internationale et le producteur demande l'admission au bénéfice d'un accord intergouvernemental de coproduction.

Dans tous les autres cas, l'agrément des investissements est facultatif.

La décision d'agrément des investissements permet :

- d'autoriser un producteur à investir du soutien financier. Toutefois, les sommes qui lui sont allouées le sont par anticipation sur la décision d'octroi à titre définitif constituée par l'allègement de production;
- d'établir un bilan provisoire de la situation du film au regard du barème du soutien financier et de sa qualification en tant que film européen et film d'expression originale française au sens du décret n° 90 – 66 du 17 janvier 1990 modifié.

L'agrément des investissements doit être demandé avant le début des prises de vues lorsque :

- Le financement du film fait apparaître des investissements des chaînes hertziennes en clair précitées, des investissements de SOFICAS, une avance sur recettes, une demande de crédit d'impôt;

- Le film doit être admis au bénéfice d'un accord intergouvernemental de coproduction.

Dans tous les autres cas, l'agrément des investissements peut être demandé jusqu'à la délivrance du visa d'exploitation.

Lorsqu'un agrément des investissements a été délivré, le producteur dispose d'un délai de deux ans à compter de la notification de la décision pour obtenir un visa d'exploitation. Ce délai peut être prolongé pour une durée ne pouvant excéder 2 ans, par décision du directeur général du CNC, et sur demande motivée de l'entreprise de production. A l'expiration du délai, tout soutien financier-automatique ou sélectif- accordé au producteur doit être reversé au CNC.

L'AGREMENT DE PRODUCTION

Toute demande d'agrément de production est soumise pour avis à la commission d'agrément par le directeur général du CNC.
La demande d'agrément de production doit être présentée par l'entreprise de production déléguée.

L'obtention de l'agrément de production est obligatoire pour tous les films.

Cette décision intervient :

- Soit pour des films pour lesquels l'agrément des investissements a été délivré;
- Soit pour des films, qui compte tenu de leur financement, ne sont pas soumis à l'obligation d'obtenir l'agrément des investissements.

Les producteurs d'œuvres audiovisuelles qui ont bénéficié du soutien financier à l'industrie des programmes audiovisuels peuvent également demander l'agrément de production dans les conditions suivantes :

- L'œuvre audiovisuelle ne doit pas avoir fait l'objet d'une première diffusion sur un service de télévision en France.
- Le producteur doit avoir renoncé au bénéfice du soutien financier à l'industrie des programmes audiovisuels avant la délivrance du visa d'exploitation.

La décision d'agrément de production permet, d'une part, de prendre acte des conditions réelles de fabrication et de production du film, et d'autre part, de vérifier que le film a été produit dans le respect de la réglementation.

Cette décision ouvre doit, au bénéfice des entreprises de production, au calcul du soutien financier qui est généré par l'exploitation du film en salles, à la télévision et en vidéo.
En outre, si les conditions requises pour bénéficier des majorations ne s'avèrent pas justifiées au moment de l'agrément de production, le producteur doit les rembourser.

L'agrément de production doit être demandé dans un délai de quatre mois à compter de la délivrance du visa d'exploitation.

Si à l'expiration du délai de quatre mois pendant lequel l'agrément de production doit être demandé, le producteur délégué n'a pas effectué cette demande, toute autre entreprise de production partie au contrat de coproduction dispose d'un délai de deux mois pour présenter la demande d'agrément de production. Le directeur général du CNC peut décider d'accorder un nouveau délai, ne pouvant excéder 2 mois, si des circonstances exceptionnelles le justifient.

Lorsqu'un film bénéficie d'un agrément des investissements et que l'agrément de production n'est pas demandé dans les délais mentionnés au paragraphe précédent, le CNC peut :

- Exiger le reversement du soutien financier qui aurait été investi par les producteurs;
- Calculer le soutien financier généré pour assurer d'une part, le règlement des créanciers privilégiés et d'autre part, le remboursement des avances à la production.

Dans le cas où, au moment de l'instruction des demandes d'agréments de production, des manquements aux conditions prévues pour bénéficier du soutien automatique à la production sont constatés, l'agrément de production peut toutefois être délivré, après avis de la commission d'agrément, sous réserve d'une réduction des taux de calcul du soutien financier généré.

Lorsque l'agrément de production de peut pas être délivré, les sommes éventuellement investies par les producteurs pour la production et la préparation de films de long métrage devront être reversées au CNC.

(voir en annexe 6 la constitution du dossier de l'Agrément de production)

4- Utilisation du soutien financier

Il est susceptible d'une double utilisation dans un délai de 5 ans à compter du 1er janvier qui suit celle au cours de laquelle elles ont été calculées :

- le règlement des créances privilégiées
- l'investissement dans une nouvelle production

Passé ce délai, l'entreprise de production perd ses droits au soutien.

> Le règlement des créances privilégiées

Le soutien financier inscrit au compte du ou des producteurs d'un film doit d'abord être utilisé, s'il y a lieu, en règlement de certaines dépenses de production restant dues sur les œuvres de référence. Ne sont privilégiées que les créances exigibles dans un délai de 18 mois à compter du début du tournage (en cas d'interruption de tournage, le délai est prorogé de la durée de l'interruption).

L'ordre des règlements est le suivant :

- les sommes recouvrées par l'Etat (impôts, TVA, taxe professionnelle) dans la limite de 1% du devis du film ;
- les salaires et rémunérations des interprètes, ouvriers, techniciens, auteurs, adaptateurs, scénaristes, dialoguistes à l'exception des rémunérations allouées aux gérants, présidents et directeurs de société de production) peuvent être réglés dans la limite maximale de 0,5% du devis du film pour chaque titulaire d'une créance de cet ordre, et dans la limite minimale de 1 143 euros ;
- les charges sociales dans la limite de 2% du devis du film pour l'ensemble de ces charges ;
- les facturations des studios de prises de vues, de mixage ou d'effets spéciaux et des laboratoires de développement, y compris des copies d'exploitation, des loueurs de matériel technique dans la mesure où ces facturations concernent d'une façon précise et exclusive la production proprement dite du film, peuvent être réglées dans la limite de 10% du devis du film.

Ce principe de pourcentage a été mis en place pour éviter qu'un seul créancier ne prenne l'ensemble du soutien disponible.

Lorsque les dépenses de production ont été réglées dans les limites ainsi indiquées, la part d'aide éventuellement encore disponible peut être utilisée au paiement du solde de ces dépenses et selon les mêmes modalités.

Les créances qui ne sont pas celles prévues par la réglementation ne peuvent pas être réglées par le soutien financier, il en est ainsi par exemple des participations accordées aux auteurs, comédiens et techniciens, indexées soit sur le nombre d'entrées, soit sur la Recette Nette Part Producteur (voir le règlement des créances privilégiées dans l'annexe 2).

> L'investissement dans une nouvelle production

Si la totalité des créances relatives à la production des films d'un producteur a été réglée, celui-ci peut investir le montant de l'aide automatique dont il dispose dans la production d'un nouveau film sous réserve qu'il ait reçu l'agrément d'investissement.

Le montant du soutien automatique ainsi que du soutien sélectif investi ne peut être supérieur à 50% du coût définitif de production du film, ou en cas de coproduction internationale à 50% de la part française. Il peut toutefois être dérogé à ces règles par décision du directeur général du CNC.

Le montant des versements est égal aux droits acquis à la date de la demande d'investissement.

Toutefois il peut être modulé : le soutien généré est majoré de 25% s'il est réinvesti dans des œuvres tournées en français ou dans une langue régionale en usage en France (sauf exception des œuvres cinématographiques de fiction tirées d'un livret d'opéra et réalisées dans la langue du livret, des œuvres cinématographiques documentaires réalisées dans une langue dont l'emploi est justifié par le sujet traité et des œuvres d'animation) et s'il a obtenu au moins 64 points hors points liés à la langue de tournage au titre du barème des 100 points.
Le directeur général du CNC peut par dérogation et à condition que les impératifs artistiques du scénario le justifient abaisser ce nombre de points à 60. La majoration de25% s'applique également au soutien investi dans des dépenses de préparation ou de promotion à l'étranger (voir infra) dès lors que les œuvres concernées remplissent les conditions générales d'attribution de la majoration.

Il est à noter que depuis le décret de novembre 1992 modifiant les décrets du 16 juin et 30 décembre 1959, le soutien disponible peut désormais être réinvesti ans un court métrage. Le montant minimum doit être de 7 622 euros.

> *Investissement dans les dépenses de préparation*

Afin de permettre au producteur de financer certaines dépenses de préparation préalables à la réalisation, il lui est possible de faire une demande avant l'obtention d'agrément d'investissement. Ce déblocage anticipé du soutien financier "disponible" est limité à certaines conditions.

Il doit s'agir de frais de préparation entendus de façon restrictive :

- les sommes versées pour l'acquisition des droits d'auteur
- les salaires et rémunérations des personnels engagés pour la préparation (assistant, auteur de scénario, distribution artistique des rôles, etc.)
- les frais de repérage

Le montant de l'allocation d'aide à la préparation ne peut excéder 10% du devis estimatif de l'œuvre cinématographique, dans la limite de 228 673 euros.

> *Investissement en vue de la promotion des œuvres cinématographiques à l'étranger*

Les producteurs d'œuvres cinématographiques peuvent investir le soutien financier automatique à la production pour couvrir des dépenses de promotion des films à l'étranger.

Cette possibilité est ouverte pour les films ayant obtenu l'agrément des investissements et réalisés en langue française ou dans une langue régionale en usage en France – sauf cas particulier des œuvres de fiction tirées d'opéras et réalisées dans la langue du livret, des œuvres documentaires réalisées dans une langue dont l'emploi est justifié par le sujet traité, et des œuvres d'animation.

Les dépenses prises en compte sont :

- les frais de doublage ou de sous-titrage
- les frais d'établissement du matériel nécessaire au tirage de copies de l'œuvre doublée ou sous-titrée sur support photochimique et magnétique
- les frais de conception du matériel publicitaire
- les frais de réalisation d'une bande de présentation du film

La demande d'utilisation du soutien financier pour ce type de dépenses doit être effectuée au plus tard sans les trois mois suivant la délivrance de l'agrément de production.

Le producteur doit justifier les dépenses qu'il a engagées dans un délai de 12 mois après la délivrance de l'agrément complémentaire.

ANNEXE N°1

* Etats membres de la Communauté européenne.

* Etats partie à la Convention sur la télévision transfrontière du Conseil de l'Europe.

* Etats tiers européens, avec lesquels la Communauté européenne a conclu des accords ayant trait au secteur audiovisuel.

Allemagne – Autriche – Belgique – Bulgarie - Chypre – Danemark – Espagne – Estonie - Finlande – France – Grèce – Hongrie – Irlande – Islande – Italie – Lettonie – Lituanie - Luxembourg – Malte – Norvège – Pays Bas – Pologne – Portugal – République Tchèque – Roumanie - Royaume Uni – Saint Marin – Saint Siège – Slovaquie – Slovénie - Suède – Suisse – Turquie

ANNEXE N°2

LE REGLEMENT DES CREANCES PRIVILEGIEES

(articles 63, 68, 69 et 70 du code du cinéma)

Le soutien financier est incessible et insaisissable. Son affectation consiste en premier rang au règlement des créances privilégiées impayées des films générateurs de soutien financier et, ensuite au financement de nouvelles œuvres cinématographiques.

Lorsque les dépenses de production d'un film n'ont pu être réglées au comptant, le soutien financier généré par l'exploitation du film est donc obligatoirement affecté, à due concurrence, au paiement de ces dépenses dans l'ordre des privilèges appartenant aux diverses catégories de créanciers intéressés.

REGLEMENT DES CREANCES PRIVILEGIEES

Si le soutien financier généré par une œuvre est insuffisant pour régler les créances, le soutien disponible des films antérieurement produits par la société est utilisé pour solder leur règlement.

L'ordre de règlement est le suivant :

Les sommes à recouvrer par l'état
Les salaires et rémunérations (hors participations sur les recettes)
Les versements et cotisations aux organismes sociaux
Les facturations des industries techniques autorisées

Seule les créances nées dans un délai de 18 mois à compter du début du tournage sont recevables. En cas d'interruption de tournage, ce délai est prolongé d'autant.

Les créanciers privilégiés manifestent leur droit en faisant opposition sur le soutien financier par simple lettre et justifient de ce droit par toute pièce ayant force de preuve (bulletins de salaires, factures...)

Toute demande de mobilisation de soutien financier doit être accompagnée d'une attestation de règlement des créances privilégiées, sur le modèle ci-après : (lettre adressée au CNC, service du soutien à la production).

Messieurs,

J'atteste par la présente que toutes les dépenses privilégiées de production, au sens de l'article 63 du Code de l'Industrie Cinématographique, du film : ont été réglées.

Signature et Cachet

ANNEXE N° 3 :
L'AIDE A LA PREPARATION

(articles 50, 51 et 52 du décret, arrêté pour l'application de l'article 50 du décret)

Sous réserve de l'autorisation du directeur général du CNC, les sommes inscrites sur le compte des entreprises de production peuvent être investies dans la préparation d'œuvres cinématographiques de longue durée.

PRESENTATION

* La faculté d'investir au titre de l'aide à la préparation est limitée à 2 œuvres par exercice annuel.
* Les œuvres concernées doivent remplir les conditions d'éligibilité au soutien financier
  - Les sommes mobilisées au titre de la préparation d'une œuvre sont limitées à 10 % du devis estimatif de l'œuvre et plafonnées à 230 000 €.

Sont considérées comme frais de préparation de la réalisation des œuvres :

- Les sommes versées en contrepartie des options ou des cessions des droits de propriété littéraire et artistique des auteurs de l'œuvre.
- Les salaires et rémunérations des personnels engagés pour les travaux de préparation.
- Les frais de repérage.

* Les entreprises disposent d'un délai de 2 ans à compter de la date de notification de l'autorisation d'investissement pour demander l'agrément des investissements.

À l'expiration de ce délai, les sommes allouées devront être remboursées, à l'exception de celles dont il est justifié qu'elles ont été versées en contrepartie des travaux d'écriture effectués par des personnes autres que les présidents, directeurs, gérants, ou autres administrateurs.

* Toute œuvre bénéficiant d'une aide à la préparation doit faire l'objet d'une demande d'agrément des investissements avant le début des prises de vue (art. 31 du décret).

Le soutien investi au titre de la préparation peut alors bénéficier d'une majoration de 25 % si l'œuvre remplit les critères d'éligibilité (Œuvre d'Expression Originale Française et 64 points hors langue au barème du soutien financier).

ANNEXE N°4 :
LE SOUTIEN FINANCIER GENERE PAR LA DIFFUSION TELEVISUELLE"SOUTIEN ANTENNE"

(articles 17, 21 et 23 du décret)

PRESENTATION

La diffusion d'un film de long métrage titulaire d'un agrément de production sur un service de télévision assujetti à la taxe prévue à l'article 302 bis KB du code général des impôts génère du soutien financier pour le ou les producteurs du film.

LA DIFFUSION SUR LES CHAINES HERTZIENNES

Les filiales de production de TF1, France 2, France 3, M6 et Canal Plus sont soumises à une règle spécifique : elles ne peuvent pas bénéficier du soutien généré par la première acquisition de droits de diffusion qu'effectue la chaîne "mère" de la filiale pour la diffusion sur son antenne.

Exemple : Un film est coproduit par une société X, France 2 Cinéma et le Studio Canal Plus. Il fait l'objet d'un préachat de droits de diffusion de la part de Canal Plus et de France 2. Les règles de répartition du soutien antenne s'établissent désormais ainsi :

- La filiale de production de Canal Plus, le Studio Canal Plus, ne bénéficie pas du soutien antenne généré par le préachat de droits de diffusion de Canal Plus. En revanche, elle bénéficie du soutien antenne généré par le préachat de droits de diffusion de France 2.

- La filiale de production de France 2, France 2 Cinéma, ne bénéficie pas du soutien antenne généré par le préachat de droits de diffusion de France 2. En revanche, elle bénéficie du soutien antenne généré par le préachat de droits de diffusion de Canal Plus.

LA DIFFUSION SUR LES CHAINES DU CABLE ET DU SATELLITE

Désormais, à partir de l'entrée en vigueur du décret relatif au soutien financier de l'industrie cinématographique, la diffusion sur un service de télévision diffusé par satellite génèrera du soutien financier. (Auparavant, seules les chaînes du câble ouvraient droit au bénéfice du soutien antenne, les chaînes du satellite n'étant pas assujetties à la taxe sur les services de télévision).

Toutefois, la diffusion n'est prise en compte que si le service de télévision diffusé par satellite ou distribué par câble dessert un nombre de foyers abonnés au moins égal à 100 000 (cette condition n'est pas requise lorsque le film est diffusé sur un service de télévision pratiquant le paiement à la séance).

À titre indicatif, les chaînes suivantes avaient atteint, au 31 décembre 2001, le seuil de 100 000 abonnés : AB1 - AB SPORTS - ACTION - ANIMAUX - AUTOMOBILE - CANAL J - CANAL JIMMY - CHASSE ET PECHE - CINE CINEMAS 1,2, 3 - CINE CLASSIC - CINE PALACE - CINESTAR 1, 2 et CINETOILE - COMEDIE - DEMAIN - DISNEY - CHANNEL - ENCYCLOPEDIA - EQUIDIA - ESCALES - EURONEWS - EUROSPORT - FESTIVAL - FIT TV - FORUM PLANETE - FOX KIDS - FRANCE COURSE - FUN TV - GAME ONE - HISTOIRE - I-TELE - INFOSPORT - KIOSQUE - KTO - L'EQUIPE TV - LA CHAINE HISTOIRE - LA CHAINE METEO - LCI - MANGAS - MCM - MEZZO - MONTE CARLO TMC - MTV - MULTIVISION - MUZZIK - NOSTALGIE - ODYSSEE - PARIS PREMIERE - PLANETE - RTL 9 - SERIE CLUB - TELETOON - TEVA - 13E RUE - TV5 - VOYAGE - XXL.

LA PROCEDURE

Pour bénéficier du soutien, les entreprises de production doivent déclarer au CNC la diffusion des films de long métrage qu'elles ont produits ou coproduits, en indiquant :

Le numéro d'immatriculation du film au registre public de la cinématographie et de l'audiovisuel.
La date de la première projection publique du film.
La date de diffusion du film et le nom du service de télévision sur lequel la diffusion a eu lieu. Ces renseignements doivent être certifiés par l'exploitant du service de télévision ou par le Conseil Supérieur de l'Audiovisuel.

ANNEXE N° 5 :
MODELE DE DECLARATION

Monsieur le Directeur général
CNC
12, rue de Lübeck
75784 Paris cedex 16

A L'attention du Service du Soutien à la Production et à la distribution

Monsieur le Directeur Général,

J'ai l'honneur de vous déclarer que l'œuvre cinématographique d'une durée supérieure à une heure, intitulée... (*) immatriculée au Registre Public de la Cinématographie sous le numéro............... ...... dont la première représentation commerciale en salle a eu lieu le................................. (n^e^ semaine de) et pour laquelle l'agrément complémentaire ou de production m'a été délivré le........... .... a été diffusée le......................... par.. ....

a acquitté
qui les droits de cette diffusion au prix hors taxes (1) de F :.............
(*) acquittera

A ce titre, je sollicite de votre bienveillance l'allocation de subvention prévue par le décret du 24 février 1999 relatif au soutien financier de l'industrie cinématographique.

Je certifie l'exactitude des mentions visées.

A , le
(cachet et signature du responsable juridique de l'entreprise)

(*) En qualité de diffuseur de l'œuvre, je certifie l'exactitude des mentions visées.

A , le
(cachet et signature du responsable juridique de l'entreprise)

P.J : Contrat(s)
(1) Un justificatif du paiement vous sera adressé en son temps.

ANNEXE N° 6 :
LA CONSTITUTION DU DOSSIER D'AGREMENT DES INVESTISSEMENTS

En **1 exemplaire** daté et signé par le producteur délégué, les documents suivants :

1) Une lettre de demande d'agrément des investissements, adressée au directeur général du CNC et signée par le producteur délégué (en cas de coproduction co-déléguée, la lettre doit être signée pas les 2 coproducteurs) mentionnant :
- le titre provisoire de l'œuvre
- le numéro d'immatriculation du film au RPCA
- la date prévue pour le début des prises de vues
- les conditions techniques prévues pour sa réalisation (pellicule, format, son)
- le nombre de semaines de tournage : en studios, en décors naturels intérieurs, en décors naturels extérieurs.
- le nom :
  . du laboratoire de tournage
  . du laboratoire de matériel technique (éclairage, caméra, machinerie)
  . des entreprises de post-production son (mixage de la VO)
  . des entreprises de post-production image (laboratoire)

2) Les contrats du réalisateur et des autres coauteurs inscrits au RPCA ainsi que tout autre contrat justifiant la chaîne des droits.

3) Le ou les contrats de coproduction.

4) - En cas d'intervention dans le financement des chaînes hertziennes en clair (à l'exception d'Arte France Cinéma), une lettre ou un contrat par lequel ces chaînes manifestent expressément leur engagement et indiquent la nature de leur contribution.

- En cas d'intervention dans le financement de SOFICA, une lettre d'engagement ou N° contrat d'association à la production.

- En cas d'investissement de soutien financier dans la production du film, le dossier de demande doit comporter, pour chaque entreprise investissant du soutien :

1. Une déclaration de règlement des créances privilégiées sur les films antérieurement produits.

2. Une lettre de demande d'investissement de l'entreprise de production indiquant le montant du soutien investi ainsi que les éventuelles majorations.

3. Une déclaration de l'entreprise de production indiquant si elle est ou non contrôlée, au sens de l'article 355-1 de la loi du 24 juillet 1966 sur les sociétés commerciales, par des ressortissants d'états autres que ceux mentionnés au II.1° de l'article 7 du décret de la réforme.
Cette déclaration doit également préciser la répartition du capital de l'entreprise (voir annexe n° 3 ci-après).

En **26 exemplaires** dont 1 original daté et signé par le producteur délégué, les documents suivants (présentation des dossiers : trier, sans relier, dans 25 chemises souples les pièces demandées ci-dessous) :

5) Fiches (datées et signées par le producteur délégué)

Fiche n° 1 :	le devis
Fiche n° 2 :	le plan de financement provisoire
Fiche n° 3 :	la déclaration relative à la composition du capital (uniquement en cas d'investissement de soutien financier)
Fiche n° 4 :	la fiche de pré qualification linguistique
Fiche n° 5 :	la fiche de pré qualification"œuvre européenne"
Fiche n° 6 :	la fiche récapitulative du barème du soutien financier (BSF) qui reprend les points comptabilisés dans le fiches 7-8-9-10-11
Fiche n° 7 :	la fiche de synthèse"producteur", langue de tournage, auteurs
Fiche n° 8 :	la liste artistique
Fiche n° 9 :	la liste de techniciens et collaborateurs de création
Fiche n° 10 :	la liste des ouvriers
Fiche n° 11 :	la liste tournage et post production

la fiche signalétique de l'agrément des investissements

le synopsis donnant une information précise sur la nature du sujet.

Dans les cas de coproduction co-déléguée, chaque société doit remettre une lettre de demande d'agrément des investissements et les fiches doivent être signées conjointement.

Par ailleurs, les fiches dûment complétées doivent également être adressées au CNC sous disquette (PC de préférence) ou CD Rom.

SERVICE DE L'AGREMENT

François HURARD
Directeur du cinéma
Tél. : 01 44 34 38 43

Jean-Luc DOUAT
Chef de service
Tél. : 01 44 34 38 39
Mail : jean-luc.douat@cnc.fr

Jean-Pierre GUERRIERI
Chargée de mission
Tél. : 01 44 34 36 12
Mail : florence.aviles@cnc.fr

Caroline COR
Chargée de mission
Tél. : 01 44 34 36 61
Mail : caroline.cor@cnc.fr

Philippe LANG
Chargé de mission
Tél. : 01 44 34 37 07
Mail : philippe.lang@cnc.fr

Secrétariat

Nicole CANETTI
Tél. : 01 44 34 37 89
Mail : nicole.canetti@cnc.fr

Adresse :

Centre National de la Cinématographie
12, rue de Lübeck 75784 Paris cedex 16
Internet : http://www.cnc.fr

III- TELEVISION : L'AUTORISATION DE PRODUCTION

En ce qui concerne l'audiovisuel, l'autorisation de production est nécessaire pour l'obtention des aides financières accordées dans le cadre du COSIP, ainsi qu'en cas d'association d'une Sofica à la production (D 95-110 du 2 février 1995 et D 95-544 du 2 mai 1995).
L'autorisation peut également permettre d'obtenir la qualification d'œuvre européenne et d'œuvre d'expression originale française pour laquelle le CNC donne un avis généralement entériné par le CSA.

1- Conditions d'éligibilité

Les conditions d'éligibilité sont pratiquement identiques que ce soit pour les aides automatiques *(dites de réinvestissement)* ou pour les aides sélectives *(dites d'investissement)*. De plus, les œuvres dites de référence sur lesquelles est calculé le droit au soutien automatique de chaque producteur doivent aussi correspondre à ces critères.

Ne peuvent bénéficier de ces aides que les producteurs délégués qui assurent la totale responsabilité de la production et de la réalisation de l'œuvre. Ils doivent prendre personnellement ou partager solidairement l'initiative et la responsabilité financière, technique et artistique de la réalisation et en garantir la bonne fin. Ceci a pour objectif de favoriser les producteurs indépendants par rapport aux entreprises de communication audiovisuelle qui participent à la production sans toutefois garantir la bonne fin de l'œuvre.

a- Conditions relatives aux entreprises - nationalité

. Les entreprises de production doivent être établies en France.

. Leurs dirigeants (président, directeur, la majorité des administrateurs ou gérants) doivent être de nationalité française ou ressortissants d'un état européen. Les étrangers autres que les ressortissants de ces pays européens justifiant de la qualité de résident en France sont assimilés aux Français. Ces entreprises ne doivent pas être contrôlées par un ou plusieurs producteurs établis en dehors des pays européens (c'est-à-dire que ceux-ci ne doivent pas détenir ni directement ou indirectement, ni par suite d'accords, une majorité des droits de vote dans les assemblées générales de cette société - article L233-3 du code du commerce).
En ce qui concerne les aides sélectives, l'entreprise de production doit en outre, être indépendante des chaînes de télévision - au sens de l'article 11-II du décret 2001-609 du 9 juillet 2001, relatif à la contribution des éditeurs de services télévisuels diffusés en clair par voie hertzienne terrestre en mode analogique, et ne pas être contrôlée par une société ayant accès aux aides automatiques.

b- Conditions relatives aux œuvres

Tenant au genre

Les œuvres doivent être des œuvres de fiction (exception faite des sketches), des œuvres d'animation, des créations ou recréations de spectacle vivant, ou des documentaires de création de plus de 24 minutes. Mais le bénéfice des subventions d'investissement est, lui, élargi aux magazines d'intérêt culturel (il existe une possibilité d'aide aux documentaires de moins de 24 minutes).

Tenant à la diffusion

Les œuvres doivent avoir fait l'objet d'un préachat et/ou d'un apport en coproduction de la part d'une chaîne de télévision soumise à la taxe destinée à alimenter le COSIP et faire l'objet d'une diffusion. Dans le cadre du soutien automatique, la chaîne doit avoir fait un apport d'au moins 25 % du coût total de l'œuvre, dont une part en numéraire. En cas de coproduction internationale, la participation française doit toujours être au moins égale à 30 %.

Tenant à la réalisation

- Si l'œuvre est réalisée au moyen de vidéo haute définition, ceux-ci doivent être conformes aux normes européennes.
- L'œuvre doit être réalisée essentiellement avec le concours d'auteurs, d'acteurs principaux, de techniciens collaborateurs de création, Français ou ressortissants de pays européens, selon le système de points ci après. Les étrangers autres que ressortissants d'un pays européen sont assimilés aux français s'ils justifient de la qualité de résident français.

Pour chaque genre d'œuvre, il est affecté aux éléments de réalisation un système de points :

> *La participation minimale exigée est de treize points pour les œuvres audiovisuelles de fiction :*

Réalisation	3 points
Scénario	2 points
Autres auteurs	1 point
Premier rôle	3 points
Deuxième rôle	2 points
50 % des autres cachets de comédiens	1 point
Image	1 point
Son	1 point
Montage	1 point
Décoration	1 point
Laboratoire, auditorium, studio de prises de vues	2 points

Lorsqu'il est réalisé simultanément deux œuvres à partir d'éléments techniques et artistiques communs, l'une destinée à une première exploitation en salle, l'autre destinée à une première diffusion par un service de communication audiovisuelle, la participation minimale d'éléments européens exigée est fixée à 14 points.

> *La participation minimum exigée est de quatorze points pour les œuvres d'animation :*

Conception ou auteur(s)	1 point
Scénario	2 points
Création du dessin des personnages	2 points
Composition musicale	1 point
Réalisation	2 points
Scénarimage	2 points
Décoration	1 point
Exécution des décors	1 point
Mise en place de l'animation	2 points
50 % des dépenses des salaires des animateurs	2 points
50 % des dépenses des salaires des trace-gouacheurs	2 points
Banc-titres	1 point
Laboratoire, auditorium, studio de prises de vues	2 points

> *La participation minimum exigée est de neuf points pour les œuvres documentaires :*

Réalisation	2 points
Auteur(s)	1point
Image	1 point
Son	1 point
Montage	1 point
50 % des autres salaires (hors producteur délégué)	4 points
50 % des dépenses techniques de tournage et de post-production	4 points

Tenant à la nationalité

En plus de ces dispositions communes, l'œuvre doit remplir d'autres conditions qui diffèrent selon le montant de la participation française.

- *Cas des productions françaises ou des coproductions internationales dans lesquelles la part française est supérieure ou égale à 80% du coût définitif de l'œuvre :*
  * L'œuvre doit être réalisée intégralement ou principalement (il faut entendre par là de façon très majoritaire) en version originale française ou dans une langue régionale en usage en France.
  * L'œuvre doit faire l'objet de dépenses de production en France pour au moins 50 % de son coût définitif.
- *Cas des coproductions internationales dans lesquelles la part française est comprise entre 30 % et 80 % du coût définitif de l'œuvre :*
  * Les dépenses de productions doivent être effectuées en France pour au moins 30% du coût définitif de l'œuvre, sauf disposition particulière par accord gouvernemental de coproduction.

2- *Procédure*

La procédure se fait en deux temps. Le CNC délivre :

- *après instruction du dossier,* une autorisation préalable qui permettra le versement de 75 % de la subvention
- *puis à l'achèvement de l'œuvre,* après acceptation de l'œuvre par le diffuseur et remise des comptes, l'autorisation définitive qui permet le versement du solde de l'aide.

Pour le soutien automatique : il n'existe pas de commission et le dossier est suivi administrativement par les services du CNC.

a- Autorisation préalable

Les dossiers de demandes de subventions doivent obligatoirement être déposés au moins un mois avant la réunion de la commission.
Pour une série constituée d'épisodes se suivant, un seul dossier est nécessaire; mais pour une collection, un dossier est nécessaire pour chaque épisode.

Le dossier doit comporter :

- le formulaire (cf. annexe), qui est identique pour tous les genres d'œuvres sauf en ce qui concerne la présentation des différents postes de production et le système de cotation des points,
- une lettre de demande,
- un tableau de financement de l'œuvre,
- un tableau de répartition des droits de commercialisation entre coproducteurs, une fiche de renseignements concernant la ou les société(s) de production.

En outre le producteur délégué devra fournir :

- la liste nominative prévisionnelle des acteurs, réalisateurs, artistes-interprètes, techniciens, collaborateurs de création et entreprises de prestation, précisant nationalité et rémunération ;
- un devis de production faisant apparaître les principaux postes de production et le détail des dépenses de production prévues en France ;
- l'ensemble des contrats afférents au financement de l'œuvre (il est à noter que ces contrats, sauf en ce qui concerne les œuvres d'une durée inférieure à une heure, doivent être inscrits au RPCA) ;
- les contrats des auteurs (scénaristes, adaptateurs, réalisateurs) ;
- le scénario de l'œuvre et les éléments graphiques si l'œuvre appartient au genre animation ;
- l'attestation de versement des cotisations délivrée par les organismes sociaux dont relève l'entreprise.

b- L'autorisation définitive

En cas de refus de l'autorisation définitive, le producteur doit reverser au compte de soutien l'aide reçue au moment de l'autorisation préalable.
L'œuvre doit être achevée dans les trois ans qui suivent le premier versement de la subvention.

EN ANNEXES PAGES SUIVANTES :

- ***Le service du soutien à l'industrie des programmes***
- ***Liste des diffuseurs permettant l'accès aux subventions***
- ***Comment calculer le soutien automatique généré pour chaque genre d'œuvre***
- ***Comment déposer une demande d'aide au compte de soutien***

SERVICE DU SOUTIEN A L'INDUSTRIE DES PROGRAMMES (COSIP)

Directeur de l'audiovisuel : ***Laurent CORMIER*** (01.44.34.34.42)
Email : fabienne.napias-alves@cnc.fr
Directeur adjoint : ***Harold VALENTIN*** (01.44.34.34.46)
Email : christine.vaudeville@cnc.fr
Fiction : ***Valérie BISIAUX*** (01.44.34.34.28) - ***Rémy SAUVAGET*** (01.44.34.34.27)
Email : valerie.bisiaux@cnc.fr - remy.sauvaget@cnc.fr
Animation et programmes jeunesse : ***Valérie BOURGOIN*** (01.44.34.34.14)
Email : valerie.bourgoin@cnc.fr
Documentaires, Magazines :
David GUYARD (01.44.34.35.09) - ***Claudine MANZANARES*** (01.44.34.34.45)
Email : david.guyard@cnc.fr - claudine.manzanares@cnc.fr
Marie-Claude SEVEAU(01.44.34.35.64)- ***Michèle WERMUTH*** (01.44.34.34.05)
Email : marie-claude.seveau@cnc.fr - michele.wermuth@cnc.fr
Eliane PICHAVANT (01.44.34.35.43) - Email : eliane.pichavant@cnc.fr
Accueil des producteurs : ***Marine FALCK*** (01.44.34.35.09)
Email : marine.falck@cnc.fr
Spectacle vivant et vidéomusiques : ***Marie MAS-MOISY*** (01.44.34.34.91)
Email : marie.mas@cnc.fr
Export: ***Luce CREACH*** (01.44.34.34.08)
Email : luce.creach@cnc.fr
Statistiques : ***Jean-Pierre SHAMOON*** (01.44.34.34.43)
Email :jean-pierre.shamoon@cnc.fr

Adresse :

Centre National de la Cinématographie
Direction de l'audiovisuel et des Industries multimédias
3 rue Boissière 75116 PARIS Cedex
Téléphone : 01.44.34.34.46 - Fax : 01.44.34.34.52
Internet http://www.cnc.fr

LISTE DES DIFFUSEURS TV PERMETTANT L'ACCES AUX SUBVENTIONS

Chaînes généralistes et thématiques

13EME RUE - AB 1 (AB SAT) - MANGAS (AB SAT) - AB 23 (cinéma, fiction, horreur) - AB 30 (Télé nostalgie) - ACTION (AB SAT) - ANIMAUX (AB SAT) - ART FRANCE - CANAL J - CANAL JIMMY - CANAL PLUS - TV FESTIVAL DE CANNES - CHASSE ET PECHE - CINE CINEFIL - CINE CINEMAS 1 - CINE CINEMAS 2 - CINE CINEMAS 3 - CINE CLASSICS - CINE-PALACE (AB SAT) - CINESTAR 1 -CINESTAR 2 - CINETOILE - CITES TELEVISION - CHERIE TELE - COMEDIE - DEMAIN ! - DISNEY CHANNEL - ENCYCLOPEDIA (AB SAT) - ESCALES (AB SAT) - FESTIVAL - FORUM PLANETE - FOX KIDS - FRANCE 2 - FRANCE 3 - FRANCE COURSES - FUN TV -GAME ONE - HISTOIRE - KIOSQUE - KIOSQUE - KIOSQUE - LA 5EME - LA 7 ARTE - M6 - MCM EUROMUSIQUE - MCM AFRICA - MEZZO - MUSIQUE CLASSIQUE (AB SAT) - MUZZIK - NOSTALGIE LA TELE (AB SAT) - RFO - RIRE (AB SAT) - ROMANCE (AB SAT) - SEASONS - SERIE CLUB - SHALOM CHANNEL - TELE CREATION CITOYENNE - TELE MONTE CARLO - TELETOON - TEVA - TF1 - TFJ - TOURISME ET LOISIRS EN FRANCE - VOYAGE - XXL (AB SAT) – ZIK

Chaînes régionales

AQUI TV - ASTV (Association Synthoise de Télévision locale) - ATV Antilles TV - BEFFROI VISION - C9 TELEVISION - CANAL 15 - CANAL 34 - CANAL 40 - CANAL 8 LE MANS - CANAL 8 LE MANS - CANAL A - CANAL BRESTEL - CANAL C - CANAL HUIT LE MANS - CANAL LOCAL D'ERSTEIN - CANAL MARSEILLE - CAP CANAL - CITE TELEVISION - CITYZEN TELEVISION - CTV Contact télévision - HUIT MONT BLANC - HUIT MONT BLANC - IMAGES PLUS - IMAGES PLUS - ROMBAS TV - ROMBAS TV - TELE LYON METROPOLE - TELE TOULOUSE TLT - TELESSONNE - TELEVISION LOCALE BIESHEIM - TELEVISION LOCALE BISCHWILLER - TELEVISION LOCALE D'OTTROTT - TELEVISION LOCALE DE BACCARAT - TELEVISION LOCALE DU VAL D'ARGENT - TV 10 ANGERS - TV FIL 78 - TV RENNES - TV ROSSELLE TVR - YVELINES PREMIERE.

Cette liste peut être enrichie en fonction de la création de nouvelles chaînes thématiques et de l'ouverture à l'accès aux subventions à de nouvelles chaînes régionales.

COMMENT CALCULER LE SOUTIEN AUTOMATIQUE GENERE POUR CHAQUE GENRE D'ŒUVRE ?

Chaque œuvre fait l'objet d'une pondération obtenue en multipliant la durée de l'œuvre par un coefficient.

Pour les œuvres de fiction, d'animation, et les recréations et captations de spectacles vivants, le coefficient est fixé en fonction du montant des dépenses horaires françaises.

Ce montant est calculé en rapportant à une durée de 60 minutes le montant des dépenses réalisées en France et correspondant aux : **droits artistiques, charges de personnel, frais techniques et autres frais non forfaitaires directement liés au tournage ou à la post-production**, **dépenses prestataires industries techniques.**

Pour les documentaires de création, le coefficient est fixé en fonction :

- de l'apport horaire en numéraire du ou des diffuseurs au financement de l'œuvre,
- de la durée totale de l'œuvre (pour les séries)

De plus, pour tous les genres d'œuvres, la valeur de la"minute", obtenue par division du total des crédits disponibles pour l'année par l'ensemble des durées pondérées, est majorée de 25% lorsque l'œuvre répond aux deux conditions suivantes :

- être d'expression originale française
- avoir fait l'objet de dépenses de production intégralement effectuées en France.

LA FICTION

> Si le montant des dépenses françaises horaires est supérieur ou égal à 460 000 €/h, le coefficient pondérateur affecté à l'œuvre est égal à 3 (coefficient maximum).

exemple : pour des dépenses françaises de 760 000 € pour un téléfilm de 90' -soit des dépenses françaises horaires de 506 666 €/h- on applique le coefficient 3

> Si le montant des dépenses françaises horaires est inférieur à 460 000 €/h et supérieur ou égal à 213 500 €/h, le coefficient pondérateur varie entre 3 et 0,5 proportionnellement au montant des dépenses horaires françaises.

Le calcul du coefficient s'effectue donc selon la formule suivante :

$$\textit{coefficient} = 0{,}5 + \left\{ \frac{(DHF - 213\,500)}{(460\,000 - 213\,500)} \times (3 - 0{,}5) \right\}$$

> Si le montant des dépenses françaises horaires est inférieur à 213 500 €/h et supérieur ou égal à 76 300 €/h, le coefficient est fixé à 0,5.

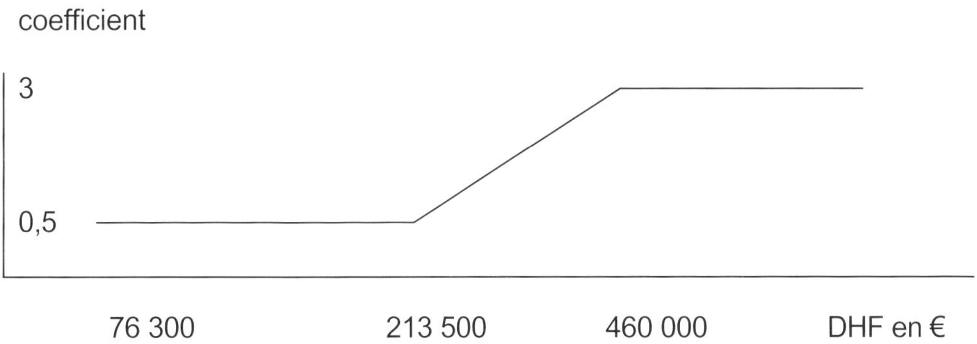

> Si le montant des dépenses horaires françaises est inférieur) 76 300 €/h, l'œuvre ne génère pas de soutien.

La part de chaque comédien est limitée à 10 %.

LES RECREATIONS ET CAPTATIONS DE SPECTACLES VIVANTS

> Si le montant des dépenses françaises horaires est supérieur ou égal à 460 000 €/h, le coefficient pondérateur affecté à l'œuvre est égal à 3 (coefficient maximum).

> Si le montant des dépenses françaises horaires est inférieur à 460 000 €/h et supérieur ou égal à 213 500 €/h, le coefficient pondérateur varie entre 3 et 0,75 proportionnellement au montant des dépenses horaires françaises.

Le calcul du coefficient s'effectue donc selon la formule suivante :

$$coefficient = 0{,}75 + \left\{ \frac{(DHF - 213\,500)}{(460\,000 - 213\,500)} \times (3 - 0{,}75) \right\}$$

> Si le montant des dépenses françaises horaires est inférieur à 213 500 €/h et supérieur ou égal à 76 300 €/h, le coefficient est fixé à 0,75.

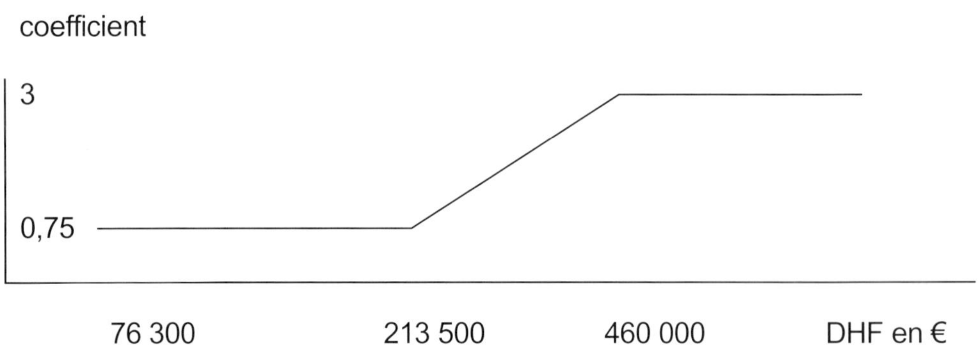

> Si le montant des dépenses horaires françaises est inférieur à 76 300 €/h, l'œuvre ne génère pas de soutien.

L'ANIMATION

> Si le montant des dépenses françaises horaires est supérieur ou égal à 244 000 €/h, le coefficient pondérateur affecté à l'œuvre est égal à 3.

> Si le montant des dépenses horaires françaises est inférieur à 244 000 €/h et supérieur ou égal à 122 000 €/h, le coefficient pondérateur varie entre 3 et 0,7 proportionnellement au montant des dépenses horaires françaises. Ce coefficient peut être majoré de 20% pour des oeuvres dont le montant des dépenses effectuées en France est supérieur ou égal à 70% du coût total de l'œuvre et pour lesquelles un montant minimum de 17 points sur 21 est obtenu dans le cadre du barème spécifique suivant :

BAREME ANIMATION 2D	
Bible littéraire	2
Bible graphique	2
Réalisation	2
Scénario	2
Composition musicale	1
Création du scénarimage	2
Feuille d'exposition	1
Mise en place de l'animation et des décors	1
Animation	2
Exécution des décors	1
Traçage, gouachage ou colorisation	1
Assemblage numérique et effets spéciaux	2
Post production son	1
Post production image	1
Total	**21**

BAREME ANIMATION 3D	
Bible littéraire	2
Bible graphique	2
Réalisation	2
Scénario	2
Composition musicale	1
Création du scénarimage	2
Modélisation des décors	1
Modélisation des personnages, skinning	2
Animation	2
Rendu et éclairage	2
Assemblage numérique, effets spéciaux	1
Post production son	1
Post production image	1
Total	**21**

Un point supplémentaire est accordé pour le oeuvres dont la totalité des scénarii est écrite et enregistrée en version originale en langue française.

Le calcul du coefficient s'effectue donc selon la formule suivante :

$$\text{coefficient} = 0{,}7 + \left\{ \frac{(\text{DHF en €} - 122\,000)}{(244\,000 - 122\,000)} \times (3 - 0{,}7) \right\}$$

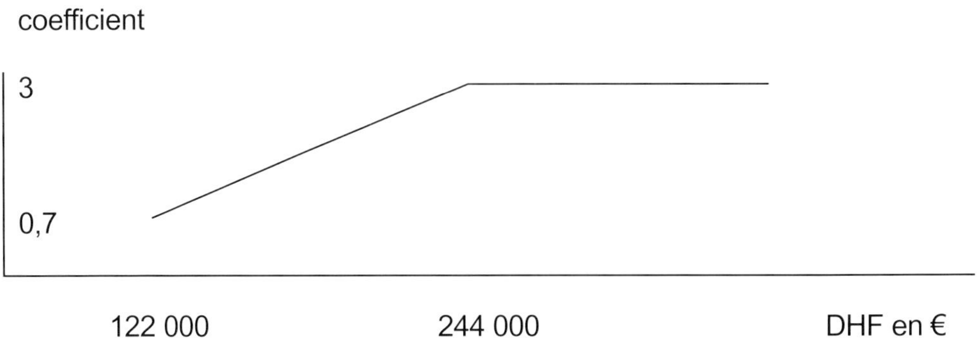

exemple : pour des dépenses françaises de 1, 5 millions d'euros pour une série de 26x24', soit des dépenses horaires françaises de 133 136 € par heure, on applique un coefficient de 1,9099, soit un généré de 26 x 24 x 1,9099 x 556,44 = 663 152 €.

> Si le montant des dépenses horaires françaises est inférieur à 122 000 €/h, l'œuvre ne génère pas de soutien.

LE DOCUMENTAIRE DE CREATION

Les coefficients sont fonction de l'apport diffuseur horaire en numéraire (ADHN). Seules les oeuvres d'une durée unitaire supérieure ou égale à 24 minutes génèrent et ont accès au soutien "automatique".

Apport diffuseur horaire en numéraire (ADHN)	**Coefficient**
Supérieur ou égal à 160 000 Euros	1,3
Inférieur à 160 000 € et supérieur ou égal à 80 000 €	1
Inférieur à 80 000 € et supérieur ou égal à 25 000 €	0,85
Inférieur à 25 000 € et supérieur ou égal à 6 000 €	0,7
Inférieur à 6 000 €	0,5 *
Au-delà de trois épisodes	0,25 ou plus selon l'économie du projet

** Ce coefficient peut être fixé à 0.7, 0.85 ou 1 sur proposition de la commission compétente.*

Le calcul du généré "documentaire" s'effectue donc selon la formule suivante :

Généré = durée diffusée x coefficient x 1,25 (si majorée) x 556,439

Un bonus de 20% peut être appliqué aux oeuvres documentaires de moins de trente minutes par épisode destinées aux cases de programmation spécifiquement **réservées à un jeune public.**

exemple : pour une oeuvre majorée (dépenses en France > 80%) dont l'ADHN est égal à 130 000 €, et d'une durée diffusée de 52 minutes, on obtient un généré de :

52 x 1 x 1,25 x 556,44 = 36 169 €

COMMENT DEPOSER UNE DEMANDE D'AIDE AU COMPTE DE SOUTIEN A L'INDUSTRIE DES PROGRAMMES ?

Un dossier-type remis par le CNC doit être rempli, accompagné des documents demandés en annexe, avant la fin des prises de vue et au plus tard un mois avant la réunion de la commission d'attribution des aides sélectives.

MODALITES DE VERSEMENT DE LA SUBVENTION

Exceptée l'aide à la préparation, versée en une seule fois, la subvention fait l'objet de deux versements :

- le premier versement (75 %) a lieu au moment de **"l'autorisation préalable"**, délivrée après vérification du respect des critères d'attribution de l'aide demandée;
  (dans le cas d'une aide sélective, la délivrance de l'autorisation préalable doit intervenir au plus tard un an après l'avis favorable de la commission d'aide sélective) ;

- le solde (25 %) est versé au moment de **"l'autorisation définitive"** accordée après achèvement de l'œuvre et vérification des comptes de production.

Si l'autorisation définitive n'est pas accordée, le producteur sera tenu de rembourser la somme déjà versée au moment de l'autorisation préalable.

L'œuvre doit être achevée dans les trois ans qui suivent le premier versement de la subvention.

Le générique de l'œuvre, ainsi que tous les documents servant à sa promotion, devront porter la mention"avec le concours du Centre National de la Cinématographie".

IV- COURT-METRAGE

L'AUTORISATION DE PRODUCTION

Les producteurs de courts métrages doivent quant à eux, demander une autorisation de production. La procédure est relativement simple et ne comporte qu'une seule phase.

Le fonctionnement décrit est celui en vigueur au moment de l'édition du livre (mai 2005), mais il risque de subir un certain nombre de modifications suite à la concertation lance par le Ministre avec l'ensemble des parties prenantes du court métrage.
Cette concertation, qui se déroulera en 2005, aboutira à la mise en place d'un nouveau système fin 2005 ou début 2006.

La durée de vie de cet ouvrage étant prévue jusqu'en 2007, les lecteurs excuseront l'auteur si le nouveau système n'est pas décrit.
Et pour éclairer les lecteurs sur cette réforme, ils trouveront à la fin de ce chapitre les éléments de réflexion de cette réforme, qui est la conséquence indirecte du dossier assurance chômage des intermittents.

1- Autorisation d'exercice

Mais au préalable et tout comme pour le long métrage, les sociétés de production de courts métrages, si elles veulent pouvoir bénéficier des aides du CNC, doivent obtenir l'autorisation d'exercice délivrée par le Directeur Général du CNC en application de l'article 14 du Code de l'Industrie Cinématographique.

Elles doivent être constituées sous forme de sociétés commerciales ou d'entreprises en nom personnel. Lorsqu'elles sont constituées sous forme de sociétés commerciales elles doivent posséder un capital minimum de 7 500 € entièrement libéré *(cf."La création de l'entreprise audiovisuelle"- Editions Dixit).*

2- Autorisation de production

L'autorisation de production ou autorisation de tournage est obtenue après le dépôt d'un dossier auprès du département"Court Métrage"du CNC.

Le dossier doit comporter :

- lettre de demande d'autorisation de production
- formulaire (cf. en annexe) de demande d'autorisation de production
- scénario ou synopsis

- devis (cf. en annexe)
- plan de financement (cf. en annexe)
- contrats d'engagement des réalisateur, opérateur, monteur
- contrat de cession des droits d'auteur, dûment enregistré au R.P.C.A.
- contrat de coproduction s'il en existe un (également enregistré au R.P.C.A.)

Il est à noter que le réalisateur et l'opérateur doivent posséder une carte d'identité professionnelle, délivrée par le CNC, voir en annexe la précision sur la qualification professionnelle.

Il est cependant possible, au cas où l'un de ces deux techniciens n'auraient pas de carte, de demander une dérogation : celle-ci est automatique pour le réalisateur, s'il est également auteur du scénario; en revanche, pour ce qui concerne l'opérateur, une demande doit être introduite avant le tournage auprès du Service des Professions du CNC.

C.N.C.
Service de l'Action culturelle
Bureau du court métrage - Bureau 316
11 rue Galilée 75116 Paris
Tél. : 01.44.34.36.66 / 01.44.34.37.79 - Fax : 01.44.34.38.64
Responsable du court métrage : Morad KERTOBI

Service des Professions du C.N.C.
3, rue Boissière 75116 Paris
Tél. : 01.44.34.37.65
Chef de service : M. LAMEYRE

***

EN ANNEXE PAGES SUIVANTES :

- ***La qualification professionnelle***
- ***Dossier de demande***
- ***Demande d'autorisation de production***
- ***Devis estimatif***
- ***Plan de financement***

LA QUALIFICATION PROFESSIONNELLE

La qualification professionnelle des techniciens entrant dans la composition de l'équipe de réalisation telle que mentionnée sur le formulaire de demande est attestée par une"carte d'identité professionnelle"(C.I.P.).

La délivrance des C.I.P. relève de la compétence du Service des Professions, 1 rue Boissière, 75116 Paris, tél. : 01 44 34 36 71 - 01 44 34 37 65.

Une personne titulaire d'un contrat d'engagement qui ne serait pas en possession d'une carte d'identité professionnelle peut formuler une demande d'autorisation exceptionnelle :

- en ce qui concerne les spécialités d'opérateur de prises de vues ou de monteur, auprès du Service des Professions : Tél. : 01 44 34 38 46 / 01 44 34 36 71 / 01 44 34 37 65

- en ce qui concerne la spécialité de réalisateur, auprès du Service de l'Action culturelle; l'instruction de cette demande se fait conjointement avec celle du dossier d'autorisation de production; elle ne peut émaner que d'auteurs souhaitant porter une de leurs œuvres à l'écran; elle doit être accompagnée d'une photocopie de bonne qualité de l'une des pièces suivantes :

  * carte nationale d'identité de la République Française,

  * passeport ou carte nationale d'identité, pour un ressortissant d'un Etat membre de la Communauté européenne,

  * carte de résident, certificat de résidence ou carte de séjour en cours de validité pour tout autre ressortissant étranger (les titres de séjour valables pour le statut d'"étudiant"ne peuvent être pris en considération)

DEMANDE D'AUTORISATION DE PRODUCTION
(films de court métrage - DR 38)

Titre du film :

Métrage envisagé :

Nom de l'entreprise :
(adresse n° carte P.S)

Format :

Durée :

Nature de la pellicule :

Nom des coproducteurs :
(n° carte P.S.)

Date Prévue pour le début des prises de vues :

Lieu de tournage :

Equipe de réalisation

- scénariste :
  nationalité

Studio :

- réalisateur :
  n° carte C.I.P.
- opérateur :
  n° carte C.I.P.

Laboratoire de tirage :

- monteur :
  n° carte C.I.P.

Montant du devis :

Eventuellement autres techniciens (nationalité)

Observations éventuelles du demandeur

Acteurs :

Résumé du sujet :

Fait à le
(signature)

PLAN DE FINANCEMENT

Film :

A - PART FRANCAISE

1) Apport producteur français (coproduction s'il y a lieu) :..

2) Concours financier de l'Etat :..

a) Contribution financière (CNC) : ....

b) Audiovisuel (CNC) :

- COSIP : subvention d'investissement : ....

  subvention de réinvestissement : ....

- FCAV : ....

- Fonds audiovisuel international : ....

c) Arcanal : ....

d) Aide à la musique de film : ....

e) Autre concours financier du Ministère de la culture et de la francophonie : ....

f) Concours financier d'un autre Ministère : ....

3) Concours financier d'une région, d'un département ou d'une municipalité : ....

4) Concours financier d'un diffuseur audiovisuel (public ou privé) :..................................

a) coproduction :..

b) préachat de droits d'antenne : ....

5) Crédits professionnels :..

6) Règlements différés :..

7) Participations :..

8) Concours financier privé :..

TOTAL PART FRANÇAISE :

B - PART ETRANGERE :

1) Apport producteur étranger :..

2) Aides nationales étrangères : ....

TOTAL PART ETRANGERE :

Signature du producteur

Fait le

DEVIS ESTIMATIF

Titre du projet :

Réalisateur :

I - DROITS ARTISTIQUES

Sujet.......................................

Adaptation, dialogues ....

Droits d'auteur du réalisateur ....

Droits musicaux ....

Autres frais ....

II - PERSONNEL

Producteur.......................................

Réalisateur technicien ....

Techniciens et ouvriers.......................................

Divers, agents artistiques personnel technique.......................................

III - INTERPRETATION

Rôles principaux ....

Rôles secondaires.......................................

Petits rôles, doublures, figuration.......................................

Autres prestations.......................................

IV - CHARGES SOCIALES

Montant total ....

V - DECORS & COSTUMES

Studios.......................................

Décors naturels intérieurs, extérieurs.......................................

Décoration, meubles, moyens de transports.......................................

Effets spéciaux ....

Costumes, maquillage.......................................

VI - TRANSPORTS / DEFRAIEMENT / REGIE

Voyages et défraiements, douane.......................................

Frais de bureau, régie et divers ....

VII - MOYENS TECHNIQUES

Matériels de prises de vues, machinerie.......................................

Matériels de prise de son ....

Eclairage.......................................

Montage et sonorisation, postproduction ....

VIII - PELLICULES / LABORATOIRES

Pellicules.......................................

Laboratoires ....

Frais divers.......................................

IX ASSURANCES & DIVERS

Assurances.......................................

Frais financiers.......................................

Frais généraux ....

Total Hors T.V.A.

Imprévus

TOTAL GENERAL

LES ELEMENTS D'UNE REFORME DU COURT METRAGE

1- Etat des lieux

a- Son rôle

A la fois reconnu et méconnu, le court métrage assume un rôle prépondérant au sein de l'ensemble de la création et de l'industrie cinématographique française.

... Un lieu de création fondamental d'œuvres cinématographiques à part entière

... Le secteur de recherche et de développement de l'ensemble du secteur cinématographique et audiovisuel

... Le lieu de formation et de transmission des savoirs

b- Sa production

Constante depuis plusieurs dizaines d'années (environ 400), la production de court métrage se révèle être un passage obligé pour de nombreuses sociétés aujourd'hui très actives dans le long métrage.

c- Ses sources de préfinancement

Les financements du court métrage se diversifient mais restent pour autant bien insuffisants.

En 2003, publics et privés, les financements avant réalisation disponibles en numéraire se sont élevés à **11,35 M€.**

> Le financement institutionnel

Le CNC (au titre du fonds de soutien) : **4,55 millions d'Euros** (2 M€ sur l'aide sélective avant réalisation, 1,75 M€ sur l'aide au programme, 0,50 M€ sur l'aide sélective audiovisuel et 0,30 M€ sur des aides diverses comme l'aide aux nouvelles technologies et l'aide à la musique)

Les collectivités territoriales : un volume total de financement à hauteur de **3,05 M€,** avec des montants d'aide allant de 1 000 € à 45 000 €, pour une moyenne d'environ 10 000 € par film.

Autres financements publics (ministères, administration) **et privés** (Procirep, Adami) : un financement au cas par cas pour un volume total de **0,60 M€.**

> Le marché

Les chaînes hertziennes : des investissements en coproduction, pré-achat ou achat, à hauteur de **3,15 M€.**

d- Sa diffusion

Différentes initiatives publiques et privées, événementielles ou non, se multiplient et permettent de développer tout un pan de l'action culturelle française au niveau national et régional, et de favoriser la découverte des films courts par un public toujours plus large.

> Salles de cinéma

700 salles de cinéma, art et essai majoritairement, programment régulièrement du court métrage : elles représentent ainsi 55% des actes de location auprès de l'Agence du Court métrage et génèrent environ 330 000 € de recettes.

> Télévisions

Chaînes hertziennes en clair ou cryptées, publiques ou privées, chaînes du câble et du satellite, nombreuses sont les chaînes télévisées qui programment des émissions de court métrage. Pour exemple, malgré une diffusion tardive, l'émission"**Libre court"**, le lundi sur France 3, réunit en moyenne **165 000 spectateurs** et représente une part de marché allant jusqu'à **28 %.**

> Festivals

Plus de **200 festivals** de courts métrages contribuent à la richesse et la diversité de la diffusion, dont le principal en termes d'entrées est le festival international de court métrage de **Clermont-Ferrand**, qui réunit chaque année plus de **130 000 spectateurs**.

> Vidéogrammes

De plus en plus nombreux sont les éditeurs de DVD de long métrage qui éditent en **bonus** des courts métrages afin de répondre à une véritable demande du public pour, par exemple, mieux illustrer une thématique spécifique ou éclairer la carrière d'un réalisateur ou d'un comédien.

e- La problématique

Le sous financement chronique et historique du court métrage, dénoncé depuis des années par les producteurs, ne permet qu'un financement très partiel de l'emploi dans ce secteur. Les pratiques de contournement du droit de travail ont toujours existé, non par choix mais par nécessité, afin de pouvoir produire et réaliser des films courts. Elles avaient été jusqu'à présent tolérées par tous, y compris par les pouvoirs publics.

Le CNC a annoncé la **nécessité légitime de prendre en compte les questions sociales dans sa politique d'aide à la création**.

Cette nécessité est relayée par la **mise en place de mesures drastiques à compter du 1er janvier 2005,** visant à améliorer la collaboration avec les organismes de contrôles, à renforcer les pouvoirs de contrôle du CNC par la mise en place d'agents assermentés et à conditionner l'octroi des aides publiques au respect du droit du travail, dans des conditions pour le moment non clarifiées.

f- Une situation intenable

Il est urgent qu'une solution globale soit dégagée afin d'éviter que tout un pan de l'industrie cinématographique française ne disparaisse.

La lutte contre les fraudes est légitime, mais le droit du travail ne pourra être respecté que si une solution économique globale est trouvée afin de financer l'emploi sur une production maintenue constante de courts métrages.

Que la tolérance des pouvoirs publics ne soit plus de mise est un élément justifié, justifiable et légitime, dès lors que l'on n'assiste pas à une sorte de schizophrénie de la puissance publique qui donne insuffisamment d'un côté et sanctionne mécaniquement de l'autre.

2- *Extrait de la déclaration du Ministre de la Culture pour lancer une concertation*

[...] En tant que ministre de la culture et de la communication, je suis très attentif aux conditions de production des œuvres de l'esprit, dans tous les domaines. Je sais votre dynamisme : le nombre de courts-métrages produits ne cesse de croître : 425 films en 2003. Sur le plan artistique, c'est un phénomène positif dans la mesure où c'est un gage de créativité, d'innovation et de découverte de talents.
Je sais néanmoins que le tissu économique des entreprises de court-métrage est fragile. Il est en effet composé en majorité de sociétés indépendantes non intégrées à des sociétés de production de long métrage et d'audiovisuel.

Au total, le nombre de films aidés par le CNC représente la moitié de la production, soit environ 200 films sur 400.
Je sais aussi que la diversité du court métrage implique aussi bien des professionnels que des bénévoles passionnés. Je connais vos inquiétudes sur ce point. Et je tiens à vous dire aujourd'hui qu'il n'est pas question d'assécher la diversité de ces sources de talents. Je veux simplement que nous agissions ensemble pour développer le soutien au court métrage, et l'emploi dans ce secteur, en veillant à ce que son économie ne soit pas souterraine.

C'est pourquoi il faut un véritable plan d'urgence, car l'importance du secteur du court métrage et la situation dans laquelle il se trouve le justifient. Mais il doit être précédé d'un travail approfondi de réflexion et de concertation, afin de définir les modalités d'affectation de nouvelles sources de financement pérennes. Je souhaite ici en préciser les principaux axes, les modalités devant être décidées avant l'été.

Le développement de l'emploi et le respect nécessaire du droit du travail ne pourront prendre tout leur effet qu'à partir du moment où nous serons parvenus à améliorer durablement les conditions de financement du secteur. Les solutions que je propose sont encore à ce stade autant de pistes de travail pour la concertation qui commence. Les conclusions, attendues fin mars, de la nouvelle mission que j'ai confiée à M. Alain Auclaire sur les liens entre les aides publiques et les conditions d'emploi, devraient nous permettre de développer des pistes pour un meilleur financement et un contrôle amélioré du secteur.

· Il est nécessaire de renforcer la dotation à la production de films de court métrage du CNC, en réévaluant fortement l'aide moyenne par film, tout en maintenant le nombre de films soutenus.
· Je souhaite également inciter les régions à développer leur action en faveur de la production de court métrage en s'appuyant sur les conventions Etat-CNC-Régions. Je viens de participer à la signature de la convention avec la région Auvergne.

En 2004, les collectivités territoriales ont financé à hauteur de 3,1 M? la production de films courts, soit près de 28% des apports au secteur. Ces apports pourraient être plus efficaces, notamment en évitant la dispersion, et en aidant mieux les projets.

Il s'agirait donc d'inciter les collectivités territoriales, prioritairement les régions, à faire un double effort supplémentaire en faveur de la production de courts métrages : des moyens nouveaux devront être affectés au court métrage ; la moyenne des aides apportées aux projets devra être relevée.

Dans le cadre des conventions conclues avec les collectivités territoriales, le CNC devrait être en mesure d'accompagner financièrement les Régions en ce sens.

· Il faut ensuite simplifier le cadre administratif de production des films de court métrage.

Le bénéfice du soutien financier à la production de films de court métrage est subordonné à l'obtention d'une autorisation de production. Cette autorisation conditionne également la délivrance ultérieure de l'agrément de diffusion, qui lui-même conditionne l'accès aux aides à la diffusion.
Or, la procédure d'attribution de l'autorisation de production n'est plus respectée depuis au moins 20 ans ! Il faut évidemment simplifier cette procédure. J'ai chargé le CNC de me faire avant l'été des propositions.

· Il faut aussi favoriser l'implication des producteurs de long métrage dans la production de films de court métrage.

La réglementation actuelle permet aux sociétés de long métrage de mobiliser leur soutien automatique pour financer la production d'un court métrage. Cependant, il n'y a chaque année qu'à peine 5 films de court métrage bénéficiaires du soutien automatique, d'un montant moyen de 8 000 € par film.

Il faut inciter les sociétés de production de long métrage ayant un fonds de soutien automatique à produire des films de court métrage. Je souhaite une réflexion rapide sur les modalités de cette implication. J'attends vos propositions concertées sur ce sujet.

Je souhaite en particulier savoir si le mécanisme du"1%"vous paraît nécessaire et suffisant.

· *Je souhaite mobiliser à l'intention du court métrage les ressources du mécénat.*

Aujourd'hui, les industries techniques, à travers la Fédération des industries pour le cinéma, l'audiovisuel et le multimédia (FICAM), que j'ai rencontrée jeudi lors de l'assemblée générale annuelle, souhaitent développer des actions de mécénat, en faveur de la production des films de court métrage. Je souhaite que soit lancée la préfiguration d'une fondation de court métrage, qui pourrait être ouverte à d'autres entreprises à la faveur des nouvelles lois sur le mécénat.

· *Je souhaite mener une étude sur les conditions du bénévolat dans le secteur de la production associative.*

Le mode de production associatif accompagne de jeunes auteurs ou fédère des cinéastes. Dans le cadre de ces productions, l'ensemble des équipes travaillent bénévolement. Une étude pourrait être engagée et remise avant l'été 2005, pour faire le point sur les conditions du bénévolat dans ce secteur, qui, à cet égard, ressemble à d'autres types d'activités dans le spectacle vivant.

· *La possibilité d'une exonération de charges sociales au bénéfice des entreprises de court métrage doit être examinée.*

Cette exonération pourrait être plaidée auprès du Ministère des affaires sociales dans le cadre des aides existantes sur les entreprises innovantes, au titre de la recherche et du développement.

· *L'hypothèse d'une mobilisation des fonds dédiés à la formation dans le cadre de la production de films de court métrage doit être étudiée.*

Deux réflexions sont souhaitables : sur la mise en place de conventions de stage et sur la possibilité de considérer le court métrage comme un lieu de formation, pouvant aller jusqu'à mettre en place des dispositifs d'apprentissage à imaginer.

· *Enfin, je souhaite, en parallèle, que s'engage, dès cette année, une réflexion sur la diffusion, pour permettre une amélioration des conditions de diffusion des films de court métrage dès 2006 : je pense à la diffusion en salles, mais aussi, à la diffusion à la télévision et en particulier, sur les chaînes publiques, par exemple sur France 4.*

Pour conclure, je voudrais vous faire partager ma conviction que c'est par la combinaison de l'ensemble de ces mesures que nous pourrons, ensemble, inventer un nouveau cadre économique, financier et juridique en faveur du court métrage. Aucune solution partielle n'y suffira, il nous faut concevoir ensemble ce nouvel environnement.[...]

(Renaud DONNEDIEU DE VABRES, Ministre de la Culture – 29 janvier 2005 – extrait)

LE REGISTRE PUBLIC DE LA CINEMATOGRAPHIE ET DE L'AUDIOVISUEL

I- Actes et œuvres concernés

1- Les œuvres cinématographiques
2- Les œuvres audiovisuelles
3- Economie des articles 31 à 44 du code de l'industrie cinématographique
4- Les actes à inscrire

II- Les fonctions du RPCA

1- Transparence
2- Sécurité juridique
3- Mécanismes de protections des créanciers
   a- Le nantissement
   b- La délégation de recettes

III- Déroulement des formalités au RPCA

1- Immatriculation préalable
2- Inscription des contrats

IV- Consultation du RPCA

Le Registre Public de la Cinématographie et de l'Audiovisuel (R.P.C.A.) a pour fonction "d'assurer la publicité des conventions" passées en matière audiovisuelle (art. 31 du Code de l'industrie Cinématographique).

I- ACTES ET ŒUVRES CONCERNES

Le Registre Public a été créé par la loi du 22 février 1944, modifiée par un décret-loi du 20 mai 1955 dont les dispositions ont été reprises au titre III, articles 31 à 44 du Code de l'Industrie Cinématographique.

1- Les œuvres cinématographiques

L'article 32 du Code fait obligation de déposer au R.P.C.A. le titre des films cinématographiques (français et étrangers) destinés à la projection publique en France. C'est la formalité de l'immatriculation. Les actes et conventions relatifs à la production, distribution ou exploitation de ces films doivent ensuite être inscrits au R.P.C.A. (article 33).
Ces dispositions n'ont pas subi de modification depuis 1955.

2- Les œuvres audiovisuelles

En 1985 le législateur a ouvert le registre aux œuvres audiovisuelles. Pour ces dernières, l'article 54 de la loi du 3 juillet 1985 n'édicte pas d'obligation, le dépôt du titre préalable à l'inscription des actes et conventions n'étant qu'une simple faculté ouverte aux producteurs. Désormais le registre s'appelle donc REGISTRE PUBLIC DE LA CINEMATOGRAPHIE ET DE L'AUDIOVISUEL (R.P.C.A.).

Toutefois d'autres textes aboutissent à imposer cette simple *"faculté"* :

- La loi n° 85-695 du 11 juillet 1985 instituant notamment *les sociétés pour le financement de l'industrie cinématographique et audiovisuelle (SOFICA)* précise en son article 40.II que tout contrat d'association à la production passé par une SOFICA devra être inscrit au R.P.C.A.. Cette formalité doit être accomplie dans les 15 jours de la signature du contrat (art.7 D. 85-983 du 17 septembre 1985).
  Cette obligation concerne aussi bien les contrats relatifs à des œuvres cinématographiques que ceux relatifs à des œuvres audiovisuelles. Aussi force est d'immatriculer l'œuvre audiovisuelle, si le producteur entend y intéresser une SOFICA.
- Le versement des aides accordées dans le cadre du COSIP (Compte de Soutien à l'Industrie des programmes audiovisuels) est

subordonné à l'obtention d'une autorisation préalable délivrée avant le début des prises de vues.
Il résulte de la combinaison de plusieurs textes que, pour certaines œuvres, le dossier présenté en vue de cette autorisation doit comporter, tout comme celui des œuvres cinématographiques, l'indication du numéro d'immatriculation de l'œuvre au R.P.C.A..
Il s'agit : *des œuvres d'une durée ≥ 1 heure
*des séries dont les épisodes sont d'une durée ≥ 30 minutes

Doit également figurer au dossier la justification de l'inscription au R.P.C.A. du ou des contrats SOFICAS ainsi que du ou des contrats de coproduction.

Après achèvement de l'œuvre et pour obtenir l'agrément définitif, le producteur devra remettre notamment les justificatifs d'inscription des contrats SOFICA ou de coproduction qui seraient intervenus depuis l'agrément.

3- *Economie des art. 31 à 44 du code de l'industrie cinématographique*

On remarquera tout d'abord que le législateur de 1985 n'a pas cru devoir aménager l'organisation des procédures d'immatriculation et d'inscription des actes, alors que ces procédures avaient été établies, à l'origine, dans l'esprit d'un caractère obligatoire et dans le cadre des œuvres cinématographiques.
Ainsi par exemple, dans le cas où le producteur d'une œuvre cinématographique ne procède pas à l'immatriculation (obligatoire) du film, l'auteur ou tout intéressé pourra l'y contraindre. Est-ce à dire que dans le cadre d'une œuvre audiovisuelle pour laquelle l'immatriculation serait facultative, l'auteur ou tout intéressé pourrait contraindre le producteur à procéder à l'immatriculation ? Dans la pratique, les organismes de crédit subordonnent leur participation, par une clause contractuelle, à cette procédure qui offre des garanties aux créanciers (cf infra 2°).

Du reste et bien qu'édictant une obligation, le Code de l'Industrie Cinématographique ne prévoit aucune sanction au défaut d'immatriculation. Mais les très fortes incitations contenues dans les textes extérieurs (par exemple obligation d'indiquer le numéro d'immatriculation du film dans le dossier de demande d'agrément, ou délivrance du visa d'exploitation et versement de certaines aides subordonnés à l'immatriculation préalable) et la sécurité apportée par l'inscription des contrats au R.P.C.A., semblent suffisantes.

4- *Les actes à inscrire*

L'article 33 du Code mentionne explicitement les actes qui *"doivent être inscrits au registre public"*. Il s'agit en réalité de tous les actes permettant de reconstituer la chaîne des droits.

> *1°- les cessions et apports en société du droit de propriété ou d'exploitation ainsi que les concessions de droits d'exploitation soit d'un film, soit de l'un quelconque de ses éléments présents et à venir;*
>
> *2°- les constitutions de nantissement sur tout ou partie des droits visés à l'alinéa précédent;*
>
> *3°- les cessions, transports et délégations, en propriété ou à titre de garantie, de tout ou partie des produits présents ou à venir d'un film;*
>
> *4°- les conventions relatives à la distribution d'un film;*
>
> *5°- les conventions emportant restriction dans la libre disposition de tout ou partie des éléments et produits présents et à venir d'un film;*
>
> *6°- les cessions d'antériorité, les subrogations et les radiations totales ou partielles se rapportant aux droits ou conventions susvisés;*
>
> *7°- les décisions de justice et sentences arbitrales relatives à l'un des droits visés aux alinéas précédents.*

II- FONCTIONS DU RPCA

Les œuvres concernées font l'objet d'une immatriculation : un numéro leur est attribué qui figurera ensuite sur chacun des actes relatifs à cette œuvre et déposé au R.P.C.A.

1- *Transparence*

Cette modalité offre une certaine transparence dans un secteur où les transactions financières sont particulièrement nombreuses et complexes. Ainsi, pour monter un film de long métrage, un producteur rassemble autour de lui des partenaires tels que les établissements financiers, les SOFICA, éventuellement d'autres producteurs; mais il fait aussi appel à un distributeur, à une chaîne de télévision, etc. Enfin, il pourra également bénéficier de certaines aides. Tous ces investisseurs vont exiger des garanties qui grèveront d'autant les droits du producteur sur le film. Droits qu'au demeurant il aura préalablement acquis des auteurs. Il est donc primordial que les partenaires du producteur puissent connaître l'existence des autres et l'étendue de ce qui leur a été cédé ou donné en garantie.

Grâce à l'inscription des contrats, toute personne intéressée (producteurs, distributeurs, conseils, financiers, voire journalistes, étudiants, etc.) peut prendre connaissance du nombre et de la qualité des ayants droit à une fraction de recettes ou des cessions de droits consenties pour l'exploitation de l'œuvre en salle, par diffusions télévisuelles, par vidéogrammes, etc.

Il convient toutefois de préciser que cette transparence n'est pas absolue :

- l'obligation d'inscrire les actes et conventions passés n'est pas assortie de sanctions. Par conséquent, il peut arriver que certains actes ne soient pas inscrits. Des lacunes peuvent donc exister, ou des ruptures dans la chaîne des droits. Il n'en reste pas moins que le Registre fournit une documentation très précieuse.
- Par ailleurs, le Conservateur du R.P.C.A. n'est pas juge du fond des contrats; c'est-à-dire que s'il en vérifie la forme (présence des paraphes et signatures, intégralité du contrat déposé...) il n'en apprécie pas la légalité. Ainsi des actes irréguliers, voire frauduleux peuvent être inscrits au R.P.C.A. Mais le fait même de leur inscription peut permettre au détenteur légitime des droits d'en être informé et d'entamer des procédures à l'encontre de ceux qui l'ont lésé.

2- *Sécurité juridique*

L'inscription des actes au R.P.C.A. implique des conséquences juridiques importantes.

- En tout premier lieu l'article 32 du Code de l'Industrie Cinématographique qui organise la formalité de dépôt du titre pour l'immatriculation de l'œuvre, prévoit également que :
  "Les clauses résolutoires intervenues entre Auteur et Producteur sont nulles en cas de non inscription au RPCA au moment de l'immatriculation."
  Il est évident que l'auteur dispose, par le biais de la clause résolutoire, d'une rétroactivité qui met en péril toute la chaîne des contrats. Aussi est-il primordial qu'elle puisse être connue des partenaires du producteur. Mais la sanction retenue par l'article 32 semble excessive : une simple inopposabilité aux tiers semblait suffisante.
  La lecture de cet article semble également impliquer qu'une clause résolutoire, insérée dans un avenant ultérieur au dépôt du titre et par la suite régulièrement inscrit au Registre, serait nulle.
  Il convient toutefois de préciser qu'en cas de carence du producteur l'inscription de la clause résolutoire peut être requise par l'auteur dans les 15 jours de l'immatriculation. Mais on remarquera que cette possibilité ne revêt en pratique, qu'un intérêt fort limité : le contrat d'auteur étant nécessaire pour l'immatriculation de l'œuvre (cf. infra 3/), et l'auteur n'étant pas avisé de cette immatriculation.
- Les actes, inscrits au Registre seront opposables aux tiers, c'est- à-dire à toute personne, même si elle n'est pas partie à l'acte. De fait,

elle ne pourra pas se prévaloir d'une ignorance puisqu'une consultation préalable au R.P.C.A. lui aurait permis de connaître l'existence et la teneur de l'acte. Ainsi un nouveau partenaire à une œuvre sera protégé en ce sens qu'il connaîtra ce qui pourra lui être opposable.

- L'article 34 précise que *"le rang des inscriptions est déterminé par l'ordre dans lequel elles sont requises"*. Quelques soient les dates portées sur les actes ou conventions, le premier titre inscrit sera opposable au suivant. Ceci protège tout créancier de la malversation d'un producteur peu scrupuleux qui proposerait deux fois les mêmes droits, ou de la négligence d'un créancier antérieur qui n'inscrirait son contrat qu'avec plusieurs semaines de retard.
- Enfin les articles 42 et 43 du Code de l'Industrie Cinématographique organisent au bénéfice du créancier régulièrement inscrit un droit de préférence et un droit de suite.
  En effet, en cas de vente aux enchères publiques de l'œuvre, celle-ci ne peut intervenir que quinze jours après que chacun des créanciers inscrits ait été sommé d'y assister. En cas de vente de gré à gré, l'acquéreur est tenu de notifier à chacun des créanciers ses qualités ainsi que la liste des créances privilégiées et leurs montants, et de proposer de les acquitter jusqu'à concurrence du prix. Les créanciers peuvent alors requérir la vente aux enchères en offrant d'élever le prix de un dixième.

3- *Mécanismes de protection des créanciers*

En même temps qu'était créé le Registre Public, deux mécanismes étaient mis en place afin d'organiser des sûretés en faveur des financiers consentant un crédit aux producteurs : le nantissement et la délégation de recettes.

a- Le nantissement

La seule inscription du contrat de nantissement au R.P.C.A. confère au créancier un privilège qui s'établit sans dépossession (article 35 du Code). En inscrivant un nantissement sur les éléments de l'œuvre, les créanciers acquièrent une sûreté qui garantit leurs créances, tandis que le producteur peut continuer à exploiter l'œuvre et obtenir ainsi les recettes qui permettront de dédommager le prêteur.
En cas de nantissement, le R.P.C.A. joue un rôle proche de celui des Conservations des Hypothèques, notamment au moment de la radiation de l'inscription du nantissement cinématographique. Ce dernier pouvant, selon certains juristes, s'apparenter à une hypothèque mobilière (exceptionnelle dans notre droit).

L'inscription de nantissement doit être renouvelée tous les cinq ans. Le créancier qui laisserait passer la date de renouvellement verrait son antériorité limitée à la date de sa nouvelle inscription.

b- La délégation de recettes

Celle-ci peut être accordée en pleine propriété : le déléguant cédant les premières recettes issues de l'exploitation de l'œuvre jusqu'à concurrence de sa dette.
Mais elle peut également être accordée à titre de garantie: la cession étant alors subordonnée au non-paiement de sa dette par le producteur.
Il convient également de noter que la délégation de recettes peut intervenir, soit à titre principal, soit accessoirement au nantissement de l'œuvre.

La simple inscription de ces contrats au R.P.C.A. suffit à les rendre opposables aux tiers (article 36 du Code) alors qu'en droit commun le débiteur cédé doit être avisé personnellement. Ceci simplifie considérablement la procédure puisque par principe les débiteurs cédés sont nombreux (distributeurs, exploitants, etc.). Mais de plus, le code prévoit que les créanciers titulaires d'un nantissement ou d'une délégation de recettes pourront, sur simple présentation d'un relevé établi par le Conservateur du R.P.C.A., encaisser directement les recettes produites par l'œuvre.

La rédaction ambiguë de l'article 36 ne permet pas de trancher de façon certaine quant au rang qu'auront ces créanciers face aux créanciers titulaires d'un privilège légal, tel que le Trésor. Il pourrait paraître incontestable que le délégataire puisse prétendre à l'entière perception de la part de recettes qui lui a été déléguée, si celle-ci a été faite en propriété. En effet, ces recettes sont alors réputées être sorties du patrimoine du producteur, et aucun autre créancier ne pourrait se prévaloir d'un quelconque droit. Malheureusement un arrêt, fort critiqué, de la Cour d'appel de Paris en date du 12 déc. 1964 prenant appui sur l'article 36 du Code de la Cinématographie a accordé au Trésor la faculté d'exercer auparavant son privilège.

III- DEROULEMENT DES FORMALITES AU RPCA

L'accomplissement des formalités est donc obligatoire pour le secteur cinématographique et facultatif (en principe mais cf supra 1° les exceptions) pour le secteur audiovisuel. Mais dans tous les cas la procédure est la même.

1- Immatriculation préalable du film

Cette formalité conditionne les inscriptions ultérieures : en effet, le numéro d'immatriculation doit être reproduit sur chacune des pièces qui seront déposées par la suite.

L'immatriculation, est à la charge du producteur : celui-ci dépose le titre (provisoire ou définitif) de l'œuvre avec un formulaire de requête d'immatriculation (cf. annexe) et deux exemplaires (deux originaux ou un original et une copie certifiée conforme) du ou des contrat(s) d'auteur(s); car c'est tout naturellement ces contrats de cession entre les auteurs et le producteur qui sont les premiers actes de la chaîne des droits. Si l'œuvre audiovisuelle est adaptée d'une œuvre préexistante, le producteur devra également produire le contrat de l'auteur de l'œuvre originaire.
Cette exigence découle de l'article L.131-2 du Code de la Propriété Intellectuelle qui impose l'accord écrit de l'auteur. Bien que parfois ardue, elle est de l'intérêt même du producteur qui doit de toutes façons effectuer cette recherche pour se prémunir de revendications ultérieures éventuelles. Tenant compte des difficultés qui pourraient se présenter notamment si l'auteur est étranger, l'administration du R.P.C.A. accepte, lorsqu'il s'agit d'une production exclusivement étrangère, une simple attestation de l'auteur (ou de ses ayants droit s'il est décédé).

Les documents remis à l'appui de la demande d'immatriculation (contrat ou attestation) doivent préciser la durée pour laquelle le droit d'exploiter l'œuvre est concédé au producteur (art.32 du Code de l'Industrie Cinématographique).

Au cas où le producteur n'aurait pas procédé à cette formalité du dépôt du titre provisoire ou définitif de l'œuvre, chacun de ses co-contractants ultérieurs dont le contrat devrait être inscrit au R.P.C.A. pourra le mettre en demeure d'effectuer l'immatriculation, par lettre recommandée A.R.. Si celle-ci reste sans effet après un mois, le co-contractant pourra également solliciter des dommages et intérêts auprès de la juridiction saisie.

Coût des formalités	
IMMATRICULATION	
Dépôt de titre	
Œuvre d'une durée inférieure à 15 minutes	1,5 €
Œuvre d'une durée comprise entre 15 minutes et 1 heure	5 €
Œuvre d'une durée comprise entre 1 et 2 heures	18 €
Complément par heure ou fraction d'heure supplémentaire	6 €
Changement de titre	
Œuvre d'une durée inférieure à 1 heure	1 €
Œuvre d'une durée supérieure à 1 heure	5 €

2- Inscription des contrats

Tous les actes (contrats, nantissements, voire décisions de justice ou sentences arbitrales) relatifs à l'œuvre seront ensuite inscrits dans l'ordre de leur dépôt au R.P.C.A..
Leur inscription est demandée par la partie la plus diligente, qui doit fournir deux exemplaires (un original et une copie certifiée conforme) portant le numéro d'immatriculation attribué à l'œuvre au moment du dépôt du titre. Un des exemplaires est conservé au R.P.C.A., l'autre est rendu revêtu de la mention de l'inscription.
Les frais d'inscription des actes sont fixés selon la durée de l'œuvre ou les montants mis en jeu.

Coût des formalités	
INSCRIPTIONS ET RADIATIONS	
Coproductions	
Jusqu'à 45 000 €	0,05 %
De 45 001 à 150 000 €	0,04 %
De 150 001 à 450 000 €	0,03 %
À partir de 450 001 €	0,02 %
Minimum de perception	
Œuvre d'une durée inférieure à 1 heure	1,5 €
Œuvre d'une durée supérieure à 1 heure	8 €
Autres conventions (1)	
Jusqu'à 45 000 €	0,15 %
De 45 001 à 150 000 €	0,10 %
À partir de 150 001 €	0,05 %
Minimum de perception	
Œuvre d'une durée inférieure à 1 heure	2 €
Œuvre d'une durée supérieure à 1 heure	11 €
(1) Pour les radiations et les cessions d'antériorité, le barème des « autres conventions » est appliqué à la moitié de la somme faisant l'objet de l'inscription	

IV- CONSULTATION DU RPCA

Les mécanismes évoqués ci-dessus n'auront d'efficacité que si les informations que le R.P.C.A. renferme sont à la portée de tous.

La consultation permet d'avoir immédiatement une vision complète de tous les contrats inscrits pour un film donné (Auteur, coproducteurs, délégataires, distributeurs, vendeurs, etc.), tout en sachant que tout contrat qui n'y figure pas, n'est pas opposable aux tiers, mais également que la

transparence rencontre des limites (supra 2/) dans la mesure où l'inscription d'un acte n'efface pas les vices dont il est entaché.
Cela dit, un acquéreur éventuel pourra par exemple, vérifier que les droits d'auteur ne sont pas expirés, que celui qui lui cède tel ou tel droit a bien pouvoir pour la cession.
Un créancier pourra s'assurer qu'il n'existe pas d'autres créanciers ayant déjà un nantissement sur le film, que les recettes qui lui sont proposées en délégation figurent bien encore dans le patrimoine du producteur, etc.

DELIVRANCE DES COPIES D'ACTE	
Copies et états par copies complètes	
Par page de contrat délivré	1 €
Certificats d'immatriculation ou d'absence d'inscription	
Par œuvre	1 €
Renseignements verbaux	
Par œuvre	1 €

Le registre répond au besoin d'informations des sociétés de gestion collective de droits que de nouvelles formes d'exploitation des films ont rendues nécessaires. En effet, ces sociétés doivent répartir les redevances entre des milliers d'œuvres les plus diverses, dont elles doivent identifier exactement les détenteurs de droits à l'issue des transmissions successives.

La publicité assurée par le registre est à deux niveaux :

À partir d'une œuvre, il est d'abord possible de connaître son numéro et sa date d'immatriculation ainsi que les références des actes qui ont été inscrits à son égard.

Ces informations figurent dans une base de données qui comporte également, pour chaque acte inscrit, les noms des contractants, la nature et la date de l'acte ainsi qu'une analyse sommaire de ses dispositions.
La base de données peut être consultée dans son exhaustivité dans les locaux du registre public.

Pour les œuvres immatriculées depuis le 19 août 1987 (n° 66 539), la base de données est accessible par minitel (3617 code RPCA – 0,52€ la minute) ; il sera bientôt possible de la consulter également sur le site internet du CNC : www.cnc.fr
Toute personne intéressée par la situation juridique précise d'une œuvre peut en outre obtenir copie d'un acte inscrit au registre (photocopie indépendante) ou de tous ceux concernant une œuvre déterminée (état par copies complètes).

On trouvera en annexe de ce chapitre les modèles de formulaire à remplir pour les immatriculations et pour les inscriptions

ATTENTION

Au terme d'un processus législatif qui devrait aboutir début 2006, les modalités de fonctionnement du RPCA seront simplifiées et l'inscription :

- des dévolutions successorales ;
- des actes d'apport ou de fusion de sociétés ;
- des contrats d'option

sera permise dans des conditions particulières.

Pour contacter le RPCA, vous pouvez :

- vous rendre, 11,rue Galilée 75116 PARIS, de 9h à 12h et de 14h à 16h15, tous les jours du lundi au vendredi, sauf l'après-midi du dernier jour ouvré du mois
- Adresser une télécopie au 01 44 34 36 58
- Adresser un courriel à rpca@cnc.fr
- Site : http://www.cnc.fr

Vos correspondants sont :

- François PIERRUGUES, Conservateur du registre public : 01 44 34 36 55
- Régine BERLIER, Chef de contrôle : 01 44 34 37 66
- Marie-Odile AMESTOY, Adjointe au chef de contrôle ; radiations : 01 44 34 37 75

Immatriculation des œuvres, inscription des contrats :

- Bich DISS : 01 44 34 35 17
- Annie LEBRETON : 01 44 34 37 67
- Marie-Reine PARROT : 01 44 34 37 78

Consultation du registre public :

- Jacqueline JEAN : 01 44 34 37 76
- Bernard ROEMER : 01 44 34 34 90
- Secrétariat : 01 44 34 35 91

LES CONVENTIONS COLLECTIVES

I- Fonctionnement de la convention collective

II- Les conventions collectives du secteur audiovisuel

III- Les conventions collectives de la production

I- FONCTIONNEMENT DE LA CONVENTION COLLECTIVE

Les relations entre employeurs et salariés sont régies par le droit du travail, dont la plupart des dispositions ont été codifiées dans le Code du Travail.

Toutefois des accords conventionnels peuvent modifier (à condition d'être plus favorables au salarié) les règles du droit social, permettant ainsi une meilleure adaptation aux différentes activités économiques. Il en est ainsi notamment des conventions collectives et des accords collectifs, des accords professionnels et interprofessionnels.

Depuis quelques décennies le droit conventionnel prend une place croissante : les partenaires sociaux sont de plus en plus invités à conclure des accords, le champ de ceux-ci est élargi à la protection sociale complémentaire, et certains sont même, par la suite, à l'origine de lois.

APPLICATION DE LA CONVENTION COLLECTIVE

Différents cas d'application d'une convention collective :

C'est généralement par rapport à un champ d'activité économique que se définit l'application d'une convention collective. C'est donc par rapport à l'employeur et à son activité principale que se détermine l'application ou non de la convention.

- La convention collective s'impose aux employeurs entrant dans le champ d'application et adhérents à l'une des organisations patronales signataires.
- Si la convention collective a été étendue par un arrêté d'extension, pris par le Ministère du Travail, elle s'impose à tous les employeurs entrant dans son champ d'application, qu'ils soient ou non adhérents d'une organisation patronale signataire, voire même, s'ils sont adhérents d'une organisation ayant contesté ladite convention collective.
- Il est possible à un employeur, sous certaines réserves, d'appliquer volontairement une convention collective qui ne lui serait pas obligatoire.

Notion d'activité réelle et/ou principale :

La plupart des conventions collectives définissent leur champ d'application par des références aux codes NAF (anciennement appelés APE), décernés par l'INSEE au moment de l'immatriculation de la société au RCS.

Mais ces codes, établis à des fins statistiques, n'ont aucune valeur juridique. En cas de conflit, les tribunaux ne leur accordent qu'une simple valeur de présomption qui pourra être renversée par toute preuve contraire. Dans le cas d'activités commerciales, l'activité principale pourra se déduire du chiffre d'affaires en découlant.

Publication des conventions collectives :

Les conventions collectives étendues sont publiées au Journal Officiel. Il est possible de se les procurer en donnant le numéro de la brochure correspondant :

Journal Officiel
26, rue Desaix
75727 Paris cedex 15 — **Standard : 01 40 58 75 00**
Renseignements : 01 40 58 79 79

Elles peuvent également être consultées :

Service des Conventions Collectives
210, quai de Jemmapes
75010 Paris — **Tél. : 01 44 84 41 30**

OBLIGATIONS LEGALES A PROPOS DES CONVENTIONS COLLECTIVES

La convention collective doit être appliquée, sans discrimination, à l'ensemble des salariés, relevant des catégories professionnelles concernées.
A noter que le contrat de travail et les fiches de salaire doivent, le cas échéant, préciser le titre de la convention collective applicable.
Un avis doit être affiché dans les locaux rappelant que, conformément à l'obligation légale qui lui est faite, l'employeur tient un exemplaire de la convention collective à la disposition des salariés et dans quelles conditions ceux-ci peuvent le consulter.

II- LES CONVENTIONS COLLECTIVES DU SECTEUR AUDIOVISUEL

Publicité (3073)
étendue par arrêté du 29 juillet 1955
S'applique uniquement aux agences de Communication (les sociétés de production de films publicitaires ne sont pas concernées).

Journalistes (3136)
étendue par arrêté du 2 février 1988

S'applique aux employeurs des journalistes professionnels. Le journaliste professionnel est celui qui a pour occupation principale, régulière et rétribuée, l'exercice de sa profession dans une ou plusieurs agences de presse ou entreprises de communication audiovisuelle et qui en tire le principal de ses ressources.

Edition (3103)
étendue par arrêté du 4 février 1955

S'applique aux ouvrages support papier : livres, annuaires, catalogues, livres enregistrés, etc.

Audio - Vidéo - Informatique

S'applique aux sociétés de prestations de services annexes à la production.

Industrie cinématographique / distribution de film (3174)
étendue par arrêté du 18 octobre 1977

Comporte trois parties : - employés et ouvriers - cadres et agents de maîtrise - des accords communs aux deux catégories.

Exploitation cinématographique (3097)
étendue par arrêté du 24 octobre 1986

S'applique à tous les exploitants de salles cinématographiques (salles classiques, salles art et essai, ciné-clubs... la question n'est pas tranchée en ce qui concerne les salles communales).
Un avenant sur la durée du temps de travail a été signé le 3 octobre 1997 (étendue par arrêté du 15 décembre 1997).

Laboratoire de tirage et de développement de films cinématographiques (3038)

Signée par la Chambre Syndicale des laboratoires cinématographiques.
Dénoncée le 24 février 1994

Société de doublage et de postsynchronisation des œuvres audiovisuelles (3219)

Signée par la Chambre Syndicale du doublage et des post-synchro.
Dénoncée par elle le 14 avril 1994

Artistes - Interprètes engagés pour des émissions de télévision (3278)
étendue (hors quelques dispositions) par arrêté du 24 janvier 1994

A noter également qu'il existe :

? Des accords au sein de certaines grandes sociétés de l'audiovisuel (TF1, CANAL +, etc.), ainsi que des conventions dans le secteur du spectacle vivant (théâtres, opéra...) qui peuvent avoir des incidences en matière de retransmission par exemple.

III- LES CONVENTIONS COLLECTIVES DE LA PRODUCTION

Depuis plusieurs années les partenaires sociaux ont été invités à négocier une convention collective pour la production audiovisuelle. Toutefois, celle-ci n'a pas encore vu le jour. Des difficultés apparaissent en raison notamment de l'ambition de son domaine et de la grande diversité des programmes qu'elle entend viser : fiction, magazine, documentaires, programmes de flux, films d'entreprises, œuvres d'animation, courts métrages, longs métrages...

Dans le secteur de la production stricto sensu, il existe actuellement deux conventions collectives : une convention cinéma et une convention audiovisuelle.

> *La convention collective de la production cinématographique*

La convention collective du cinéma n'a pas été étendue et elle concerne uniquement les sociétés membres de la Chambre Syndicale des Producteurs, qui ne regroupe qu'une partie des producteurs.
Cette convention prévoit des barèmes hebdomadaires de l'ensembles des collaborateurs techniques et artistiques.
Ces barèmes servent de fait de référence pour l'ensemble de la production, mais ils sont souvent adaptés à la baisse en fonction des budgets de film.
Il n'est pas rare de constater que, soit sur les films à petit budget, soit sur les films où il manque du financement, ces barèmes sont utilisés à la baisse entre moins 10 et moins 25 %.
Ces tarifs de référence sont actualisés deux fois par an (janvier et juillet) et il est recommandé aux producteurs qui travaillent sur l'estimation financière de projets qu'ils ne produiront que quelques mois plus tard, d'anticiper sur ces hausses salariales bi-annuelles.

UN ACCORD DE CETTE CONVENTION CONCERNANT LES ARTISTES INTERPRETES A ETE ETENDU, il est donc applicable pour tous les producteurs.
Cet accord fixe le cachet minimum (revalorisé en janvier et juillet de chaque année) et institue le versement d'un pourcentage de 2 % sur les recettes nettes producteurs après amortissement du film. Il a été pris pour associer les artistes interprètes aux bénéfices du film, et ce au prorata de leur salaire initial. C'est l'Adami qui a pour mission de gérer cette répartition.

> La convention collective est disponible à :

Chambre Syndicale des Producteurs et Exportateurs de Films Français
5, rue du Cirque 75008 Paris
Tél : 01 53 89 01 30 – Fax : 01 42 25 94 27
cspeff@wanadoo.fr

> Les barèmes des salaires hebdomadaires sont consultables et téléchargeables sur www.dixit.fr à la rubrique "services".
Ils sont actualisés les 15 janvier et 15 juillet de chaque année.

> La convention collective de la production audiovisuelle

Cette convention collective est en négociation depuis plusieurs années, elle fait l'objet de différents accords d'étape.
Ces accords d'étape ont été étendus et doivent donc être appliqués par l'ensemble des producteurs dont les productions sont parties prenantes au COSIP (Compte de Soutien à l'Industrie des Programmes).
Un des accords d'étape a établi les salaires minimum applicables, qui sont de plusieurs niveaux, en fonction du coût global de production et de la destination de la production (chaîne nationale ou chaîne locale).

> Cette convention ainsi que les tarifs minimum sont consultables sur le site de l'USPA (Union Syndicale de la Production Audiovisuelle), signataire de cette convention avec les syndicats de salariés : www.uspa.fr

A noter que l'USPA met à disposition de ses membres un contrat type de CDD qui reprend les principales caractéristiques des accords d'étape.

> Quelle convention appliquer pour une société qui produit indifféremment pour le cinéma ou la télévision ?

La cour de cassation, dans une décision datée du 26 novembre 2002, a précisé que la convention collective applicable à l'entreprise est celle qui correspond à son activité principale.
Ne peut donc désormais s'appliquer qu'une seule et même convention au sein d'une même société. Il s'agit de celle qui correspond à l'activité principale de l'entreprise.

- Télévision : sont d'application obligatoire les accords d'étape des 10/04/00, 12/04/01 et 28/09/01 pour les techniciens et la convention collective du 30/12/92 pour les artistes interprètes TV.
- Cinéma : aucune convention collective d'application obligatoire pour les techniciens mais la convention collective du 07/06/90 est d'application obligatoire pour les artistes interprètes de cinéma.

L'activité principale de l'entreprise est appréciée par la jurisprudence comme étant l'activité occupant le plus grand nombre de salariés et/ou l'activité à l'origine du chiffre d'affaires le plus élevé.

Exemple : une société de production dont l'activité principale est le cinéma, qui n'est pas membre de la Chambre Syndicale des Producteurs : quand elle produit un film, elle devra uniquement respecter la convention des artistes interprètes de cinéma, et quand elle produit un téléfilm elle n'aura aucune convention à respecter.

LE DEVIS

I- ETABLISSEMENT DU DEVIS

Le devis est un élément extrêmement important dans l'exercice des fonctions de producteur, car il sert à déterminer l'enveloppe financière nécessaire à la production, il détermine les bases du plan de financement, et il est l'indicateur de viabilité d'un projet.

Les difficultés du devis se trouvent dans le fait que souvent il est élaboré à un stade préliminaire (plusieurs mois avant la fabrication du film), alors qu'il subsiste de nombreuses inconnues artistiques et économiques qui peuvent en modifier le chiffrage, comme :

- le coût de l'interprétation,
- le coût des décors,
- le coût des effets spéciaux,
- le nombre précis de collaborateurs dans l'équipe technique,
- le montant des frais financiers,
- le nombre de jours de tournage,
- etc.

Il est fréquent que le producteur fasse appel à un directeur de production uniquement pour le calcul du devis et que celui-ci ne soit engagé que plus tard (s'il est encore libre) lorsque le financement est mis en place et que la préparation se met en route.

Il est important de structurer son devis de façon à connaître avec précision le planning d'investissement en fonction de l'avancement du projet.

La structure la plus efficace consiste à décomposer les trois stades de la fabrication d'un film :

- la préparation,
- le tournage,
- la post production et les finitions.

Chacun de ces stades étant eux-mêmes décomposés en nombre de semaines.

Il est possible avec cette méthode de connaître avec précision les investissements hebdomadaires des 35 à 50 semaines qui vont s'écouler entre le 1er jour de préparation et la sortie du laboratoire de la copie standard ou du master vidéo *"prêt à diffuser"*.

Si le devis, qui sera la base de négociation pour les différents intervenants financiers, **doit être établi hors TVA**, il est extrêmement important de **réintégrer cette TVA pour les calculs des investissements**, car elle sera à financer tout au long de la fabrication du film.
Il existe en général deux devis pour le même projet : le devis interne qui constitue la référence financière à partir duquel la décision de production va être prise, et le devis externe, celui qui circule pour les investisseurs et pour les institutionnels ; ce devis numéro deux est quelquefois supérieur de 30 à 40 % au devis n°1.

II- LES POSTES DU DEVIS

Le devis que nous présentons sur notre site est conforme aux dispositions du plan comptable professionnel, qui classe les coûts de production en 9 rubriques.

Ce devis définit les éléments de calcul qui ont été pris en compte pour l'élaboration de l'estimation financière et reprend globalement les postes fractionnés selon les 3 stades de la préparation, du tournage et de la finition, et fait figurer le montant de la TVA.

En général, le devis fait référence pour **le montant des salaires des techniciens** à la convention de la production *(voir chapitre "conventions collectives")*, les tarifs minimums figurant dans cette convention étant négociés 2 fois par an, **il est important dans le devis d'anticiper sur ces tarifs**. En effet, un devis établi au mois de décembre pour un tournage prévu en septembre de l'année suivante devra intégrer les augmentations des minimums syndicaux de janvier et juillet.

Il faut aussi tenir compte des 35 heures, et donc provisionner un montant conséquent d'heures supplémentaires.
Sur un tournage, on avoisine plus les 50 heures, voire plus encore pour ceux qui font la préparation du tournage et le montage.

1- Commentaires sur quelques postes particuliers du devis

> Poste 21 : Producteur

Il n'y a pas de norme ni d'usage en matière d'estimation financière du producteur délégué, c'est un peu à la tête du client et c'est un peu ce que l'on peut faire accepter aux co-intervenants financier.
On a pu remarquer au vu des devis, qu'en général le montant du salaire du producteur délégué se situe entre 5 % et 8 % du montant du devis lorsqu'il est inférieur ou égal à 1,5 M€ et entre 3 % et 6 % pour les montants supérieurs (devis hors frais généraux et imprévus).

Il faut bien voir que le salaire du producteur qui figure dans le devis sera compris dans la masse générale pour le calcul des charges sociales.
Par exemple si le salaire du producteur délégué est de 200 000 euros et que l'on estime un montant de charge de l'ordre de 50 %, soit 100 000 euros, c'est donc une masse globale de 300 000 euros qui sera comprise dans le devis.

> *Poste 4 : Charges sociales*

On a l'habitude dans un devis de majorer globalement de 50 % le montant des salaires soumis aux cotisations sociales, il est évident que c'est une estimation à la louche, et qu'une bonne estimation proche de la réalité demande un calcul plus détaillé réalisé avec grande précision par un comptable.
D'une part, un salaire net est inférieur à un salaire brut, d'autre part, le calcul des charges patronales tient compte de divers éléments de type cadre ou non cadre, plafonds, etc.

Il y a lieu de provisionner les charges du type apprentissage, formation, etc. qui ne sont payables qu'une fois l'an.

Les charges sociales des auteurs sont différentes dans les éléments de calcul des charges sociales du personnel technique et artistique.

Des logiciels de devis permettent d'affecter les taux par poste, ce qui permet d'affiner les taux de charges.

> *Dépenses hors production à la charge du producteur*

Un certain nombre de dépenses sont à la charge du producteur sans pour autant constituer une dépense spécifique de production. Il s'agit notamment des dépenses de promotion du type : création d'un site web, version anglaise, documents de communication, etc.
Il est fortement conseillé de les inclure dans le devis car ils sont fondamentalement à la charge du producteur.

> *Les frais généraux*

L'usage et la pratique font que le montant des frais généraux à imputer dans le devis est de 7 % du total. Ce pourcentage est admis et reconnu par l'ensemble des intervenants financiers.

> *Les imprévus*

Comme leur nom l'indique, il s'agit d'une estimation financière qui constitue une sécurité en cas de dépassement.
Bien qu'il n'y ait aucune relation, cela s'apparente un peu à une garantie de bonne fin.

Il est d'usage de calculer le montant des imprévus à hauteur de 10 % de la totalité du coût, frais généraux compris.
Les intervenants financiers acceptent d'autant plus la prise en compte des imprévus dans un devis que leur intervention est forfaitisée quel que soit le coût définitif du film.

On peut dire que bien souvent la totalisation des imprévus, des frais généraux, du salaire du producteur délégué charges sociales comprises, correspond à l'apport du producteur.

Pour les lecteurs qui souhaiteraient avoir des informations très détaillées sur l'élaboration du devis, nous leur conseillons de se procurer l'ouvrage intitulé "La Direction de production" (Dixit, 2044) écrit par deux experts, Jacques FAURE et Henri VART.

> Les logiciels de gestion

Deux logiciels de gestion sont indispensables pour la production : MOVIE BASE REALISATION et MOVIEBASE PRODUCTION.
Ce sont deux logiciels français de grande qualité qui font gagner beaucoup de temps en préparation et en gestion de production.

- MovieBase Réalisation : ce logiciel permet de prendre en charge l'ensemble des étapes intervenant dans le processus de préparation d'un film ou d'une fiction : intégration du scénario dans la base de données, saisie assistée du dépouillement des séquences, création de multiples plans de travail, génération de la feuille de service, rapport de la scripte.
  Cet outil ne nécessite aucun autre logiciel supplémentaire, il favorise le télétravail, intègre le scénario et permet la communication avec l'ensemble de l'équipe de préparation, il s'interface avec MovieBase Production.
- MovieBase Production : ce logiciel permet le suivi administratif et financier d'un projet audiovisuel : budget, création de devis comparatifs, gestion des contrats et bons de commande, plan de financement, mises en paiement, comparaison "coût/devis", calcul des indicateurs...
  Cette application importe les données de MovieBase réalisation, facilite la communication avec les partenaires financiers et s'interface avec la paie et la comptabilité (devis d'un film établi en 3 jours).

III- SYNTHESE D'UN DEVIS (document de synthèse)

Producteur délégué :..
Réalisateur :
Directeur de production : ....
Production :
Dates prévisionnelles : Préparation : .... Tournage :

Eléments de calcul

Préparation	(semaine de 5 ou 6 jours)
Tournage	(semaine de 5 ou 6 jours)
Jours supplémentaires	(combien sont comptabilisés)
Jours ouvrés	(le nombre)
Heures supplémentaires	(ne pas oublier l'impact des 35 h)
Tarif syndical du	(date du tarif syndical)
Hors devis	(éléments non comptabilisés)
Montage image	(nombre de semaines)
Montage son	(nombre de semaines)
Post-synchro	(nombre d'heures audi)
Bruitage	(nombre d'heures audi)
Mixage	(nombre d'heures audi)
Pellicule négative 35	(le métrage)
Montage final	(le métrage)
Minutage final	(le minutage)

Récapitulatif

	Préparation	Tournage	Finition	Total devis
I- Droits artistiques II- Personnel III- Interprétation IV- Charges sociales V- Décors et costumes VI- Transports, Défraiements, Régie VII- Moyens techniques VIII- Pellicules et laboratoires IX- Assurance et divers				
TOTAL hors imprévus et frais généraux				

Frais généraux 7% Frais financiers Imprévus 10% Total général TVA à financer	
Total TTC	

Le devis étant un élément en perpétuel mouvement, il nous a paru plus efficace pour nos lecteurs de leur proposer de le télécharger.

Retrouvez le devis et d'autres documents sur notre site :

www.dixit.fr *rubrique "services"*

Le document que vous aurez téléchargé vous permettra le calcul automatique du devis en fonction des éléments que vous paramètrerez.
Ce devis étant amené à évoluer, vous disposerez en permanence de la version actualisée.

L'APPORT PRODUCTEUR DANS LE FINANCEMENT

I- Qu'est-ce qu'un bon financement ?

II- Exemple d'apport financier

III- Exemple de plan de financement

I- QU'EST-CE QU'UN BON FINANCEMENT POUR UN FILM ?

Est-ce un montage financier où le coût prévisionnel du film est complètement couvert, est-ce un montage où il subsiste un risque financier conséquent ?

Il n'y a pas de réponse formelle à cette interrogation, certains professionnels défendent le principe d'avoir une couverture complète de l'investissement, pour ne pas mettre en péril la société qui produit, d'autres pensent qu'il est pratiquement vital qu'il y ait un risque financier pour inciter le producteur à être plus créatif, plus attentif, plus performant.

Si le risque financier est supportable pour un film de cinéma qui a normalement un potentiel d'exploitation salle, de vente à l'étranger de diffusion télévisuelle et vidéo et une valeur non négligeable du négatif. Par contre, il est difficilement supportable pour un téléfilm dans la mesure où l'exportation est très faible et le second marché balbutiant.

En tout état de cause il est nécessaire qu'un devis de film (hors l'apport producteur, les frais généraux et les imprévus) soit financé en totalité, ne serait-ce que sur le papier, car si ce n'est pas le cas il sera difficile, voire impossible, de faire intervenir les organismes financiers nécessaires à l'escompte des contrats.

C'est bien souvent "l'apport producteur + les frais généraux + les imprévus"qui servent de soupape pour la viabilité du financement, et on va voir comment.

II- EXEMPLE D'APPORT PRODUCTEUR

Prenons l'exemple d'un film produit en 2004 dont le budget annoncé est de 6 140 160 euros. Son devis s'établit comme suit :

Droits artistiques	230 000
Personnel	1 270 000
(dont Producteur Délégué 275 000)	
Interprétation	920 000
Charges sociales	900 000
(dont 137 000 sur le Producteur Délégué)	
Décors et costumes	360 000
Transport Défraiements Régie	458 000
Moyens techniques	460 000
Pellicule et laboratoire	360 000
Assurances Frais financiers et Divers	290 000
Total	**5 248 000**
Frais généraux 7 %	367 360
Imprévus 10 %	524 800
TOTAL GENERAL	***6 140 160***

Dans ce devis l'apport du producteur est le suivant :

Salaire du Producteur Délégué	275 000
Charges sociales Producteur Délégué	137 000
Frais Généraux	367 360
Imprévus	524 800
TOTAL	***1 304 160***

Sur ce devis c'est 1 304 160 euros qui sont apportés par le producteur délégué, soit 21% du budget.

Ces 1 304 160 euros constituent la flexibilité de financement dans le devis, c'est l'apport en industrie du Producteur Délégué.

Cela permet au producteur d'avoir une impasse financière de 1 304 160 euros sur le financement, sans pour autant prendre un risque financier d'investissement.

Si le producteur veut couvrir les dépenses du film, il faudra qu'il obtienne en financement 4 836 000 euros (le coût du film de 6 140 160 – moins l'apport producteur de 1 304 160).

III- LE PLAN DE FINANCEMENT DU FILM

Suivons l'exemple de ce film et regardons comment il a été financé; c'est un film 100 % français sans coproducteur étranger :

1°) Apport Producteur Français	
- Producteur Délégué	290 160
- Chaînes généralistes	680 000
2°) Investissement Sofica	
- Sofica X	500 000
3°) Minimum garanti distributeur salle	1 200 000
4°) Minimum garanti sur les ventes à l'étranger	150 000
5°) Droit d'Antenne	
- Chaînes généralistes (1 passage)	1 000 000
- Chaînes cryptées	2 000 000
6°) Sponsors (placement de produit)	100 000
7°) Conseil régional de "X"	220 000
TOTAL	***6 140 160***

Ce film de 6 140 160 euros a été financé par des apports extérieurs pour un montant de 5 850 000 euros, c'est-à-dire le montant total de financement (6 140 160) diminué de l'apport du producteur délégué (290 160).

Si l'on compare le plan de financement par rapport au devis, on constate que dans le devis l'apport en industrie du producteur était de 1 304 160 euros (producteur délégué + C.S. + Frais généraux + Imprévues) et que dans le plan de financement le montant non financé par les apports extérieurs est de 290 160 euros.

Apport producteur en industrie	1 304 160
Montant non financé dans le devis	290 160
Marge du producteur	**1 014 000**

Dans ce cas de figure, si le film est bien géré, et que le coût définitif est égal au coût prévisionnel, le producteur aura réalisé une marge de 1 014 160 euros.

Devis du film hors apport en industrie du producteur	4 836 000
Financement obtenu hors apport producteur délégué	5 850 000
Soit une différence de	**1 014 000**

Nous avons pris l'exemple de ce film car il est significatif d'un certain nombre de films, il ne faut pas néanmoins en déduire que tous les films se trouvent dans cette situation.

Il était important de se rendre compte de ce que représente l'apport producteur et de son rôle de flexibilité par rapport au financement. Cette flexibilité peut prendre plus ou moins d'ampleur si le devis d'origine a été estimé "serré" ou "large"; il y a là encore, une marge de manœuvre.

Tout ce qui vient d'être décrit est une hypothèse de travail, il faudra à un moment donné produire le film et sur un tournage tout peut arriver et y compris des dépassements importants, pouvant entraîner l'explosion du devis et l'anéantissement de la marge.

On peut aussi imaginer l'évolution de la marge du producteur si le devis du film a été surestimé, comme c'est souvent le cas.

L'exemple chiffré donné dans ce chapitre correspond à un film produit en 2004 et sorti sur les écrans en 2005; l'exploitation a été un échec puisque le film a fait moins de 50 000 entrées France et qu'il n'a pas couvert les frais de publicité et le minimum garanti du distributeur, par contre il a généré un peu de compte de soutien au crédit des producteurs.

Pour ceux qui souhaitent rentrer plus dans le détail du financement des films, nous leur conseillons de se procurer l'ouvrage "Financement des films" de Franck Priot (Dixit, 2005).

LA RECETTE NETTE PART PRODUCTEUR

I- Rôle et fonctionnement

II- Définition de la RNPP

III- Cas particulier :
Coproduction avec un partenaire étranger

I- ROLE ET FONCTIONNEMENT

La RECETTE NETTE PART PRODUCTEUR plus communément appelée la RNPP est un élément fondamental dans l'exercice du métier de producteur.

La RNPP constitue la base de calcul, la référence financière, à partir de laquelle le Producteur Délégué procède à la répartition financière des différents intervenants, lorsqu'ils sont intéressés aux recettes du film, ou du programme audiovisuel.

Dans une production audiovisuelle il y a deux grandes masses financières :

- la masse du financement, connue à l'avance,
- la masse des recettes à provenir de l'exploitation,
- c'est-à-dire toutes celles qui ne sont pas dans le financement.

Une des caractéristiques de ce métier, c'est que d'une part on ne connaît pas les recettes à provenir de l'exploitation, l'échelle peut être de "0" à plusieurs millions d'euros, et d'autre part, au-delà du financement du film, on ne connaît pas non plus le montant des investissements à mobiliser pour organiser cette exploitation.

Pour éviter toute discussion, tout conflit, tout contentieux, il est nécessaire d'avoir une définition de la RNPP qui prévoit tous les cas de figure possible.

À chaque fois qu'un euro de recette va rentrer, le producteur délégué va devoir répartir entre les partenaires qui sont indexés sur la RNPP.

Il peut s'agir de :

- le ou les auteur(s),
- le ou les adaptateur(s),
- le ou les dialoguiste(s),
- le réalisateur.
- le ou les acteur(s) s'ils ont un intéressement,
- le ou les technicien(s) s'ils ont un intéressement,
- le ou les coproducteur(s) et en particulier les chaînes,
- le ou les Sofica,
- d'une manière générale tout participant aux recettes de commercialisation.

On pourrait imaginer que cette répartition soit d'une grande simplicité, et que compte tenu des contrats qui ont été signés, il suffit au producteur délégué d'appliquer le pourcentage sur les recettes, de faire ce que l'on appelle une règle de trois pour déterminer la quote-part de chacun.

En fait la réalité est tout autre car bien souvent, voire systématiquement, pour générer des recettes d'exploitation, il aura fallu faire des investissements : rémunérer des commerciaux, commissionner différents intermédiaires, fournir du matériel, etc.
Par exemple, si vous voulez vendre votre film en Argentine, il faudra envoyer une copie à Buenos Aires, donner une commission à un intermédiaire argentin, fournir un jeu de photos, un internégatif etc. : il sera donc nécessaire avant de répartir la recette Argentine, de déduire de cette recette les investissements nécessités par cette commercialisation, c'est le but de la RNPP : déterminer avec précision la nature et le montant de la recette nette à répartir.

II- DEFINITION DE LA RNPP

Nous proposons ici une définition de RNPP, elle a fait ses preuves; elle liste l'ensemble des investissements qui peuvent se présenter pour accéder à la commercialisation, elle est décomposée en 4 secteurs d'exploitation :

- les salles de cinéma en France,
- la vidéo en France,
- la télévision et le câble en France,
- l'exportation.

Dans chacun de ces secteurs nous avons listé les frais qui étaient susceptibles d'être investis pour l'exploitation; la RNPP se présente donc, sous déduction de différents éléments financiers inconnus au moment de la production du film, du téléfilm ou du documentaire.

Les recettes du compte de soutien ne sont pas cessibles et par conséquent ne peuvent pas faire partie de la RNPP.

> *Définition*

La RECETTE NETTE PART PRODUCTEUR (RNPP) hors taxes est égale à l'intégralité des recettes provenant de l'exploitation du film, en tous formats, en toutes langues, à n'importe quel titre, par tous moyens et ce dans le monde entier, sous déduction des charges d'exploitations énumérées ci-après.

Elle représente en conséquence :

1. **Pour l'exploitation commerciale salle en France**
   Le montant de la recette distributeur sous déduction :

- du minimum garanti versé par le distributeur (s'il ne fait pas partie du financement du film),
- de la commission de distribution (on peut indiquer ici un taux maximum de commission),
- des montants des frais de promotion (indiquer la liste de ces frais : attachés de presse, fabrication d'une affiche, d'un dossier de presse, extrait pour la TV, jeux de photos, extraits de presse, etc.),
- du prix des copies du film, du préfilm annonce, du film annonce, du ou des courts métrages et de leur entretien,
- du coût d'un film de reportage de promotion (making of) réalisé sur le tournage du film,
- des projections de presse,
- de la création et de la gestion d'un site web,
- du déplacement des comédiens et leurs frais de représentation à Paris et en province,
- des frais de déplacement en cas de sélection dans un Festival en France,
- des négatifs de sécurité (s'ils ne sont pas compris dans le coût du film),
- d'un master vidéo et numérique
- des cotisations dues au Centre National de la Cinématographie.

2. **Pour l'exploitation vidéographique en France**
   Les sommes effectivement encaissées par le producteur sous déduction :

- des commissions de vente et d'intermédiaires (on peut indiquer un montant maximum de commission),
- des frais techniques afférant à cette exploitation (master vidéo, master numérique, jaquette, fourniture, documents photographiques etc.),
- des cotisations ou taxes dues au titre de cette exploitation.

3. **Pour l'exploitation sur le câble, à la télévision et l'exploitation des droits non-commerciaux en France**
   Les sommes effectivement encaissées par le producteur sous déduction :

- des commissions de vente et d'intermédiaires (on peut fixer un pourcentage maximum),

- des taxes et cotisations exigibles du producteur sur les recettes dont il est question,
- des frais inhérents à cette exploitation (copie et FA film et/ou vidéo, documents photographiques),
- des frais d'édition du matériel original (en 16mm pour l'exploitation non commerciale).

4. **Pour l'exploitation étrangère**

   Les sommes effectivement encaissées par le producteur sous déduction :

- des commissions de vente et d'intermédiaires (on peut fixer un pourcentage maximum),
- des cotisations dues au CNC,
- des pourcentages à revenir à la SACEM au titre des pays non statutaires (certains pays n'étant pas signataires de l'accord SACEM, c'est au producteur de verser cette redevance à la SACEM, qui se situe de 2,5 à 3% du montant des contrats de vente).
- des frais inhérents à l'exploitation à l'étranger, à savoir : fourniture d'un internégatif du film et FA, de master vidéo et numérique du film et FA, de dupliphotos, de la fourniture du matériel de presse photo et audiovisuel, des fonds de génériques, du déplacement du réalisateur, des comédiens, du producteur, etc.
- des frais occasionnés par le voyage et le séjour des comédiens pour la promotion à l'étranger,
- des frais occasionnés par le voyage et le séjour du metteur en scène si sa présence est nécessaire pour le suivi des versions étrangères et/ou la promotion du film à l'étranger,
- des frais engagés pour accéder à ces marchés étrangers, à savoir participation à des marchés, festivals, publicités dans la presse professionnelle étrangère, etc.,
- des frais d'adaptation et de sous-titrage d'une version étrangère, d'une copie sous-titrée et de copies en différents standards internationaux,
- d'une plaquette publicitaire en plusieurs langues,
- des frais de transport et de douane.

Ces éléments à prendre en compte pour déterminer la RNPP sont soumis à l'appréciation de chaque cas particulier et doivent impérativement figurer dans les contrats des ayants droit respectifs sous peine de donner lieu à des contestations.

L'usage et la pratique veulent que le producteur délégué losqu'il est amené à établir le relevé des frais dans son compte de répartition joigne une copie des factures correspondantes.
Nous avons pris comme principe de proposer une RNPP au sens le plus large possible, pour un film cinématographique, il est bien évident que cette RNPP s'adapte en fonction du type de production : téléfilm, documentaire, etc.

Notre conseil est de laisser pour un téléfilm la définition de la RNPP concernant l'exploitation en salle, car c'est un cas de figure qui peut se présenter.

III- CAS PARTICULIER OU LE FILM SERAIT CO-PRODUIT AVEC UN PARTENAIRE ETRANGER

Dans l'hypothèse où le film serait une coproduction étrangère, le coproducteur étranger pourrait se réserver l'exploitation totale d'un certain nombre de territoires en contrepartie de son apport de coproduction.
Dans ce cas de figure, il n'y aurait pas de RNPP sur ces territoires.
Il incombe alors aux parties de s'entendre sur ce cas particulier.

On peut prévoir deux types d'accords :

a) soit l'apport du coproducteur fait partie du financement du film et il n'y a pas lieu d'en attribuer une recette au titre de la RNPP,

b) soit on peut considérer tout ou partie de l'apport du coproducteur comme une recette forfaitaire pour l'ensemble des pays qui lui sont concédés et la comptabiliser à partir de ce montant forfaitaire sur la RNPP.

Toute autre formule peut aussi être envisagée.

L'ARBITRAGE

I- Rôle et fonctionnement de l'arbitrage

II- Règlement d'arbitrage de l'ACPCA

III- Règlement d'arbitrage de l'AMAPA

I- ROLE ET FONCTIONNEMENT DE L'ARBITRAGE

On a l'habitude de mettre à la fin de nos contrats un article qui dit à peu près ceci :

> ***"en cas de litige, les parties feront attribution de compétence et de juridiction aux Tribunaux de Paris"***

On oublie souvent que notre profession a un fonctionnement, un langage, un code très particulier qui est souvent mal compris, ou pas compris du tout par les Magistrats. C'est la raison pour laquelle a été créée une instance professionnelle d'Arbitrage adaptée à régler les relations conflictuelles dans notre secteur d'activité.

En effet, indépendamment des procédures portées devant les tribunaux de l'ordre judiciaire, les litiges d'ordre commercial peuvent être tranchés par voie d'arbitrage. Les organisations professionnelles de l'audiovisuel ont confiés à deux associations le soin de mettre en œuvre des arbitrages, pour régler les litiges relatifs aux œuvres cinématographiques et audiovisuelles :

- l'**ACPCA** (Arbitrage et Conciliation Pour le Cinéma et l'Audiovisuel), pour les litiges entre les entreprises
- l'**AMAPA** (Association de Médiation et d'Arbitrage des Professionnels de l'Audiovisuel), pour les litiges entre les sociétés de production et les auteurs

L'arbitrage allie compétence et rapidité. Compétence, de par les personnalités qui rendent les sentences. Les litiges sont jugés par des professionnels de l'audiovisuel à qui il n'est pas nécessaire d'expliquer ce qu'est un producteur, un distributeur ou un auteur, ni comment on arrête le budget ou les comptes d'un film. Lors des audiences, on va donc à l'essentiel, les arbitres savent poser aux parties les questions qui importent et ils ne peuvent être induits en erreur par des détails techniques.

De plus, les affaires sont examinées par des personnes proposées par leurs organisations professionnelles pour figurer sur les listes d'arbitres; c'est un nombre assez réduit d'hommes du métier qui étudient les dossiers préparés par les quelques avocats ou conseils juridiques spécialisés dans l'audiovisuel.

Sauf bien entendu si l'une des parties multiplie des manœuvres dilatoires, il est possible d'organiser dans un délai de quelques semaines une réunion et d'obtenir peu après une sentence arbitrale. Il n'y a pas encombrement du rôle de la commission d'arbitrage comme dans certaines juridictions.

Rappelons qu'une sentence arbitrale revêtue de l'exequatur du Président du Tribunal de grande instance a les qualités et la force d'une décision rendue par un tribunal de l'ordre judiciaire et peut être exécutée par tout huissier de justice.

Enfin, l'arbitrage est économique : les frais de dossier et les honoraires des arbitres sont modestes : il n'est pas nécessaire de recourir au ministère d'un avocat...

II- REGLEMENT D'ARBITRAGE DE L'ACPCA

Le règlement d'arbitrage de l'A.C.P.C.A. s'applique pour un litige entre parties françaises ou entre une partie française et une partie étrangère. Nous avons alors affaire à un arbitrage international selon une procédure de droit français. D'autres arbitrages internationaux sont mis en œuvre par l'A.C.P.C.A. : ceux prévus par l'article 8 des conditions générales des contrats de diffusion de films établis par les organisations internationales de producteurs : lorsqu'un tel arbitrage a lieu à Paris, les organisations françaises de producteurs ont confié à l'A.C.P.C.A. le soin d'en organiser le greffe. Il arrive que ces contrats soient utilisés par deux entreprises françaises pour la diffusion en France d'un film mais, la procédure de cet article 8 prévoyant que l'arbitrage sera rendu par deux arbitres et l'article 1453 du Nouveau code de procédure civile obligeant, pour les arbitrages internes, le Tribunal Arbitral à être composé d'un arbitre ou d'un nombre impair d'arbitres, lors de la rédaction du procès-verbal de première comparution devant les arbitres, un aménagement est nécessaire pour prévoir la désignation du troisième arbitre. Il en est de même pour les procédures nées à propos de contrats anciens comportant une clause compromissoire décriant une procédure à deux arbitres. En matière d'arbitrage international, il est possible d'avoir un Tribunal Arbitral composé de deux arbitres seulement.

Pour pouvoir saisir le Tribunal Arbitral, il faut l'avoir prévu à l'origine dans son contrat, où l'on peut mettre le texte suivant :

> ***"Tous les litiges d'ordre commercial concernant notamment la validité, l'exécution ou l'interprétation des présentes, seront réglés par voie d'arbitrage selon le règlement d'arbitrage de l'association "Arbitrage et Conciliation pour le Cinéma et l'Audiovisuel" (74 Avenue Kléber 75016 Paris) que les soussignés déclarent connaître."***

L'ACPCA propose aussi une procédure d'urgence permettant, avec un arbitre unique désigné par les parties, d'obtenir une sentence dans un délai de quinze jours.

Nous reproduisons ci-après le règlement arbitral de l'association "Arbitrage et Conciliation pour le Cinéma et l'Audiovisuel"
(décret paru le 14 mai 1980 relatif à l'arbitrage et destiné à s'intégrer dans le Nouveau code de procédure civile)

Article Premier
Le présent règlement d'arbitrage s'applique à tout litige d'ordre commercial concernant notamment la validité, l'exécution ou l'interprétation des contrats qui comportent une clause de référence à l'arbitrage de l'A.C.P.C.A.

Article 2
L'exécution de ce règlement est assurée par le Secrétariat de l'A.C.P.C.A. (74 Avenue Kléber 75016 Paris) chargé du greffe des arbitrages.

Article 3
La partie demanderesse en arbitrage adresse à l'A.C.P.C.A. une requête en cinq exemplaires exposant l'objet du litige, la nature de sa demande et les motifs invoqués à l'appui de celle-ci. Elle doit également indiquer le nom du conciliateur choisi par elle, ce conciliateur ne pouvant être choisi que sur la liste établie par l'A.C.P.C.A. selon les désignations faites par les organisations professionnelles membres de l'Association.
La partie demanderesse doit joindre un dossier comprenant toutes pièces et tous documents utiles en cinq exemplaires ainsi que le montant des frais à consigner par chèque ou mandat à l'ordre de l'A.C.P.C.A., montant que cette association lui fait connaître et dont le taux est fixé annuellement par les organisations professionnelles associées.
L'affaire ne peut être inscrite au rôle qu'après encaissement par l'A.C.P.C.A. de ladite consignation.

Article 4
L'A.C.P.C.A. adresse à la partie défenderesse un exemplaire de la requête en arbitrage ainsi qu'un exemplaire de chacune des pièces telles que produites par le demandeur.
Cet envoi est fait par lettre recommandée avec accusé de réception et contient une mise en demeure faite au défendeur d'avoir à déposer son propre dossier en cinq exemplaires. Ce dossier doit comporter ses arguments de défense, les pièces à l'appui, éventuellement sa demande reconventionnelle, ainsi que le nom du conciliateur régulièrement choisi par elle sur la liste établie par l'A.C.P.C.A. Ce dépôt doit être effectué dans le délai d'un mois de la réception de la lettre recommandée émanant de l'A.C.P.C.A.

Article 5

A défaut par la partie défenderesse de faire connaître à l'A.C.P.C.A. dans le délai d'un mois prévu à l'article précédent le nom du conciliateur régulièrement choisi par elle, ce conciliateur est, sur requête de l'A.C.P.C.A., désigné d'office sur la liste de l'A.C.P.C.A. par le Président de l'organisation professionnelle dont relève l'activité du défendeur défaillant.

Article 6

Dès que les deux conciliateurs sont régulièrement désignés, l'A.C.P.C.A. envoie à chacun d'eux un exemplaire du dossier du demandeur et un exemplaire du dossier du défendeur.

Les deux conciliateurs font une tentative de conciliation avant l'ouverture de la procédure d'arbitrage.

A cet effet, l'A.C.P.C.A. convoque les parties devant les deux conciliateurs par lettre recommandée avec accusé de réception envoyée au moins huit jours à l'avance. Les parties peuvent se faire représenter par un mandataire de leur choix muni d'un pouvoir par simple lettre. Les avocats inscrits au barreau sont dispensés de pouvoir. Elles peuvent se faire assister par tout conseil de leur choix, même membre de leur groupement professionnel (Syndicat ou Fédération).

Les conciliateurs rédigent soit un procès-verbal de conciliation, soit un procès verbal de non conciliation, soit un procès-verbal de défaut.

En cas de non conciliation ou de défaut, les deux conciliateurs deviennent arbitres et désignent un troisième arbitre dans les trois semaines du procès-verbal.

A défaut d'accord sur le choix du troisième arbitre dans le délai prévu à l'alinéa précédent, constat de ce désaccord est fait par l'A.C.P.C.A. et est notifié par cette dernière aux parties et au Président en exercice de l'A.C.P.C.A. Le Président en exercice désigne, dans un délai de quinze jours, le troisième arbitre parmi les personnalités figurant dans le collège "juristes 3e arbitre" de la liste de l'A.C.P.C.A.

Quand le Président en exercice de l'A.C.P.C.A. se trouve être arbitre dans une affaire et en désaccord avec l'autre arbitre sur le choix du 3è arbitre, ce dernier est alors désigné par le Président de l'organisation professionnelle désigné par le sort pour lui succéder à la présidence de l'A.C.P.C.A.

Article 7

Les parties sont convoquées par devant le Tribunal Arbitral par lettre recommandée avec accusé de réception envoyée, au moins huit jours à l'avance, par l'A.C.P.C.A.
Les parties peuvent se refaire représenter par un mandataire de leur choix muni d'un pouvoir par simple lettre. Les avocats inscrits au barreau sont dispensés de pouvoir.
Elles peuvent se faire assister par tout conseil de leur choix, même membre de leur groupement professionnel (Syndicat ou Fédération).
Le procès-verbal de première comparution dressé par le Tribunal Arbitral tiendra lieu de compromis.
La sentence du Tribunal Arbitral doit intervenir dans un délai de six mois à dater de la première comparution.

À la demande du Tribunal Arbitral, le Président de l'A.C.P.C.A., saisi avant l'expiration de ce délai de six mois, peut accorder une prorogation de délai de trois mois.
Quand le Président en exercice de l'A.C.P.C.A. se trouve être arbitre dans l'affaire en cause, cette demande est présentée au Président de l'organisation professionnelle désignée par le sort pour lui succéder à la présidence de l'A.C.P.C.A.

Article 8

Le Tribunal Arbitral n'est tenu d'observer ni les règles de procédure, ni les délais prescrits par le Code de Procédure Civile. Il statue comme amiable compositeur et en dernier ressort sans possibilité de voie de recours par appel ou par requête civile devant aucune juridiction.
Toutefois, si l'une des parties en manifeste le désir par écrit au plus tard le jour de la première comparution, la sentence est susceptible d'appel devant la Cour de Paris.
Le Tribunal Arbitral peut ordonner l'exécution provisoire de tout ou partie de la sentence nonobstant appel avec ou sans caution.
En cas de défaut, l'appel est obligatoirement réservé pour les deux parties.

Article 9

Le Tribunal Arbitral a la faculté de consulter tous experts dont l'avis lui paraît nécessaire.

Article 10

Les frais et redevances dus à l'A.C.P.C.A., les honoraires du troisième arbitre, du conciliateur désigné d'office, des experts éventuels, sont avancés par le demandeur et font partie des dépens sur le montant desquels la sentence statue.

Article 11 **- PROCEDURE D'URGENCE**

L'A.C.P.C.A. propose une procédure d'urgence permettant à un arbitre unique d'ordonner toutes les mesures qui ne se heurtent à aucune contestation sérieuse ou que justifie l'existence d'un différend :

1° - La partie demanderesse adresse au greffe de l'A.C.P.C.A. une demande d'arbitrage présentant sa requête. Cette demande est accompagnée du paiement des frais de dossier. Elle propose trois personnes choisies sur la liste établie par l'A.C.P.C.A. et mentionnée à l'article 3 de ce règlement. Ces personnes doivent être choisies parmi au moins deux des collèges de cette liste et au moins une d'entre elles doit figurer sur la liste du collège relevant de l'activité de la partie défenderesse.

2° - Par lettre recommandée avec accusé de réception, le greffe de l'A.C.P.C.A. notifie à la partie défenderesse la requête de la partie demanderesse et la liste des trois personnes proposées par cette dernière.

3° - Dans un délai de trois jours après réception de la lettre recommandée (les samedis et dimanches n'étant pas pris en compte), la partie défenderesse désigne, parmi les trois personnes proposées par la partie demanderesse, l'arbitre unique qui aura à connaître du litige.

A défaut par la partie défenderesse de faire connaître à l'A.C.P.C.A. dans ce délai de trois jours le nom de l'arbitre unique, celui-ci est, sur requête de l'A.C.P.C.A., désigné d'office par le Président de l'organisation professionnelle dont relève l'activité du défenseur défaillant parmi les trois personnes proposées par la partie demanderesse.

4° - L'arbitre unique convoque les parties pour une réunion d'arbitrage. A l'issue de cette réunion, l'arbitre met l'affaire en délibéré et doit rendre une sentence arbitrale
dans un délai de huit jours.

A sa demande, le Président de l'A.C.P.C.A., saisi avant l'expiration de ce délai de huit jours, peut accorder une prorogation de délai de quinze jours supplémentaires. Quand le Président en exercice de l'A.C.P.C.A. se trouve être arbitre dans l'affaire en cause, cette demande est présentée au Président de l'organisation professionnelle désignée par le sort pour lui succéder à la présidence de l'A.C.P.C.A.

Article 12
Il est fait application de ce règlement d'arbitrage dans sa rédaction à la date de présentation de la requête d'arbitrage.

MODELE DE CLAUSE COMPROMISSOIRE À INSERER DANS LES CONTRATS :

"Tous les litiges d'ordre commercial concernant notamment la validité, l'exécution ou l'interprétation des présentes, seront réglés par voie d'arbitrage, selon le règlement de l'association "Arbitrage et Conciliation pour le Cinéma et l'Audiovisuel "(anciennement Association Cinématographique Professionnelle de Conciliation et d'Arbitrage), 43 Boulevard Malesherbes, 75008 Paris, que les soussignés déclarent connaître."

On peut également ajouter dès la rédaction du contrat :

"La sentence sera rendue en dernier ressort sans possibilité de voie de recours par appel ou par requête civile devant aucune juridiction."

Une cinquantaine de professionnels appartenant aux secteurs de la production, de la distribution et de l'exploitation, constituent les arbitres habilités à siéger au Tribunal Arbitral ; on peut se procurer la liste auprès de l'ACPCA.

III- REGLEMENT D'ARBITRAGE DE L'AMAPA

Depuis 2002, l'USPA (UNION SYNDICALE DE LA PRODUCTION AUDIOVISUELLE) et l'UGS (UNION-GUILDE DES SCENARISTES) ont créé l'AMAPA (ASSOCIATION DE MEDIATION ET D'ARBITRAGE DES PROFESSIONNELS DE L'AUDIOVISUEL), qui est spécialisée dans les litiges entre producteurs et auteurs. Elle propose à la fois une procédure de médiation (la solution proposée devant toujours être acceptée par les parties) et une procédure d'arbitrage (la solution s'imposant aux parties comme une décision juridictionnelle). Les médiateurs-arbitres sont également des professionnels de l'audiovisuel (producteurs et scénaristes) et ils doivent proposer une médiation dans un délai de deux mois, ou rendre leur sentence arbitrale dans un délai de six mois seulement. Ils exercent leur fonction gratuitement et sont uniquement défrayés d'un montant forfaitaire fixé chaque année par l'Association.

Le règlement d'arbitrage de l'AMAPA s'applique pour un litige entre un producteur et un auteur. Le tribunal Arbitral est composé de trois arbitres : un choisi sur une liste de producteurs, un choisi sur une liste d'auteurs et un troisième arbitre Professeur de droit, spécialisé en droit d'auteur et en droit des contrats.
Pour pouvoir saisir le Tribunal Arbitral, il faut avoir prévu dans le contrat une "clause compromissoire", qui peut être ainsi rédigée :

> ***"Tout différend qui viendrait à se produire, en suite ou à l'occasion du Contrat concernant notamment sa validité, son interprétation ou/et son exécution, sera réglé par voie de médiation et, s'il y a lieu, d'arbitrage, conformément aux règlements de l'Association de médiation et d'arbitrage des professionnels de l'audiovisuel (AMAPA) auxquels les Parties déclarent adhérer, en leur qualité de professionnels.***
> ***Les parties acceptent d'ores et déjà qu'il soit fait application des règlements de médiation et d'arbitrage de l'AMAPA dans leur rédaction à la date du litige.***
> ***Il est rappelé que les Arbitres choisis statueront en amiables compositeurs, c'est-à-dire en équité, et prendront en compte l'ensemble du Protocole d'accord concernant les relations entre scénaristes et producteurs de télévision du 28 mai 2001 et notamment le Code de bonne conduite".***

En outre, si une telle clause ne figure pas dans leur contrat, les parties peuvent toujours signer un «compromis d'arbitrage » au moment de la survenance du conflit.

Nous reproduisons également ci-après le règlement d'arbitrage de l'ASSOCIATION DE MEDIATION ET D'ARBITRAGE DES PROFESSIONNELS DE L'AUDIOVISUEL

ARTICLE 1 : ADHESION

Les parties sont tenues à l'application des dispositions du présent règlement par la signature, avant litige, de tout contrat conclu entre un auteur et un producteur prévoyant son application ou, après naissance du litige, d'un compromis d'arbitrage désignant l'Association de Médiation et d'Arbitrage des Professionnels de l'Audiovisuel, ci-après l'Association, pour son organisation.

ARTICLE 2 : DEMANDE D'ARBITRAGE

L'Association est saisie par une demande d'arbitrage écrite qui indique :

- l'état civil ou la raison sociale, l'adresse et les coordonnées de chacune des parties.
- l'objet sommaire du litige, avec un rappel chronologique des faits,
- les demandes présentées,
- l'Arbitre et un Arbitre suppléant, dans les conditions prévues à l'article 7,
- l'adhésion expresse au présent règlement.

Cette demande est assortie de pièces justificatives accompagnées d'une liste numérotée décrivant ces pièces.

Elle est communiquée concomitamment aux autres parties et, en quatre exemplaires, à l'Association et doit être accompagnée du règlement de l'avance sur frais prévue à l'article 6.

ARTICLE 3 : REPONSE A LA DEMANDE

Une fois la demande enregistrée, l'Association en informe, par lettre recommandée avec accusé réception, l(es) autre(s) partie(s). Elle lui (leur) impartit un délai de 15 jours pour y répondre et, le cas échéant, contester de manière motivée la compétence de l'Association ou signifier son intention de présenter sa (leur) propre demande.

En l'absence de réponse écrite dans ce délai de quinzaine, l'Arbitrage se poursuivra.

La réponse, s'il y a, sera accompagnée, au plus tard quinze jours après, de l'objet sommaire du litige, avec un rappel chronologique des faits et, s'il y a lieu, les demandes présentées ainsi que les pièces justificatives accompagnée d'une liste numérotée et de la désignation de l'Arbitre et d'un Arbitre suppléant dans les conditions prévues à l'article 7.

Elle est communiquée concomitamment aux autres parties, notamment le demandeur et, en quatre exemplaires, à l'Association.

ARTICLE 4 : MEDIATION

Après réception par l'Association de la réponse à la demande et, en tout état de cause, au plus tard quinze jours après réception de la demande, l'Association met en œuvre la procédure de médiation, organisée suivant règlement séparé, sauf opposition de l'une des parties.

ARTICLE 5 : COMPARUTION

Chaque partie doit assister en personne aux séances du Tribunal Arbitral.
Le Producteur comparaît en la personne de son représentant légal ou d'une personne mandatée par lui par écrit, ayant pleine capacité de décision et occupant une fonction artistique ou/et technique dans la Société de production.

ARTICLE 6 : FRAIS DE L'ARBITRAGE

L'organisation même de l'Arbitrage et l'intervention des Arbitres Auteurs et Producteurs, issus du milieu professionnel, est gratuite.
Toutefois, afin de contribuer aux frais de chaque Arbitre, chacune des parties devra verser, pour le demandeur dès le dépôt de la demande et, pour les autres parties concomitamment au dépôt de leur première réponse, un montant forfaitaire qui est fixé, chaque année, par l'Association.
À l'issue du litige, l'Association détermine le montant total des frais d'arbitrage, compte-tenu des honoraires du Troisième arbitre et des frais supportés effectivement par l'Association pour l'organisation de la procédure. La sentence arbitrale précise la répartition finale entre les parties de ces frais.

ARTICLE 7 : NOMBRE ET NOMINATION DES ARBITRES

Le Tribunal arbitral est composé de trois Arbitres.
La désignation des deux premiers Arbitres est effectuée par les parties elles-mêmes, dans les conditions précisées aux articles 2 et 3, parmi les personnalités qualifiées préalablement choisies, pour l'année, par l'Association dans deux collèges, le collège d'Arbitres *"Producteurs"* et le collège d'Arbitres *"Auteurs"*, s'agissant de litiges entre Auteurs et Producteurs.
À défaut, en cas de carence de l'une des parties, si celle-ci persistait huit jours après la demande qui lui/leur sera faite par l'Association, la désignation du ou des Arbitres manquants serait effectuée par l'Association, parmi le ou les collèges correspondant à la partie défaillante.
La désignation du troisième Arbitre est faite par les deux premiers Arbitres parmi les personnalités qualifiées préalablement choisies, pour l'année, par l'Association dans le collège *"Troisième Arbitre"*.
À défaut, en cas de carence des deux premiers Arbitres, si celle-ci persistait huit jours après la demande qui leur sera faite par l'Association, la désignation du troisième Arbitre serait effectuée par l'Association dans le collège *"Troisième Arbitre"*.
Le *"Troisième Arbitre"* est le président du Tribunal arbitral.

ARTICLE 8 : INDEPENDANCE ET IMPARTIALITE DES ARBITRES

Les Arbitres doivent être indépendants des parties et, en particulier, n'avoir eu aucune relation contractuelle avec aucune d'elle.
Les Arbitres devront, le cas échéant, faire connaître dans les deux jours de leur désignation à chaque partie et à l'Association, les circonstances qui seraient de nature à affecter leur indépendance. Ils ne pourront alors être confirmés ou maintenus dans leur mission qu'après décision de l'Association, prise après que les parties aient donné leur avis.
Si les parties donnent un avis favorable pour le maintien du ou des Arbitres concernés dans leur mission, cela vaudra renonciation de leur part à demander la nullité de la sentence pour des circonstances dont elles ont été informées.

ARTICLE 9 : RECUSATION

La partie qui entend récuser un Arbitre doit adresser à l'Association une demande écrite motivée, dans les quinze jours de la désignation de l'Arbitre concerné, de la survenance de la cause de la récusation, ou de sa révélation.
Après avoir procédé a une instruction contradictoire, l'Association se prononce, dans un délai de quinze jours, sur cette demande. La procédure arbitrale est suspendue pendant cette instruction.

ARTICLE 10 : REMPLACEMENT DES ARBITRES

En cas d'empêchements, défaillance, décès ou récusation d'un Arbitre constatée par l'Association, il sera pourvu à son remplacement par le suppléant. À défaut, un autre arbitre sera désigné de la même façon qu'il avait été procédé à la désignation du premier. Le délai d'arbitrage étant suspendu depuis la survenance de la cause de remplacement, quelle qu'elle soit, jusqu'à l'acceptation de sa mission par le nouvel Arbitre.
Dans l'hypothèse du remplacement, pour quelque cause que ce soit, d'un Arbitre, les parties acceptent d'ores et déjà le choix du troisième Arbitre, s'il avait été désigné dans l'intervalle.

ARTICLE 11 : LIEU DE L'ARBITRAGE

Sauf convention contraire des parties, l'arbitrage a lieu, dans tout lieu choisi par l'Association à Paris, lieu où sera prononcée la sentence arbitrale, ce qui n'exclut pas que le Tribunal arbitral puisse se réunir en tout autre endroit.

ARTICLE 12 : REGLES APPLICABLES DANS LA PROCEDURE ARBITRALE

Lorsque le Tribunal arbitral est constitué, l'Association adresse à chacun de ses membres une copie des prétentions et demandes des parties ainsi que des pièces justificatives.

Il appartient ensuite au Tribunal arbitral d'organiser la procédure en fonction de la nature de l'affaire et en tenant compte des éventuelles dispositions prévues, d'un commun accord, par les parties, sans être tenu de suivre les règles établies pour les Tribunaux.
Les parties et les Arbitres sont néanmoins tenus de suivre les principes essentiels qui régissent les procès devant les tribunaux judiciaires, c'est-à-dire notamment :

- l'obligation pour les Arbitres de s'en tenir aux moyens et aux demandes présentés par les parties et de se prononcer sur celles-ci,
- le principe du contradictoire qui interdit aux Arbitres de se fonder sur des moyens dont les parties n'ont pas été en mesure de débattre contradictoirement devant eux et, pour les parties, de s'entretenir ou de correspondre, sans que l(es) autre(s) partie(s) en ai(en)t été informée(s), avec un ou les Arbitres,
- l'obligation pour les parties de transmettre toutes les informations et les pièces qu'elle entend utiliser à l'autre partie,
- l'obligation pour les parties de participer et de ne pas faire obstacle aux mesures d'instruction qui pourraient être sollicitées par le Tribunal Arbitral.

Le Tribunal procèdera, s'il l'estime utile, à l'établissement d'un procès-verbal qui pourra notamment fixer l'objet du litige qui lui est soumis, les demandes dont il est saisi et les modalités de la procédure arbitrale.
Les délibérations des Arbitres sont secrètes.

ARTICLE 13 : MEMOIRES ET NOTES ECRITES

Chaque partie a l'obligation de communiquer simultanément, par lettre recommandée avec accusé de réception, ou par lettre remise contre avis de réception toute correspondance, mémoire, dossier, pièce, à la ou aux autres parties ainsi qu'à l'Association qui se chargera de la communiquer à chacun des membres du Tribunal arbitral, les parties ne pouvant, sauf pendant les séances d'arbitrage, prendre directement contact, même oralement, avec le Tribunal arbitral ou l'un de ses membres.

ARTICLE 14 : ORDONNANCES DE PROCEDURE

Le Tribunal arbitral, ou son Président s'il a été habilité à le faire par les autres Arbitres, peut prononcer des ordonnances pour régler tout problème de procédure ne touchant pas au fond du litige.
Les ordonnances de procédure ne sont pas motivées. Elles ne sont pas susceptibles de recours.

ARTICLE 15 : NOTIFICATIONS

Toutes les notifications sont valablement faites à l'adresse indiquée par les parties. Tout changement d'adresse doit être notifié à l'Association par lettre recommandée avec accusé de réception.

ARTICLE 16 : MESURES D'INSTRUCTION ET/OU D'EXPERTISE

Le Tribunal arbitral peut ordonner toute mesure d'instruction ou d'expertise, ceci même d'office, c'est-à-dire sans que les parties l'aient elles-mêmes demandé.
Sauf décision contraire dans la sentence ordonnant cette mesure, le délai d'arbitrage et la poursuite de l'arbitrage sont suspendus pendant l'exécution de cette mesure.

ARTICLE 17 : SENTENCE PARTIELLE OU INTERMEDIAIRE

S'il l'estime approprié, le Tribunal arbitral peut rendre des sentences partielles ou intermédiaires, c'est-à-dire des décisions qui ne tranchent pas l'ensemble du litige qui lui est soumis et qui devront être complétées à cette fin

ARTICLE 18 : SENTENCE D'ACCORD DES PARTIES

Au cas où les parties parviendraient à un accord avant que soit rendue la sentence, elles peuvent demander au Tribunal arbitral de le constater dans une sentence.

ARTICLE 19 : DELAIS

Les Arbitres devront faire tous leurs efforts pour que la sentence soit rendue dans un délai maximum de six mois à compter de l'acceptation de sa mission par le troisième Arbitre.
La sentence sera rendue dans le délai le plus bref, tel que compatible avec la nature du litige notamment en cas d'urgence avérée.

ARTICLE 20 : REGLES APPLICABLES AU FOND ET APPEL

Le Tribunal arbitral statue en amiable compositeur, c'est-à-dire en équité.
Il prendra notamment en compte, s'agissant des litiges entre Scénaristes et Producteurs, le Protocole d'accord concernant les relations entre les Scénaristes et les Producteurs de télévision, signé le 28 mai 2001 par l'USPA et l'UGS, qui prévoit dans son article III, un Code de bonne conduite
Il est juge de sa compétence.
En règle générale, la sentence arbitrale ne peut être frappée d'appel. Toutefois, les parties peuvent se réserver expressément, dans la clause compromissoire ou le compromis, la faculté de faire appel de la décision arbitrale devant la juridiction de l'ordre judiciaire compétente.

ARTICLE 21 : FORME, CONTENU ET NOTIFICATION DE LA SENTENCE

Toute sentence est motivée et expose succinctement les prétentions respectives des parties et leurs moyens, c'est-à-dire les arguments, tirés notamment du ou des contrat(s) et/ou du Protocole d'accord du 28 mai 2001, invoqués à l'appui de ces prétentions. Elle précise la répartition finale entre les parties de ces frais.

Elle est rendue à la majorité des voix.
La sentence, qui mentionne le nom des Arbitres et sa date, est signée par tous les Arbitres ou, à défaut, si l'un refuse de signer, par les deux autres Arbitres.
L'Association notifie aux parties la minute de la sentence par lettre recommandée avec accusé de réception. Des copies certifiées conformes par l'Association peuvent être délivrées.

ARTICLE 22 : RECTIFICATION, OMISSION DE STATUER ET INTERPRETATION
Le Tribunal arbitral peut, d'office ou à la requête d'une partie, réparer les erreurs ou omissions purement matérielles qui affecteraient sa sentence.
Si le Tribunal arbitral a omis de statuer sur une demande dont il était saisi, il peut compléter sa sentence.
Le Tribunal arbitral est habilité à interpréter la sentence qu'il a rendue.
Les demandes de rectification d'erreur, d'omission ou d'interprétation sont adressées à l'Association qui en saisit le Tribunal arbitral. Elles ne sont cependant recevables que si le Tribunal arbitral peut à nouveau être réuni et si elles sont formulées moins d'un an après que la sentence ait acquis force de chose jugée.
Toutes ces procédures font l'objet d'une instruction contradictoire, le Tribunal arbitral statuant dans les plus brefs délais.

ARTICLE 23 : EXECUTION DE LA SENTENCE
En acceptant de soumettre leur litige à l'arbitrage de l'Association, les parties s'engagent à exécuter la sentence sans délai.

ARTICLE 24 : INTERPRETATION ET REGLEMENT EN VIGUEUR
Toute interprétation du présent règlement est du ressort de l'Association.
La demande d'arbitrage est instruite conformément au règlement en vigueur au jour de son introduction.

Une vingtaine de personnes regroupant des producteurs, des auteurs et des Professeurs de droit constituent les arbitres habilités à siéger au Tribunal Arbitral.

Tous les documents relatifs à l'AMAPA (règlements, clauses-types, demande de médiation, d'arbitrage, etc.) sont téléchargeables sur son site internet : www.lamapa.org.

A.C.P.C.A.
74 Avenue Kléber
75016 Paris
Tél. : 01.56.90.33.00
Fax : 01.56.90.33.01
E-mail : film.paris@wanadoo.fr

A.M.A.P.A.
5 rue Cernuschi
75017 Paris
Tél. : 01.40.53.23.00
Fax : 01.40.53.23.23

L'ACPCA et l'AMAPA ayant créé une association commune chargée de gérer l'aspect procédural et de répartir les dossiers entre les deux organismes, il est possible d'envoyer toute correspondance à l'adresse de A.C.P.C.A.

LES ORGANISMES DE GESTION COLLECTIVE DE DROITS

Il y a un certain nombre d'exploitation ou d'utilisation d'œuvres sur le plan national et international qui échappe à tout contrôle du producteur et au regard duquel il se trouve en position de faiblesse pour organiser une négociation.

C'est la raison pour laquelle les producteurs ont pris l'initiative de se regrouper soit nationalement soit internationalement pour organiser une gestion collective de leurs droits.

C'est le cas de trois organismes que nous présentons dans ce chapitre et qui ont chacun leurs spécificités et leurs champs d'activités, il s'agit de :

I- ANGOA

II- AGICOA

III- PROCIREP

I- L'ANGOA

Cet organisme assure la défense et la représentation des intérêts des producteurs français en ce qui concerne l'exploitation de leurs droits câble et satellite, lorsque ces droits sont exploités par les opérateurs de réseaux câblés ou de bouquets satellites sans autorisation des producteurs, dans le cadre de la reprise intégrale et simultanée du signal d'une chaîne généraliste hertzienne européenne.

Exemple : ***un producteur français a cédé les droits d'exploitation télévisuelle de son œuvre à une chaîne hertzienne française, cette chaîne est reprise intégralement et simultanément par tel ou tel réseau câblé.***
Dans ce cas le producteur n'a cédé que la diffusion hertzienne et en aucun cas la diffusion câble, il est donc amené à demander des rémunérations complémentaires pour cette exploitation, aux réseaux câblés.

La mission de l'ANGOA consiste à percevoir ces droits auprès des câblo-opérateurs français et de les redistribuer aux producteurs ou aux ayants droit. Toutes les œuvres audiovisuelles sont susceptibles de faire l'objet d'une rémunération câble ou satellite, à l'exception des œuvres produites en propre par les diffuseurs.
Il s'agit donc des œuvres cinématographiques, longs et courts métrages, et des œuvres de télévision : fictions, animations, documentaires, magazines, jeux, variétés, captation de spectacles et extraits.
Pour bénéficier de cette répartition, il n'est pas nécessaire d'être membre de l'ANGOA. Il faut par contre avoir inscrit ses droits auprès de l'ANGOA.

<u>LISTE DES CHAINES DONNANT DROIT A UNE REMUNERATION CABLE :</u>

- **pour les chaînes françaises :**
  CANAL +, FRANCE 2, FRANCE 3, LA CINQUIEME, M6, TF1, RTL Lorraine
- **pour les chaînes allemandes** :
  ARD, RTL TELEVISION (ex RTL+), SUDWEST 3, ZDF, SR3,TRG
- **pour les chaînes anglaises** :
  BBC1, BBC 2
- **pour les chaînes belges** :
  BRT 1, BRT 2, RTBF 1, TELE 21
- **pour les chaînes espagnoles** :
  ANTENNA 3, Euskal Telebista 1, Euskal Telebista 2, TVE 1, TVE 2, TV 3
- **pour les chaînes italiennes** :
  Italia 1, RAI 1, RAI 2, TMCI
- **pour les chaînes suisses** :
  DRS, TSI, TSR, TSR 2

Exemples de répartitions câble ANGOA

Genre	Année	Chaîne	Montant de la répartition (100%)	Territoire de retransmission
LM Cinéma (100')*	2000	France 2	400 €	France
LM Cinéma (100')*	2001	France 2	400 €	France
LM Cinéma (100')*	2002	France 2	1000 €	Belgique
LM Cinéma (100')*	2001	France 2	550 €	Belgique
LM Cinéma (100')*	2000	France 2	1200 €	Belgique
LM Cinéma (100')*	2001	France 2	50 €	Hollande
LM Cinéma (100')*	2001	TF1	100 €	Hollande
LM Cinéma (100')*	2001	France 3	450 €	France
LM Cinéma (100')*	2000	France 3	200 €	Belgique
LM Cinéma (100')*	2000	ARD 1	80 €	Belgique
LM Cinéma (100')*	2002	Canal +	200 €	France
LM Cinéma (100')*	2000	Canal +	10 €	France
LM Cinéma (100')*	2000	France 3	250 €	France
Téléfilm 90'*	2002	TF1	600 €	France
Téléfilm 90'*	2001	France 2	40 €	Hollande
Série 26' (Doc.Anim.Fiction)	2001	France 3	5 €	France
Série 26' (Doc.Anim.Fiction)	2000	France 3	8 €	France
Série 26' (Doc.Anim.Fiction)	2000	France 2	3 €	Hollande
Série 26' (Doc.Anim.Fiction)	2000	TF1	5 €	France
Série 26' (Doc.Anim.Fiction)	2002	France 2	4 €	Belgique

** œuvres diffusées en prime time*

N.B. : le montant des répartitions pour le programme étant notamment fonction de l'audience, les exemples ci-dessus n'ont qu'une valeur indicative.

ANGOA
11 bis, rue Jean Goujon 75008 PARIS
Tél. : 01.53.83.91.91 - Fax : 01.53.83.91.92
Président : Alain SUSSFELD
Délégué général : Idzard VAN DER PUYL
D.A.F. : Anne-Marie DOSSIER
Gestion des répartitions : Marie-Astrid LEGENDRE / Chantale GRIPON
Gestion du répertoire : Stéphanie CLAUDE

***

EN ANNEXE : Un formulaire de déclaration des droits câble

II- L'AGICOA

On peut dire que l'AGICOA a les mêmes missions que l'ANGOA, mais sur le plan international. Elle défend dans le cadre d'une gestion collective internationale des intérêts matériels et moraux des producteurs et ayants droit, notamment dans le domaine de la retransmission par câble en simultané des œuvres diffusées par les chaînes de télévision.

L'AGICOA a pour mission de :

- Contrôler l'activité des entreprises de câblodistribution en veillant particulièrement à ce qu'elles aient obtenu de l'organisme de radiodiffusion d'origine, l'autorisation administrative de retransmettre ses émissions et à ce qu'elles ne procèdent à aucun enregistrement des émissions captées.
- Etudier, pour chaque entreprise de câblodistribution, la rémunération moyennant laquelle celle-ci peut être autorisée à communiquer les œuvres au public.
- Conclure avec les entreprises de câblodistribution concernées des accords qui autorisent ces dernières à retransmettre simultanément et intégralement les œuvres audiovisuelles telles que diffusées par les organismes de radiodiffusion.

La compétence de l'AGICOA s'étend à tous les pays où sont établis les réseaux câblés, avec la collaboration des sociétés nationales représentant les producteurs.

REPARTITION

Pour assurer la répartition des rémunérations dues aux ayants droit, l'AGICOA a constitué une banque de données informatisées, divisée en registres interactifs :

- un "registre des œuvres audiovisuelles, cinématographiques et télévisuelles et des droits de retransmission"
- un "registre des œuvres radiodiffusées".

Pour identifier avec précision les œuvres dont l'exploitation ouvre droit à rémunération, ainsi que les titulaires des droits à rémunérer, la comparaison par voie informatique de la teneur de ces registres est au niveau international la condition préalable à toute répartition certaine et équitable.

Ceci implique que les producteurs déclarent les œuvres audiovisuelles dont ils détiennent les droits. Ils doivent pour cela remplir les formulaires d'identification et de déclaration-revendication disponibles au siège de l'AGICOA à Genève, (reproduits ci-après) et les retourner à l'association ou enregistrer leurs œuvres directement en ligne sur le site www.agicoa.org après avoir obtenu un code d'accès à cet effet. Les rémunérations ne sont nullement négligeables, on trouve ici quelques exemples de répartitions :

Genre	***Année de diffusion***	***Chaîne de diffusion***	***Rémunération 100% AGICOA***	***Pour câble***
Long métrage 100'	2003	NOS 1	4 503 €	Hollande
Long métrage 100'	2003	BBC 1	678 €	Irlande
Long métrage 100'	2003	TF1	2 274 €	Belgique
Long métrage 100'	2002	ARD	126 €	Luxembourg
Long métrage 100'	2003	DKR1	1 659 €	Danemark
Long métrage 100'	2000	TSR	154 €	Suisse
Long métrage 100'	2003	TV4	433 €	Suède
Série TV 55'	2003	NOS 2	2 812 €	Hollande
Série TV 52'	2003	BBC 1	380 €	Irlande
Série TV 55'	2003	France 2	983 €	Belgique
Série TV 54'	2003	SVT 1	248 €	Suède
Série TV 58'	2003	DKR 1	680 €	Danemark
Animation 12'	2003	ARD	67 €	Hollande
Animation 12'	2003	NOS 1	96 €	Belgique
Animation 12'	2002	TF 1	28 €	Luxembourg
Animation 12'	2003	SVT 2	39 €	Suède

Les rémunérations sont calculées en fonction de la durée et de l'audience de chaque diffusion dans chaque pays de retransmission ; les répartitions ci-dessus ne sont données qu'à titre d'exemple.

Actuellement donnent lieu à répartition, les diffusions sur les réseaux câblés dans les pays suivants : Allemagne, Autriche, Belgique, Bosnie-Herzégovine, Bulgarie, Canada, Danemark, Espagne, Estonie, Finlande, France, Hollande, Irlande, Lettonie, Lituanie, Liechtenstein, Luxembourg, Macédoine, Norvège, Pologne, Portugal, Roumanie, Serbie-Monténégro, Slovaquie, Slovénie, Suède, Suisse et Ukraine. Devraient prochainement faire l'objet de perceptions et répartitions : Australie, Turquie, Israël.

La répartition au profit des producteurs français s'effectue via l'ANGOA.

L'ANGOA représente les intérêts des producteurs français au sein de l'AGICOA, et l'inscription des œuvres auprès de l'ANGOA entraîne l'inscription auprès du registre des œuvres audiovisuelles de l'AGICOA.

L'inscription des œuvres et les déclarations de revendication de rémunération câble peuvent se faire en ligne à partir des formulaires disponibles sur le site de l'Agicoa :

http://www.agicoa.org/semifrench/declarationsfrench/paperformsfrench.htm

AGICOA
26, rue de Saint-Jean CH - 1203 GENEVE - SUISSE
Tél. : 00 41 22 340 32 00 - Fax : 00 41 22 340 34 32
www.agicoa.org

> *Délégué général* : André CHAUBEAU
> *Direction financière* :Tom De LANGE
> *Direction IS&T* : Maryvonne GARÇON
> *Direction juridique* : Helmut KOSZUSZECK
> *Direction des relations clients et distributions* : Jean Michel GOSTELI

III- LA PROCIREP

Cet organisme est une société de perception et de répartition de droits pour copie privée.

Un producteur de longs métrages a cédé ses droits de diffusion à une chaîne de télévision, lors de sa diffusion le film est enregistré par X milliers de magnétoscopes. Ce film va se retrouver dans la vidéothèque de X milliers de particuliers qui seront susceptibles de le diffuser chez eux à maintes reprises.

C'est pour compenser les effets du copiage des œuvres par les particuliers que le législateur a mis en place la copie privée.

La loi française du 3 juillet 1985, sur le droit d'auteur, aujourd'hui Titre I du Livre III du Code de la Propriété Intellectuelle, a instauré un mécanisme de rémunération pour copie privée, alimenté par une redevance sur les cassettes vidéo vierges (0,428 € par heure depuis 2001) et, depuis janvier 2001, par une redevance sur les supports numériques de copiage (CDR, DVD enregistrable, disques durs intégrés dans certains matériels d'électronique grand public). Ce mécanisme vise à indemniser les auteurs (1/3), les artistes interprètes (1/3) et les producteurs (1/3) en compensation des pertes financières engendrées par le copiage, réalisé par le public, des œuvres audiovisuelles et cinématographiques, lors de leur diffusion sur les chaînes de télévision.

La PROCIREP a en charge la part de rémunération pour copie privée revenant aux producteurs (1/3). A cet effet, elle perçoit de COPIE FRANCE, société en charge de la perception de la rémunération copie privée pour le compte commun des auteurs, artistes interprètes et producteurs, toutes les sommes à répartir aux producteurs.

LA REPARTITION

Pour percevoir les droits à rémunération pour copie privée, chaque titulaire de droits doit adresser à la PROCIREP une fiche de déclaration type par année de diffusion (cf. exemplaire ci-après) précisant le genre, le titre, la nationalité, la durée, la date, l'heure de passage, le diffuseur et la quote-part copie privée détenue sur une œuvre (fiche de déclaration disponible auprès du service copie privée de la PROCIREP).

Les répartitions sont effectuées annuellement, les répartitions de l'année n'étant mises en œuvre qu'après examen des données de diffusion de l'année n et de l'étude des taux d'enregistrement de l'année n au mois de mars de l'année n+1.

EXEMPLES DE REPARTITION (DIFFUSIONS DE 2003)

CATEGORIE	*CHAINE*	*HORAIRE DE DIFFUSION*	*100 % VERSEMENT PROCIREP*
Long métrage 90'	France 2	20 h 50	10 000 €
Long métrage 90'	France 3	20 h 50	10 000 €
Long métrage 90'	TF1	20 h 50	13 000 €
Long métrage 90'	Canal+	20 h 50	3 500 €
Long métrage 90'	M 6	20 h 50	6 500 €
Téléfilm 90'	TF1	20 h 50	7 700 €
Téléfilm 90'	France 2	20 h 30	18 000 €
Téléfilm 90'	Arte	20 h 50	1 500 €
Documentaire 26'	Arte	20 h 30	200 €
Documentaire 52'	Arte	22 h	2 000 €
Téléfilm 90'	Arte	21 h	1 500 €
Jeux plateau	France 3	19 h	20 €
Jeux plateau	TF1	18 h	75 €

NB : le montant des répartitions pour le programme étant fonction du copiage, les exemples ci-dessus n'ont qu'une valeur indicative.

ŒUVRES CONCERNEES

Les œuvres audiovisuelles produites dans l'Union Européenne et diffusées sur TF1, FRANCE 2, FRANCE 3, CANAL +, M6, ARTE, FRANCE 5. Les autres diffuseurs faisant l'objet d'un taux de copiage non significatif n'entrent pas à ce jour dans le cadre de la rémunération.

Les œuvres par genre et par coefficients de prise en charge :

FILMS CINEMA

- longs métrages 100 %
- courts métrages 100 %

FICTIONS NON CINEMA

- téléfilms 100 %
- séries 100 %
- feuilletons 100 %
- fictions courtes 100 %
- dessins animés 100 %

DOCUMENTAIRES	100 %
MAGAZINES	
- magazines - débat , plateau	0 %
- magazines - débat + support reportage < 26'	25 %
- magazines - débat + support reportage significatif (>26')	50%
- contenus images des magazines	75 %
VARIETES - HUMOUR	
- plateau + support variétés et/ou humour	25 %
- plateau + support variétés et/ou humour significatif(s)	50 %
SKETCHES - CIRQUE	100 %
JEUX	
- jeux flash (- 6mn)	0 %
- jeux plateau	10 %
- jeux élaborés extérieurs	50 %
THEATRE	100 %
OPERAS - BALLETS	100 %
CONCERTS	
- concerts classiques	100 %
- concerts modernes	100 %
VIDEOMUSIQUES	100 %
INFORMATION	0 %
SPORTS	0 %

LES PRODUCTEURS BENEFICIAIRES

Les personnes physiques ou morales, qui, en fonction des contrats de production ou de coproduction ou des droits qui en découlent, sont titulaires des droits sur le négatif des œuvres, dans la limite des droits territoriaux sur la France, ou détentrices des droits copie privée par application d'une clause spécifique figurant au contrat.

LES CONDITIONS DE NATIONALITE

Seules bénéficient de la répartition les œuvres produites dans l'Union Européenne, et ce sans différence de traitement. La PROCIREP, pour qualifier les œuvres bénéficiaires, adopte les critères du Conseil Supérieur de l'Audiovisuel.

A l'intérieur de l'Union Européenne, tous les pays n'ont pas encore adopté un système de rémunération de la copie privée. La PROCIREP a mis en place, dans les pays qui en sont dotés, des accords de réciprocité avec ses sociétés homologues. (Voir ci-après EUROCOPYA)

En revanche, les œuvres américaines ne donnent pas lieu à versement de rémunération copie privée à raison des copies réalisées en France. La loi prévoit en effet que la rémunération pour copie privée est répartie au profit des vidéogrammes fixés pour la première fois en France sous réserve des conventions internationales. En l'absence de toute convention internationale traitant du droit voisin du producteur de vidéogramme susceptible de s'appliquer entre la France et les Etats-Unis d'éventuelles prétentions américaines (telles que celles ayant existé dans le passé à l'occasion des négociations du GATT) sont en l'état dénuées de fondement juridique.

LES ACTIONS D'AIDE A LA CREATION

Conformément aux dispositions légales sur la copie privée, la PROCIREP affecte 25 % des sommes reçues de COPIE FRANCE à des actions d'aide à la création, de même que les fonds irrépartissables prescrits au titre des 75% restant (loi du 27 mars 1997). Ces fonds d'action culturelle sont gérés par deux commissions créées spécifiquement à cet effet et composées de professionnels :

- la Commission d'aide à la création cinéma
- la Commission d'aide à la création télévision

Il s'agit de montants relativement conséquents : 7,3 millions d'euros en 2002, 6,2 millions d'euros en 2003, et 6,1 millions d'euros en 2004 (2,7 M€ pour le cinéma, et 3,7 M€ pour la télévision).

On trouvera le détail de ces actions d'aide aux longs-métrages, courts métrages, documentaires, téléfilms, aide à l'écriture, et aides aux projets d'intérêt généraux dans "Les aides au financement" (éditions Dixit).

EUROCOPYA

Dans le cadre européen du système de rémunération pour copie privée, la PROCIREP est à l'initiative de la création d'EUROCOPYA, fédération européenne des sociétés de gestion collective de producteurs pour la copie privée audiovisuelle qui regroupe à ce jour 8 membres statutaires :

FILMKOPI (Danemark), G.W.F.F. (Allemagne), EGEDA (Espagne), la PROCIREP (France), SEKAM VIDEO (Pays Bas), PROCIBEL (Belgique), V.A.M. (Autriche) et FRF VIDEO (Suède), ainsi que des sociétés associées (Suissimage, Zapa...), et qui a pour objet de réunir les sociétés nationales de perception et de répartition de droits chargées de percevoir et de distribuer les redevances issues de la rémunération pour copie privée revenant aux producteurs d'œuvres audiovisuelles et cinématographiques, afin de :

- examiner en commun tous les problèmes afférents à l'exercice de la part producteur du droit à rémunération pour copie privée
- favoriser l'échange de tous renseignements intéressant la perception et la répartition des droits copie privée, et, plus généralement, harmoniser et faciliter les relations entre les sociétés et la défense de leurs intérêts
- développer les relations réciproques entre chaque société et favoriser les rapports bilatéraux et multilatéraux entre les sociétés
- former un réseau d'informations et de concertation sur les divers problèmes intéressant les sociétés au niveau européen, qu'ils soient économiques, juridiques, administratifs, techniques ou autres, et définir une politique commune d'action et d'intervention auprès des diverses instances européennes et nationales,
- et servir de porte-parole pour toute action définie en commun.

DROITS COPIE PRIVEE EUROPE

Parallèlement à la constitution d'EUROCOPYA, la PROCIREP a mis en place depuis 1993 avec ses partenaires des accords de réciprocité bilatéraux, afin de percevoir et répartir pour le compte des ayants droit français les sommes provenant de la rémunération pour copie privée, et de répartir entre les sociétés étrangères les droits qui reviennent à leurs membres :

- en Allemagne, accord avec G.W.F.F.
- au Danemark, accord avec FILMKOPI
- en Belgique, accord avec PROCIBEL
- en Espagne, accord avec EGEDA
- aux Pays-Bas, accord avec SEKAM VIDEO
- en Autriche, accord avec V.A.M.
- en Suède, accord avec FRF VIDEO
- en Suisse, accords avec SUISSIMAGE et SUISSPERFORD

Les premiers versements de droits ont été effectués en 1994 sur les droits copie privée générés essentiellement en Allemagne, la mise en place de la rémunération pour copie privée étant plus récente pour le Danemark, l'Espagne, les Pays-Bas, la Belgique et la Suède.

La PROCIREP développera ce partenariat avec chaque société de producteurs qui se constituera en Europe.

L'Allemagne, la Belgique et la Suisse sont les principaux territoires étrangers faisant l'objet de remontées de droits; le total des droits ainsi collectés se montent à près de 1 à 1,5 M€ par an.

PROCIREP
11 bis, rue Jean Goujon 75008 PARIS
Tél. : 01 53 83 91 91 - Fax : 01 53 83 91 92

Président :		**Alain SUSSFELD**
Secrétaire général :		**Idzard VAN DER PUYL**
D.A.F. :		**Anne Marie DOSSIER**
Gestion des droits :		
Cinéma :		**Eric BEAUJARD**
Documentaire - Magazine:		**Laure CAPTIER**
Fictions :		**Nathalie BERCHE**
Autres (jeux, sketches) :		**Laurence GAINZA**
Droits étrangers :		**Laure CAPTIER**
Aide à la création :	**Cinéma**	**Catherine FADIER**
	Télévision	**Elvira ALBERT**

Du fait du rapprochement de l'ANGOA et de la PROCIREP, certains collaborateurs de la PROCIREP sont aussi en charge de missions pour l'ANGOA.

Le formulaire de déclaration des droits à rémunération pour copie privée est disponible à la Procirep.

LES COPRODUCTIONS FRANCO-ETRANGERES

I- Nature des accords de coproduction

> Mini traité Canada
> Mini traité Allemagne

II- Les pays signataires d'accords de coproduction

I- NATURE DES ACCORDS DE COPRODUCTION

La France a signé des accords de coproduction avec une quarantaine de pays, ces accords concernent principalement la production cinématographique de long métrage.

Le principe de ces accords de coproduction consiste à donner le double, voire la triple nationalité à un film coproduit par les producteurs de pays différents, et à faire bénéficier ce film des avantages, aides, subventions, etc., réservés aux films nationaux dans chacun des pays concernés.

Une coproduction de cette nature trouve essentiellement son intérêt lorsqu'il existe de véritables systèmes d'aide et de soutien dans les différents pays coproducteurs.

Sur la quarantaine de pays signataires, on peut considérer que seulement une minorité a un véritable intérêt sur le plan économique.

Un certain nombre d'accords n'ont été signés que dans le cadre de l'amélioration des relations diplomatiques.

D'autres n'ont que peu d'intérêt sur le strict plan de la coproduction, mais représentent un avantage certain dans le domaine de l'exportation des films français, au moment de la signature de l'accord.

C'est ou c'était le cas dans certains pays où la pénétration du film français était difficile, et, pour les territoires à acheteur unique comme les "ex" pays de l'Est.

Dans d'autres cas il s'agissait simplement d'augmenter le nombre de films français dans certains territoires où l'importation était contingentée; les films en coproduction ayant par définition la double nationalité, ils n'entraient pas dans le calcul du quota.

Les accords de coproduction fixant des critères minimums pour chacun des coproducteurs, ils laissent la place théoriquement à des coproductions tripartites, voir quadripartites, ce qui aurait pour finalité de donner à certains films la triple ou la quadruple nationalité.

Des enveloppes spécifiques avaient été mises en place pour aider certaines coproductions; c'était le cas avec la Belgique, la Suisse, le Portugal, mais elles ont toutes disparu à l'exception de l'Allemagne et du Canada, qui disposent d'un fonds spécifique pour les coproductions :

> *CANADA :*

- Pour le cinéma :
  * 1 million de dollars canadiens pour le Canada
  * 762 000 € pour la France
- Pour l'audiovisuel :
  * 460 000 € (part française) sur les projets de films d'animation
  * 460 000 € (part française) destinés à des aides au développement pour la fiction et le documentaire
  * 670 000 € (part canadienne) sur les projets d'animation, de fiction et de documentaire.

> *ALLEMAGNE*

Il s'agit d'un dispositif bilatéral de subvention sélective aux coproductions d'œuvres cinématographiques entre la France et l'Allemagne. L'objectif est de développer la coopération entre les deux pays dans le domaine cinématographique. Chacun des deux Etats doit aider annuellement un nombre identique de projets à participation majoritaire.

La France et l'Allemagne consacrent, chacun, environ 1,5 million d'euros par an au financement de ces coproductions.

Depuis le début de l'aide (en 2001), il y a eu à peu près 3 réunions par an des représentants, alternativement à Berlin et à Paris.

> 57 films ont fait l'objet d'une demande :
- 43 coproductions majoritaires françaises,
- 14 coproductions minoritaires françaises

> 24 films ont été aidés :
- 18 films majoritaires français,
- 6 films majoritaires allemands,

auxquels il faut ajouter 2 films également majoritaires allemands qui ont eu l'aide mais dont le producteur français a renoncé à la production faute de trouver du financement en France.

Les devis des films aidés s'échelonnent de 1 M€ à 27 M€; le montant moyen de l'aide est de 341 000 € (196 000 € pour la France, 145 000 € pour l'Allemagne).

CNC : aide franco-allemande
12, rue de Lübeck 75016 Paris
tél : 01 44 34 37 91 – fax : 01 44 34 37 24
Filmförderungsanstalt
Grobe Präsidentenstabe 9 – 10178 Berlin
Tél : 0 49 30 27 577 420 – fax : 00 49 30 27 577 444

II- LES PAYS SIGNATAIRES D'ACCORDS DE COPRODUCTION

Tous les accords de coproduction sont soumis à des textes réglementaires figurant dans le Code de l'Industrie Cinématographique auquel il est important de se reporter.

En principe, les participations artistiques (droits d'auteur, comédiens) et techniques (réalisateurs, techniciens) doivent intervenir dans la même proportion que les apports financiers. Cependant ces critères ne sont pas immuables et peuvent être amendés en fonction de cas particuliers.

Les obligations minimums appelées "coproductions minoritaires", dont nous avons établi les limites, sont valables dans l'un ou l'autre des pays coproducteurs; s'agissant d'obligations minimums, tous les cas de figure qui feraient intervenir des critères supérieurs à ceux décrits rentrent a fortiori dans les accords de coproduction.

En ce qui concerne les conditions générales, elles peuvent se résumer ainsi :

- le partage des recettes se fait, soit proportionnellement à l'intervention de chaque coproducteur, soit par un partage géographique (territoires d'exploitation),
- le matériel original doit comporter autant de négatifs que de coproducteurs,
- le film doit exister dans les versions de chacun des coproducteurs, la version originale de tournage n'est pas obligatoire et la post-synchronisation est possible,
- d'une manière générale, le coproducteur majoritaire doit réaliser les travaux essentiels dans son pays (laboratoire, studio, post-production, etc.)
- c'est le producteur majoritaire qui entraîne la nationalité d'un film pour sa sélection dans un festival

Ces accords sont soumis à l'agrément des autorités respectives de chaque pays; ils peuvent être aussi soumis à une commission mixte (franco-étrangère qui siège, tous les 2 à 3 ans) qui accorde des dérogations en fonction de cas particuliers. L'essentiel de ces dérogations consiste à ramener l'investissement minimum à 20 %.

LISTE DES PAYS SIGNATAIRES D'ACCORDS DE COPRODUCTION AVEC LA FRANCE

Pays signataires des accords	***Apports respectifs % du budget***	***Date de l'accord***
Algérie	30 à 70 %	5 décembre 1984
Allemagne	20 à 80 %	1er mars 2002
Argentine	30 à 70 %	13 février 1985
Australie	40 à 60 %	15 mai 1986
Autriche	20 à 80 %	10 avril 1995
Belgique	20 à 80 %	20 mai 2004
Brésil	30 à 70 %	14 octobre 1985
Bulgarie	30 à 70 %	11 septembre 1971
Burkina Faso	20 à 80 %	23 février 1993
Cameroun	pas de %	30 août 1993
Canada	20 à 80 %	30 mai 1983
		10 janvier 1985 (animation)
		14mars 1990 (TV)
	10 à 90 %	mars 2000
Chili	30 à 70 %	30 novembre 1990
Colombie	30 à 70 %	20 octobre 1985
Côte d'Ivoire	20 à 80 %	3 mars 1995
Danemark	25 à 75 %	27 juin 1975
Espagne	20 à 80 %	11 septembre 1989
Egypte	30 à 70 %	31 janvier 1983
Finlande	20 à 80 %	2 février 1983
Géorgie	20 à 80 %	19 mai 1993
Grèce	30 à 70 %	10 janvier 1978
Guinée	20 à 80 %	2 décembre 1993
Grande-Bretagne	30 à 70 %	21 septembre 1965
Hollande	20 à 80 %	3 février 1988
Hongrie	30 à 70 %	17 février 1970
Israël	30 à 70 %	28 avril 2002
Islande	20 à 80 %	29 août 1990
Inde	30 à 70 %	16 janvier 1985
Italie	30 à 70 %	30 novembre 2000
Liban	10 à 90 %	27 mars 2000
Luxembourg	10 à 90 %	16 mai 2001
Maroc	20 à 80 %	27 juillet 1977
Mexique	20 à 80 %	28 octobre 1992
Nouvelle-Zélande	20 à 80 %	13 mai 1987
Pologne	30 à 70 %	5 juin 1970
Portugal	30 à 70 %	10 octobre 1980
Roumanie	30 à 70 %	22 avril 1966
Sénégal	20 à 80 %	2 juin 1992
Suède	30 à 70 %	13 octobre 1965
Suisse	20 à 80 %	14 décembre 2004
Tunisie	30 à 70 %	21 mai 1975
Tchécoslovaquie	30 à 70 %	10 septembre 1968
Turquie	30 à 70 %	18 octobre 1993
URSS	20 à 80 %	28 mai 1968
Vénézuela	30 à 70 %	15 novembre 1980
Yougoslavie	30 à 70 %	27 octobre 1975

LES COPRODUCTIONS EN 2003

	Nombre de films	Investissements français en M€	Investissements étrangers en M€	Total en M€
Coproductions à majorité française	78	341,76	126,42	468,18
Coproductions à minorité française	29	68,73	237,53	306,26

LES PRINCIPAUX PARTENAIRES DES PRODUCTEURS FRANCAIS

PAYS	Nombre de films	
	2002	2003
Belgique	15	24
Grande-Bretagne	10	23
Italie	9	10
Espagne	3	8
Allemagne	9	7
Suisse	6	5
Canada	5	3

Direction des Affaires Internationales

3, Rue Boissière 75016 Paris

9h-13h et 14h-17h30 (vendredi 16h30)

Tél : 01.44.34.37.80

www.cnc.fr

Xavier MERLIN (Directeur)

CNC
Aide franco-allemande et franco-canadienne

12, rue de Lübeck 75016 Paris

Tél : 01 44 34 37 91
Fax : 01 44 34 37 24
www.cnc.fr

LE VISA D'EXPLOITATION

Tout film cinématographique doit obtenir un visa d'exploitation s'il veut être projeté dans les circuits commerciaux.
Pour obtenir ce visa, le producteur doit d'abord demander une date de présentation de l'œuvre à la Commission de classification des œuvres cinématographiques par lettre (voir modèle en annexe en fin de chapitre) adressée au Secrétariat de cette commission qui lui adresse en retour une convocation l'informant de la date retenue pour la projection de son film devant la commission de classification des œuvres cinématographiques (il faut prévoir un délai d'environ 15 à 30 jours entre la demande de visa et la date de la projection).
2 jours ouvrés avant la date prévue pour la projection, le producteur doit déposer une copie du film au format standard 35mm ou 16 mm à la cabine de projection du C.N.C. (coordonnées ci-dessous).
Après vision du film par la commission de classification, celle-ci donne au ministre de la Culture son avis relatif à l'exploitation du film concerné.
La Commission a le choix entre six classements possibles :

- visa tous publics
- interdiction aux mineurs de 12 ans
- interdiction aux mineurs de 16 ans
- interdiction aux mineurs de 18 ans
- classement X pour les films à caractère pornographique ou d'incitation à la violence
- interdiction totale (il n'y a pas eu d'interdiction totale depuis 1981).

Elle peut également proposer d'assortir le visa d'un avertissement (texte d'information sur le contenu de l'œuvre à afficher à l'entrée de la salle).

LES PROCEDURES

L'organisation des procédures de consultation de la commission de classification des œuvres cinématographiques ainsi que la préparation et l'exécution des décisions ministérielles en matière de visas d'exploitation et d'exportation sont confiés à un secrétariat figurant parmi les services du CNC.
Le visa d'exploitation ne peut être demandé que pour une œuvre dont la réalisation est entièrement terminée et qui a fait l'objet d'une immatriculation au Registre public de la cinématographie et de l'audiovisuel.
Le producteur ou un mandataire habilité à cet effet, doit adresser à la commission la demande de visa un mois au moins avant la première représentation de l'œuvre en public. Une lettre type et le modèle de dossier à compléter sont à retirer auprès du secrétariat de la commission de classification. (voir dossier en annexe en fin de chapitre).

A l'appui de la demande, doivent être remis :

> *Pour les œuvres françaises*

- une copie positive de l'œuvre dans la version exacte et intégrale où elle doit être exploitée en France (à la cabine de projection du CNC)
- cinq fiches de renseignements à remplir pour les œuvres de long métrage - quatre fiches pour les courts métrages
- le synopsis de l'œuvre
- le texte du générique de l'œuvre, tel qu'il apparaît à l'écran (début et fin)
- le découpage dialogué dans la forme intégrale et définitive avec certification que le dialogue est conforme à celui de l'œuvre présentée
- un chèque libellé à l'ordre de l'agent comptable du CNC de 0,03 € par mètre (en 35 mm) correspondant à la taxe de vision

Exceptionnellement, le président de la commission peut autoriser le passage de l'œuvre en double bande.

> *Pour les œuvres étrangères en version originale*

- une copie positive de l'œuvre dans la version exacte et intégrale où elle doit être exploitée en France
- quatre fiches de renseignements
- le synopsis de l'œuvre
- le découpage dialogué de la version en langue étrangère, dans sa forme intégrale et définitive
- le texte des sous-titres français (le responsable devra certifier que ce texte est conforme aux sous-titres français de l'œuvre présentée)
- un certificat d'origine ou de nationalité de l'œuvre
- un chèque libellé à l'ordre de l'agent comptable du CNC de 0,03 € par mètre (en 35 mm) correspondant à la taxe de vision

> *Pour les œuvres étrangères doublées*

L'exploitation d'une œuvre cinématographique doublée en langue française est subordonnée à l'obtention d'un visa distinct de celui délivré pour l'exploitation de l'œuvre dans la version originale.
Le visa d'exploitation en version doublée ne peut être accordé que si la version originale a obtenu le visa d'exploitation et si le doublage a été entièrement réalisé dans les studios situés en France. Cette seconde condition n'est pas exigée pour les films qui ont la nationalité d'un Etat membre de la CEE et pour les films canadiens doublés au Canada.

A l'appui de la demande de visa, doivent être remis :

- une copie positive de l'œuvre dans la version exacte et intégrale où elle doit être exploitée en France
- quatre fiches de renseignements
- le synopsis de l'œuvre
- le découpage dialogué de la version en langue étrangère, dans sa forme intégrale ou définitive
- le texte des dialogues français (en certifiant que le texte est conforme à l'œuvre présentée)
- un certificat d'origine ou de nationalité de l'œuvre
- une attestation de l'entreprise de postsynchronisation certifiant que le doublage a été effectué dans un studio situé sur le territoire français, en Europe ou au Canada selon la nationalité de l'œuvre
- un chèque libellé à l'ordre de l'agent comptable du CNC de 0,03 € par mètre (en 35 mm) correspondant à la taxe de vision

Toute œuvre cinématographique doit comporter la mention de son pays d'origine. S'il s'agit d'une coproduction, il doit être fait mention des pays coproducteurs. Par ailleurs, le doublage doit être mentionné. (voir modèle de lettre en annexe).

> Pour les demandes concernant le matériel publicitaire

La demande de visa du matériel publicitaire est à effectuer le plus tôt possible avant la date d'affichage du matériel.
La demande du N° de visa du matériel publicitaire doit être adressée au Président de la Commission de Classification (sur papier à en-tête de la société de distribution) et comporter le titre du film ainsi que le(s) producteur(s) pour les films étrangers.
La demande doit être accompagnée de 3 exemplaires du matériel publicitaire (qu'il s'agisse d'affiches ou de photographies).

LES AUTORISATIONS EXCEPTIONNELLES

Des œuvres cinématographiques sans visa d'exploitation peuvent être projetées à titre exceptionnel dans le cadre de manifestations si elles ont obtenu l'autorisation spéciale auprès du président de la commission de classification.
Cette autorisation exceptionnelle est délivrée par le ministère de la Culture.

> Pour les demandes d'autorisation exceptionnelle

La démarche est a effectuer au moins un mois avant la projection du film ou le début.de la manifestation.

La lettre de demande d'autorisation exceptionnelle (sur papier à en-tête de la société) doit être adressée au Président de la commission de classification et comporter :

- le titre du film
- le nom du réalisateur
- le pays d'origine
- la durée
- le nom de la manifestation
- la période ou le jour de diffusion de l'œuvre
- le lieu de projection

La demande doit être accompagnée de la fiche technique du film et du synopsis de celui-ci.
Si cette demande concerne plusieurs films (dans le cadre d'un festival par exemple) il faut faire une demande globale en joignant, en annexe, la liste des œuvres sans visa d'exploitation et en indiquant pour chaque film :

- le titre de l'œuvre
- le nom du réalisateur
- le pays d'origine
- le format
- le métrage

La demande doit être également accompagnée, pour chaque film, de la fiche technique du film et du synopsis de celui-ci.
Une liste des films ayant leur n° de visa (avec le titre du film et le N° de visa correspondant) doit aussi être jointe à la demande d'autorisation exceptionnelle.

CNC - Secrétariat de la Commission de classification
M. Pierre CHAINTREUIL
12, rue de Lübeck 75116 PARIS
Tél. : 01.44.34.37.22 - Fax : 01.44.34.35.85 – www.cnc.fr
(Ouvert du lundi au vendredi de 9 h à 12 h30 et de 14 h à 17 h – vendredi 16 h 30)

La cabine de projection du C.N.C.
12, rue de Lübeck 75116 PARIS
Tél. : 01 44 34 36 02
(Ouvert du lundi au vendredi de 8 h 45 à 12 h 30 et de 14 h 15 à 16 h 30)

***

EN ANNEXE : les formulaires pour constituer le dossier aux fins d'obtenir le visa d'exploitation

MODELE
DEMANDE DE PASSAGE

à établir sur papier à en-tête de la Société et à faire parvenir au plus tard
15 jours avant la date de présentation du film à la
Commission de classification des œuvres cinématographiques
(Cette demande peut être adressée, dans un premier temps, par fax au 01 44 34 35 85)

Date

Monsieur le Directeur Général
du Centre national de la cinématographie
Commission de classification
12, rue de Lübeck
75116 Paris

Monsieur le Directeur Général,

J'ai l'honneur de vous demander une date de présentation à la Commission de classification des œuvres cinématographiques, de notre œuvre intitulée :

....

qui sera à votre disposition le ....

pays d'origine ....

métrage ....

réalisée par ....

cette œuvre doit être mise en exploitation vers le ....

immatriculée sous le n° **(1)** ....

Veuillez agréer, Monsieur le Directeur Général, l'expression de mes sentiments distingués.

(1) Seules les demandes de passage portant mention du n° d'immatriculation pourront être prises en compte par le secrétariat de la Commission.

MODELE DE LETTRE POUR LA CONSTITUTION D'UN DOSSIER

à établir sur papier à en-tête de la Société

ŒUVRE FRANCAISE

Date

Monsieur le Directeur Général
du Centre national de la cinématographie
Commission de classification
12, rue de Lübeck
75116 Paris

Monsieur le Directeur Général,

J'ai l'honneur de vous demander le visa d'exploitation de l'œuvre intitulée :
....
d'une longueur de.............................., immatriculée au Registre public de la cinématographie et de l'audiovisuel sous le n° ....
et dont je suis le................................ .

Ci-joint :

1) Un chèque bancaire libellé à l'ordre de l'agent comptable du CNC de 0,03 € par mètre (en 35 mm)

2) Cinq exemplaires de la fiche de renseignements (quatre fiches pour les œuvres de court métrage) **(1)**

3) Un synopsis

4) Le générique de l'œuvre tel qu'il apparaît à l'écran (début et fin)

5) Le découpage dialogué sous sa forme intégrale et définitive, avec la mention suivante, signée du responsable :

<u>DIALOGUE CERTIFIE CONFORME A CELUI DE L'ŒUVRE PRESENTEE</u>

Veuillez agréer, Monsieur le Directeur Général, l'expression de mes sentiments distingués.

(1) Afin de faciliter la saisie informatique, prière de remplir la rubrique 48 (résumé du film), en trois lignes maximum dactylographiées.

MODELE DE LETTRE POUR LA CONSTITUTION D'UN DOSSIER

à établir sur papier à en-tête de la Société

ŒUVRE ETRANGERE
EN VERSION ORIGINALE

Date

Monsieur le Directeur Général
du Centre national de la cinématographie
Commission de classification
12, rue de Lübeck
75116 Paris

Monsieur le Directeur Général,

J'ai l'honneur de vous demander le visa d'exploitation de l'œuvre intitulée :
....
d'une longueur de.............................., immatriculée au Registre public de la cinématographie et de l'audiovisuel sous le n° ....
et dont je suis le................................ .

Ci-joint :

1) Un chèque bancaire libellé à l'ordre de l'agent comptable du CNC de 0,03 € par mètre (en 35 mm)

2) Quatre exemplaires de la formule de renseignements **(1)**

3) Un synopsis

4) Le découpage dialogué de la version en langue étrangère, dans sa forme intégrale et définitive

5) Le texte des sous-titres français (le responsable devra certifier que ce texte est conforme aux sous-titres français de l'œuvre présentée)

6) Un certificat d'origine ou de nationalité de l'œuvre en question

Veuillez agréer, Monsieur le Directeur Général, l'expression de mes sentiments distingués.

(1) Afin de faciliter la saisie informatique, prière de remplir la rubrique 48 (résumé du film), en trois lignes maximum dactylographiées.

MODELE DE LETTRE POUR LA CONSTITUTION D'UN DOSSIER

à établir sur papier à en-tête de la Société

ŒUVRE ETRANGERE
EN VERSION POSTSYNCHRONISEE

Date

Monsieur le Directeur Général
du Centre national de la cinématographie
Commission de classification
12, rue de Lübeck
75116 Paris

Monsieur le Directeur Général,

J'ai l'honneur de vous demander le visa d'exploitation de la version postsynchronisée de l'œuvre intitulée .... , d'une longueur de...................... , immatriculée au Registre public de la cinématographie et de l'audiovisuel sous le n° .... et dont je suis le ....

Ci-joint :

1) Un chèque bancaire libellé à l'ordre de l'agent comptable du CNC de 0,03 € par mètre (en 35 mm)

2) Quatre exemplaires de la formule de renseignements **(1)**

3) Un synopsis

4) Le découpage dialogué de la version en langue étrangère, dans sa forme intégrale et définitive

5) Le texte de la version postsynchronisée destinée à l'exploitation en France, dans sa forme intégrale et définitive (le responsable devra certifier que le texte du dialogue français est conforme à celui de l'œuvre présentée)

6) Un certificat d'origine ou de nationalité de l'œuvre en question

7) Une attestation de l'entreprise de postsynchronisation certifiant que le doublage a été effectué dans un studio situé sur le territoire français (s'il s'agit d'une œuvre originaire d'un pays membre de la Communauté Economique Européenne, une attestation justifiant de l'exécution du doublage dans un pays membre de la C.E.E.) **(2)**

Veuillez agréer, Monsieur le Directeur Général, l'expression de mes sentiments distingués.

(1) **Afin de faciliter la saisie informatique, prière de remplir la rubrique 48 (résumé du film), en trois lignes maximum dactylographiées.**

(2) **Cette attestation doit impérativement avoir été délivrée par une entreprise agréée par le C.N.C. travaillant dans un auditorium lui-même agréé.**

COMMISSION DE CLASSIFICATION DES ŒUVRES CINEMATOGRAPHIQUES

FICHE DE RENSEIGNEMENTS

1. Catégorie de l'œuvre : long-métrage - court-métrage - télévision - publicitaire - technique - scientifique - (rayer les mentions inutiles).

---

2. Pays d'origine :

3. Titre de l'œuvre :

   . Sous-titres (pour les œuvres à sketches) et auteurs respectifs :

4. Numéro d'immatriculation au Registre Public de la Cinématographie et de l'Audiovisuel :

5. Producteur / coproducteur(s) et siège social[1]:

   . En cas de films de commande, préciser le nom et l'adresse du commanditaire :

6. Distributeur(s) France à la date de la première sortie[2] :

   . Date de la première sortie de l'œuvre dans le pays d'origine :

7. Laboratoire(s) où le film a été développé :

8. Studio(s) dans le(s)quel(s) le film a été tourné :

9. Autres lieux de tournage (pays, régions, villes) :

10. Editeur de la musique :

11. Largeur du film ou de la bande magnétique lors de la prise de vue :
    Film : super 8 -16 - 35 - 70
    Vidéo : 1/2 pouce - 3/4 pouce - 1 pouce - 2 pouces

11bis. Format de l'image ou standard vidéo de la prise de vue :
    Film : anamorphosé 2,35 X 1 - panoramique 1,66 X 1 ou 1,75 X 1 ou 1,85 X 1 - standard 1,37 X 1 - 35 - Super 16
    Vidéo : VHS - Béta format - V2000 - Umatic - BVU - 1 pouce B - 1 pouce C - PAL - SECAM - NTSC

12. Largeur du film ou de la bande magnétique de la copie présentée :
    Film : super 8 -16 - 35 - 70
    Vidéo : 1/2 pouce - 3/4 pouce - 1 pouce - 2 pouces

13. Format de l'image ou standard vidéo de la copie présentée :
    Film : anamorphosé 2,35 X 1 - panoramique 1,66 X 1 ou 1,75 X 1 ou 1,85 X 1 - standard 1,37 X 1 - 35 - Super 16
    Vidéo : VHS - Béta format - V2000 - Umatic - BVU - 1 pouce B - 1 pouce C - PAL - SECAM - NTSC

13bis. Marque(s) et type(s) de la pellicule ou de la bande magnétique de prise de vue :
    Film : N et B ou Couleur - AGFA - FUJI - KODAK
    Bande magnétique : N et B ou Couleur - AGFA - FUJI - KODAK

---

[1] Préciser l'adresse du siège social ainsi que le pourcentage des pays producteurs en cas de coproductions.
[2] Si ces informations sont connues au moment de l'établissement de la fiche.

14. Procédé son sur la copie présentée :
- Optique - Magnétique - Optique Dolby Stéréo (A) - Optique Dolby Stéréo (SR)
- Magnétique Dolby Stéréo (A) - Magnétique Dolby Stéréo (SR) -
- Optique + Magnétique - Double Bande Magnétique

Métrage de la copie de prise de vue : mètres
Métrage de la copie présentée : mètres

15. Réalisateur :

16. D'après[3] :

17. Conseiller technique du réalisateur :

18. Scénariste(s) :

19. Adaptateur (s) :

20. Dialoguiste(s) :

21. Auteur(s) du commentaire :

22. Auteur(s) de la musique :

23. Chanteur(s) :

24. Direction de l'orchestre :

25. Librettiste(s) :

26. Chorégraphe(s) :

27. Assistant(s) du réalisateur :

28. Script :

29. Directeur de la production :

30. Régisseur général :

31. Directeur de la photographie :

32. Cadreur(s) :

33. Photographe(s) :

34. Chef monteur :

35. Chef(s) opérateur du son :

36. Chef décorateur :

37. Ensemblier :

38. Créateur(s) de costume(s) :

39. Chef costumier :

40. Chef maquilleur :

[3] indiquer dans l'ordre et s'il y a lieu : le titre de l'œuvre préexistante, l'éditeur de celle-ci, le genre (roman, comédie), les noms, prénoms et nationalité de l'auteur ou des auteurs(s) de cette œuvre.

41. Animation :

42. Effets spéciaux - trucages :

43. Conseillers techniques spéciaux ou conseillers scientifiques (1) : (1) Rayer la mention inutile

44. Documentaliste(s) :

45. Speaker :

46. Autres collaborateurs de l'équipe technique :

47. INTERPRETATION :

Prénoms et noms des acteurs	***Nationalité***	***Rôles***	***Prénoms et noms des interprètes du doublage***	***Nationalité***

48. Résumé de l'œuvre (en 5 lignes maximum) :

Je soussigné, producteur de l'œuvre, mandataire du producteur (1), certifie exacts les renseignements ci-dessus portés.

Fait à Paris, le

Partie réservée à l'administration

49. Notes :

Décision de la Commission :

Date de délivrance du visa : N° de visa :

LE DEPOT LEGAL

I- Les principes du dépôt légal

1- L'universalité du dépôt légal
2- Triple mission de service public des organismes dépositaires

II- Modalités du dépôt légal

1- Dépôt légal au CNC
a- Documents visés
b- Procédure du dépôt légal devant le CNC

2- Dépôt légal à l'INA
a- Les diffuseurs assujettis à l'obligation du dépôt légal
b- Documents qui font l'objet d'une sélection

3- Dépôt légal à la Bibliothèque Nationale de France
a- Documents visés
b- Charge du dépôt
c- Procédure de dépôt légal devant la Bibliothèque Nationale de France

III- Récapitulatif par types de documents audiovisuels

Le dépôt légal a été instauré par François Ier dès 1537. Plusieurs textes ont par la suite apporté des aménagements au système initial. Les finalités du dépôt légal - mémoire humaine, moyen de contrôle de l'Etat ou garantie de la propriété littéraire et artistique -, se sont, selon les époques de notre histoire, infléchies dans un sens ou dans l'autre.
La loi du 20 juin 1992 marque une étape décisive.

Elle réserve à l'audiovisuel (radio/télévision) une place pleine et entière; jusque-là il n'était que marginalement recueilli, la valeur culturelle des émissions de radio-télévision n'étant pas reconnue; une chaîne comme *La Cinq* a traversé le paysage audiovisuel français sans qu'il en reste trace. De plus, et pour la première fois, la thésaurisation des œuvres se double d'une volonté d'en exploiter leurs richesses par la recherche scientifique.

Pour une plus grande souplesse, le soin d'organiser plus précisément le dépôt légal a été délégué au pouvoir réglementaire. Le décret d'application date du 31 décembre 1993.

I- LES PRINCIPES DU DEPOT LEGAL

1- L'universalité du dépôt légal

Le Code du Patrimoine fait du dépôt légal un principe qui concerne tous les documents quel qu'en soit le domaine ou le support et quelque soit la taille du public auquel ils sont destinés, peu importe que ce public paye une contrepartie ou non pour avoir accès au document. Ainsi le dépôt légal est-il étendu notamment à l'informatique et à l'ensemble de l'audiovisuel (télévision incluse), qui prennent une place importante dans le temps consacré aux loisirs.

Mais le coût du dépôt légal (conservation, catalogue et communication) déjoue un rayonnement aussi ambitieux. Aussi et par souci de réalité, la loi réserve au pouvoir réglementaire la détermination des prises en charge progressives du dépôt légal.

2- Triple mission de service public des organismes dépositaires

Si l'on excepte le dépôt effectué auprès du ministère de l'Intérieur (qui ne poursuit pas un objectif patrimonial et qui ne concerne que les documents sur supports papiers), le dépôt légal sera assuré auprès de la BIBLIOTHEQUE NATIONALE DE FRANCE, du CENTRE NATIONAL DE LA CINEMATOGRAPHIE (CNC), et de l'INSTITUT NATIONAL DE L'AUDIOVISUEL (INA).

Ces organismes doivent assurer une triple mission de service public.

1- *Collecte et conservation des documents soumis au dépôt légal.*

2- *Constitution et diffusion de bibliographies nationales.*

Le rapport au Premier Ministre, relatif à une grande bibliothèque, de Patrice Cahart et Michel Melot (documentation française - juillet 1989) remarquait : "Une bibliographie existe d'abord par son catalogue. Il en est la représentation et la clé, particulièrement dans le cas d'une bibliothèque nationale qui veut servir de rayonnement de la production française, particulièrement aussi dans le cas d'une bibliothèque de recherche dont les magasins sont inaccessibles au public... la France a accumulé en ce domaine un retard considérable."

3- *Consultation des documents déposés.*

C'est le corollaire de la conservation patrimoniale.
Cette mission nouvelle a des conséquences au niveau du droit d'Auteur et des droits Voisins. La loi limite donc ces consultations à deux conditions : elles sont faites dans le cadre de la recherche et à l'intérieur de l'enceinte du dépositaire.
En réalité, la Bibliothèque Nationale (de France) offrait déjà cette possibilité de consultation sur place, sans prêt, ni copie et en respectant le cas échéant le vœux de confidentialité du déposant (notamment pour les films d'entreprise), au public justifiant d'une recherche particulière. Ce service est maintenu et la consultation est possible dans la salle de l'audiovisuel du rez-de-jardin sur des postes individuels. Le Département de l'Audiovisuel répond également à de nombreuses recherches par téléphone et par courrier.
De son côté, l'INA, dont l'activité au titre du dépôt légal a commencé depuis janvier 1995, a organisé le processus de consultation en collaboration avec des chercheurs afin de cerner leurs besoins extrêmement variés selon leurs spécialités. Ils dsposent donc d'une banque de données à entrées multiples, de 63 stations de lecture audiovisuelle (SLAV) installées dans la salle AV de la Bibliothèque François Mitterrand et permettant à la fois la consultation des bases de données, des documents audiovisuels ou sonores et l'élaboration de leurs travaux.

II- MODALITES DU DEPOT LEGAL

Chaque organisme dépositaire a une compétence spécifique, déterminée par le décret d'application, qui fixe également les modalités du dépôt légal.

Nous les rappellerons ici en ce qui concerne notre matière, en commençant par le CNC et l'INA. Nous n'examinerons qu'ensuite l'organisation du dépôt à la Bibliothèque Nationale de France dont l'intervention couvre également d'autres secteurs que l'audiovisuel.

1- Dépôt légal au CNC

a- Documents concernés

Tous les films réalisés ou tirés sur support photochimique (16 ou 35 mm) et diffusés en France doivent obligatoirement être déposés au CNC (longs métrages, français ou étrangers, films de cinéma, films institutionnels ou publicitaires) (Code du patrimoine du 20/02/2004 articles L131-1 à L133-3 et décret no 93.1429 du 31 décembre 1993)
Les films étrangers et les films commandités non visés peuvent être exonérés de l'obligation de dépôt dès lors qu'ils sont diffusés en France à moins de six copies.

Le dépôt légal des films a pour objectif la préservation du patrimoine cinématographique. Les personnes qui se soustraient à l'obligation de dépôt risquent une peine d'amende de 75 000 €.

b- Procédure du dépôt légal au CNC

DEPOSANT

* pour les films français et coproductions internationales : le producteur ou le coproducteur français

* pour les films étrangers importés à six copies ou plus : le distributeur

* pour les films commandités, institutionnels ou publicitaires : le commanditaire

DELAI DE DEPOT

* pour les longs métrages : un mois au plus après la sortie

* pour les courts métrages : six mois au plus après la 1e représentation

FORMAT DE DEPOT

* pour les longs métrages : 1 élément intermédiaire (interpositif) ou copie positive neuve

* pour les courts métrages : 1 copie positive en bon état

DOCUMENTS A JOINDRE AU DEPOT DU FILM

* Formulaire de déclaration de dépôt (expédié par le CNC)

* Films-annonces + Photographies d'exploitation + Affiches + Affichettes + Dossier de presse

Document	Films cinématographiques et Films de commande sur support photochimique
Déposant	- Producteur - Distributeur pour les films importés - Commanditaire pour les films institutionnels
Délai	- UN MOIS à compter de la première représentation publique pour les longs métrages - SIX MOIS à compter de la première représentation publique pour les courts métrages
Exemplaire déposé	UN EXEMPLAIRE Pour les CM, possibilité de déposer une simple copie si celle-ci est d'une parfaite qualité technique.
Pièces accompagnant le dépôt	- dossier de presse - synopsis - fiche technique - matériel publicitaire (bandes annonces, affiches, photographies...)

2- Dépôt légal à l'INA

La délégation faite par la loi au pouvoir réglementaire de moduler les effets des principes qu'elle pose trouve des répercussions particulièrement importantes dans le secteur des émissions de radio et de télévision en raison de leur volume, de leur variété et de leur répétition. Ainsi les journaux télévisés sont-ils bâtis sur une trame identique, certaines séquences étant reprises sur plusieurs jours et passant d'une chaîne à une autre.

L'organisation du dépôt légal auprès de l'INA se ressent donc de cette complexité : certains documents sont intégralement déposés, d'autres font préalablement l'objet d'une procédure de sélection.

Depuis 2001, les procédures se sont considérablement allégées, puisque l'INA procède à un enregistrement intégral par captations, permis par les techniques numériques. Le dispositif a déjà été étendu à 33 chaînes du câble et du satellite à couverture nationale et aux 12 réseaux radiophoniques nationaux.

a- Les diffuseurs assujettis à l'obligation du Dépôt légal

La mise à disposition du public conditionnant l'obligation de dépôt légal, cette dernière incombe au diffuseur.

La loi du 20 juin 1992 vise tous les diffuseurs (y compris la chaîne éducative créée par la loi n° 94-88 du 1er février 1994). Toutefois dans un premier temps et notamment en ce qui concerne l'audiovisuel, les réseaux câblés, dont la programmation propre reste encore marginale, ainsi que les chaînes régionales hertziennes et les chaînes diffusées par satellites ne seront pas concernés par le dépôt légal.

Les diffuseurs assujettis sont donc pour le moment :

France 2
France 3
M6
France 5
TF1
Canal +
ARTE

en ce qui concerne leurs émissions nationales

Ils devront procéder au dépôt des documents dont la première diffusion ou la première rediffusion intervient à compter du 1er janvier 1995 (date à partir de laquelle l'obligation du dépôt auprès de l'INA est entré en vigueur).

b- Documents de télévision à déposer intégralement

Les diffuseurs cités ci-dessus, déposent à l'INA les documents :

- **qui auront été entièrement produits par une société de droit français** ou dans laquelle une telle société serait intervenue en part coproduction ou en préachat de droit de diffusion
- **et qui relèvent d'une des catégories suivantes :**

  * *les œuvres télévisuelles*, c'est-à-dire les courts métrages, les fictions télévisuelles, téléfilms, séries, feuilletons, dessins animés, les retransmissions de spectacles (théâtre, musique, chorégraphie...), les documentaires de création et magazines à majorité d'images hors plateau *(ex.: "Thalassa")*, les magazines d'information (reportages à majorité d'images issues des rédactions)

  **les magazines et les émissions majoritairement réalisées en plateau,* autres que ceux figurant dans la catégorie œuvre, par exemple *"Campus", "Mots croisés", "France Europe Express"...*

  * *les émissions de variétés* telles que *"La méthode Cauet", "Vivement Dimanche"...*

  * *les messages publicitaires*

  * *Les vidéoclips*

  * *les émissions relevant d'obligations particulières* des cahiers des missions et des charges

c- Documents de télévision qui font l'objet d'une sélection

Tout le reste de la programmation fait l'objet d'une sélection. La loi, prévoit que la sélection ne doit pas nuire au principe culturel du dépôt.

La sélection ne porte pas sur les œuvres qui sont intégralement déposées et conservées. Mais, par exemple, les retransmissions sportives seront conservées à raison de quatre par discipline, par an et par chaîne; les jeux à raison de 4 par titre par an et par diffusion, les journaux à raison d'un par jour et par chaîne.

Afin de permettre à l'INA d'assurer la sélection, les diffuseurs doivent lui communiquer leur programmation quinze jours avant la diffusion. L'INA leur fait connaître avant cette diffusion les documents qui devront être intégralement déposés et ceux qui feront l'objet d'une sélection. Il aura la faculté de modifier cette liste dans les sept jours qui suivront la diffusion.

d- Procédure de dépôt devant les commissions de télévision de l'INA

	Dépôt intégral	**Sélection**
Document	- magazines et émissions majoritairement réalisées en plateau autres que de fiction - émissions d'information (à l'exception des journaux télévisés) - œuvres audiovisuelles au sens du décret du 17 janvier 1990 - émissions de variétés - messages publicitaires - émissions relevant d'obligations particulières des cahiers des charges. Dès lors qu'ils sont d'origine française et font l'objet d'une première diffusion ou rediffusion à compter du 01/01/1995 sur les chaînes concernées	Toutes les autres émissions, diffusées ou rediffusées pour la première fois à partir du 01/01/95, sur les chaînes concernées, font l'objet d'une sélection en vue de déterminer quels éléments seront déposés et conservés.

Déposant	*En ce qui concerne leurs émissions nationales* France 3 - M6 ***Pour toute leur programmation*** France 2 – TF1 – Canal + - Arte – France 5
Délai	- 15 jours avant la diffusion, les chaînes fournissent leur programmation à l'INA - avant la date de diffusion, l'INA fait connaître la liste des documents qui seront intégralement collectés et ceux qui seront sélectionnés L'INA dispose d'un délai de 7 jours, après la diffusion, pour éventuellement rectifier cette liste. - Le dépôt doit intervenir dans les 15 jours de la date de diffusion
Pièces accompagnant le dépôt	- le conducteur des émissions - le rapport du chef de chaîne - une copie de la déclaration des droits relatifs aux programmes musicaux - le dossier de presse - le synopsis - la fiche technique - la matériel publicitaire

3- Dépôt légal à la Bibliothèque Nationale de France

a- Documents visés

La Bibliothèque Nationale de France recueille les documents imprimés, les progiciels, bases de données et systèmes experts, les phonogrammes, et en ce qui concerne le domaine de l'audiovisuel,

- *les vidéogrammes autres que ceux fixés sur un support photochimique* (dont on a vu qu'ils devaient être déposés au CNC). En pratique, il s'agit de tous les vidéogrammes, édités ou non édités, tels que les films d'entreprises, des collectivités territoriales, les vidéogrammes de formation, ceux du secteur associatif, voire les produits de producteurs indépendants n'ayant pas encore trouvé de marché et qui font l'objet d'une présentation publique ou d'une participation à un festival.

  Le fait d'avoir déposé le même document sur un autre support auprès du CNC ou de l'INA ne dispense pas d'effectuer le dépôt auprès de la Bibliothèque Nationale de France, dès lors que le nouveau support a également été mis à la disposition du public. Ainsi une œuvre peut-elle être déposée plusieurs fois selon les supports sur lesquels elle est proposée au public.

- les documents multimédias, c'est-à-dire :
"tout document qui soit regroupe deux ou plusieurs supports, soit associe, sur un même support, deux ou plusieurs documents soumis à l'obligation du dépôt."[article 21 Décret 30/12/1993).

b- Charge du dépôt

L'obligation de dépôt incombe :

pour les documents produits ou édités en France : à l'éditeur, ou en l'absence d'éditeur au producteur ou à la personne qui les commande

pour les documents importés : à l'importateur

c- Procédure de dépôt légal devant la Bibliothèque Nationale De France

Document	Vidéogrammes Sur support autre que photochimique	Documents multimédia
Déposant	Editeur, à défaut producteur ou personne qui a commandé le vidéogramme, ou l'importateur	
Délai	AU PLUS TARD le jour de leur mise à disposition du public	
Exemplaire Déposé	DEUX EXEMPLAIRES d'une parfaite qualité technique et identiques aux exemplaires mis à la disposition du public. Ils doivent être déposés avec les pochettes, emboîtages, reliures et notices qui les accompagnent.	

III- RECAPITULATIF PAR TYPES DE DOCUMENTS AUDIOVISUELS

Longs métrages et courts métrages sur support photochimique	**C.N.C.**	**ARCHIVES DU FILM – CNC** 7 bis, rue Turpault 78300 Bois d'Arcy Tél : 01.30.14.80.00 Fax : 01.34.60.52.25 www.cnc.fr *Mme Michelle AUBERT*
Vidéogrammes autres que ceux fixés sur support photochimique **Multimédia**	**B.N.F.**	**BIBLIOTHEQUE NATIONALE** DEPARTEMENT DE L'AUDIOVISUEL Dépôt Légal Audiovisuel Quai François Mauriac 75706 Paris cedex 13 Tél : 01.53.79.53.02 Fax : 01.53.79.47.21 www.bnf.fr *Mme Isabelle GIANNATTASIO*
Emissions télévisuelles et radiophoniques	**I.N.A.**	**INA** Inathèque de France 4, avenue de l'Europe 94366 Bry-sur-Marne cedex Tél : 01.49.83.30.20 Fax : 01.49.83.30.25 www.ina.fr *M. Jean-Michel RODES*

LE COPYRIGHT AMERICAIN

I- L'adhésion des Etats-Unis à la convention de Berne

II- Les formalités américaines

1- La mention américaine

2- L'enregistrement

b- Intérêts de l'enregistrement

c- Durée de la protection

d- Formalités de dépôt

Il est fréquent de rencontrer sur les œuvres publiées, l'énigmatique ©, suivi d'une date et d'un nom. Pas difficile d'y reconnaître le fameux copyright, mais quelle est la portée de son apposition sur une œuvre ?

I- L'ADHESION DES ETATS-UNIS A LA CONVENTION DE BERNE

Il existe internationalement deux grandes conventions multilatérales relatives aux œuvres de l'esprit et qui traduisent deux approches différentes :

- l'une axée sur la création et qui donc, conçue autour de l'Auteur, organise une protection contre les altérations. C'est la Convention de Berne qui date de 1886 et est considérée comme le système le plus protecteur du droit d'auteur;
- l'autre place davantage l'accent sur la protection des intérêts économiques et financiers et privilégie donc l'exploitation de l'œuvre. La Convention Universelle *(Universal Copyright Convention -UCC-)* date de 1952.

La plupart des états sont membres de ces deux Conventions. C'est le cas par exemple de la France. Dans les relations entre de tels pays, c'est la Convention de Berne qui doit régir les matières qui touchent aux œuvres originaires d'un Etat membre de l'Union de Berne.

Pour des raisons économiques et politiques sur lesquelles nous n'insisterons pas :

- important bénéfice extérieur (environ 1,5 milliard de $ au moment de l'adhésion à Berne) généré chaque année par la propriété intellectuelle aux Etats-Unis;
- volonté des professionnels américains de pouvoir bénéficier des avantages de la Convention de Berne pour leurs exportations;
- représentation de tous les grands pays (hors l'URSS et la Chine) dans l'Union de Berne; l'entrée des USA leur ouvrait des relations avec de nombreux pays en matière de droits d'auteur;
- intérêt des Etats-Unis à pouvoir participer à la vie de la Convention notamment relative aux mutations technologiques;
- perspective de renforcer leur position dominante dans les négociations du GATT et de devenir le leader en matière de droits d'auteur;
- querelle entre les Etats-Unis et l'UNESCO qui gère l'UCC; les Etats-Unis ont finalement adhéré à la Convention de Berne en 1988.

Or le droit américain était en opposition avec les principes établis par la Convention de Berne, notamment avec l'article 5 alinéa 2 de cette dernière qui prohibe l'assujettissement de la reconnaissance du droit d'auteur à une quelconque formalité, et en ce qui concerne le droit moral que la Convention reconnaît aux auteurs sur leurs œuvres.
Des aménagements ont donc dû être apportés.

Mais malgré leur adhésion sans réserve à la Convention de Berne, les Etats-Unis n'ont pas entrepris de refonte radicale de leur système et l'esprit de leur législation demeure empreint de formalisme. Il est donc très important de connaître celui-ci et de le respecter. A défaut les œuvres peuvent être ni plus, ni moins pillées par des sociétés américaines les exploitant sans en avoir préalablement acquis les droits. Cela a notamment été le cas pour des films de Jean-Luc Godard, Alain Resnais, Robert Bresson, Marcel Carné, Claude Chabrol.

II- LES FORMALITES AMERICAINES

L'opposition la plus flagrante concernait les formalités imposées par la législation américaine en matière de droit d'auteur.

1- La mention de réserve - ©

Dans un premier temps, l'absence du fameux © appelé *"mention de réserve"* sur chacun des exemplaires de l'œuvre, faisait tomber cette dernière dans le domaine public. En 1976 la législation accordait un délai de grâce de cinq ans pour remédier, par l'enregistrement de l'œuvre, au manque de mention de réserve.

La loi de ratification à la Convention de Berne en 1988 a retiré à la mention de réserve son caractère obligatoire. Les droits détenus sur une œuvre ne dépendent plus de la présence du copyright sur les exemplaires en circulation. Cette mesure s'applique aux œuvres publiées après le 1er mars 1989 quelle que soit leur origine. Mais pour les œuvres antérieures au 1er mars 1989, *leur régime reste par contre inchangé.*

Mais il n'en demeure pas moins qu'en l'absence de copyright sur une œuvre, le contrefacteur pourrait invoquer sa bonne foi. Celle-ci aura pour effet de l'exonérer en partie, le juge pouvant alors réduire les dommages et intérêts auxquels pouvait prétendre le légitime détenteur des droits. Ainsi et malgré la loi de 1988, sur l'adaptation de la législation américaine à l'esprit de Berne, la mention de réserve, même devenue non obligatoire, n'en produit pas moins des effets fortement incitatifs.

Aucune formalité n'est requise pour l'apposition du copyright. Il suffit de mentionner sur chacun des exemplaires, quel qu'en soit le support, dès la première publication de l'œuvre, même si elle a lieu en France, le sigle ©, suivi de la date de première publication et du nom de l'auteur ou du détenteur des droits. La mention de réserve doit apparaître clairement.

Exemple : © Dixit 2005.

2- L'enregistrement

La législation américaine prévoyait également un enregistrement obligatoire de l'œuvre et le dépôt de celle-ci préalable à toute action. Cette formalité n'était, elle aussi, pas compatible avec l'article 5 alinéa 2 de la Convention de Berne puisque l'exercice du droit d'auteur en dépendait.

Désormais les auteurs d'œuvres relevant de la protection de la Convention de Berne (notamment les œuvres françaises) sont dispensés de procéder à cet enregistrement. Mais l'enregistrement reste obligatoire pour les œuvres américaines, ou celles originaires d'un Etat de l'UCC non membre de Berne ou encore d'un état avec lequel les Etats-Unis auraient signé un accord bilatéral. Il est à noter que les paragraphes 405 et 406 du *"Copyright Act"* maintiennent la valeur de l'enregistrement pour les œuvres publiées antérieurement au 1er mars 1989, à propos desquelles l'enregistrement doit être requis pour pallier l'absence de mention de réserve.

Par ailleurs et de la même façon que pour la mention de réserve, cette libéralisation coexiste avec des mesures qui avantagent très nettement l'auteur ayant procédé à l'enregistrement, et il ne saurait être question de conseiller de ne pas y souscrire.

a- Intérêts de l'enregistrement

A défaut d'enregistrement, l'auteur devra prouver qu'il remplissait les conditions requises pour en être dispensé; il devra notamment prouver l'originalité de son œuvre et par conséquent sa qualité d'auteur, les dates de création et de publication ainsi que la validité de son droit. Preuves que l'enregistrement, **effectué dans les cinq années de la publication de l'œuvre**, dispense de rapporter.

De plus un enregistrement **effectué dans les trois mois de la première publication**, permet au requérant de demander :

- l'octroi d'une indemnité pour frais de justice. Or les frais d'avocat sont très élevés aux Etats-Unis;
- ainsi que des dommages et intérêts fixés par la loi (ceci est particulièrement appréciable dans cette matière où la preuve et le

calcul du préjudice subi sont particulièrement difficiles à rapporter). Du reste la loi de 1988, à titre d'incitation à l'enregistrement, a haussé le seuil maximum de ces dommages et intérêts qui est passé de 50 000 $ à 100 000 $.

Enfin l'enregistrement permet au propriétaire du Copyright de s'opposer à l'importation d'œuvres contrefaites.

b- Durée de la protection

La protection dépend de la nature des auteurs.
Si l'auteur est seul, l'œuvre est protégée jusqu'à sa mort et la protection subsiste pendant 70 ans post-mortem.
S'il y a plusieurs auteurs, la protection subsiste jusqu'à la mort du dernier survivant et 70 années supplémentaires post-mortem.
Dans le cas d'œuvres dont l'auteur est anonyme ou utilise un pseudonyme, la protection est de 95 ans à partir de la date de publication.

c- Procédure de dépôt

Même une œuvre non publiée peut être enregistrée.
Le dossier doit être adressé, complet, au Copyright Office; dont on trouvera les coordonnées à la fin de ce chapitre.

Pour la constitution du dossier de dépôt, vous ne communiquerez ici que celles qui concernent un film dont la première publication a été faite en dehors des Etats-Unis.

> Le dossier doit comporter :

1- **un formulaire**. Il existe plusieurs formulaires selon le type de l'œuvre. Il faut demander le formulaire PA qui concerne les œuvres publiées ou non, dramatiques, musicales, les pantomimes, les chorégraphies les films et de façon générale toutes les œuvres audiovisuelles. Ce formulaire est téléchargeable sur le site du copyright.

2- **un chèque de 60 dollars** par œuvre, établi à l'ordre du Register of Copyrights. Le règlement doit impérativement être établi en dollars sur un organisme financier américain.

3- **un exemplaire de l'œuvre.**

- D'une façon générale le dépôt doit comporter :

  * *si* l'œuvre n'est pas publiée, une copie complète sur papier ou disquette;

* *si* l'œuvre a été publiée hors Etats-Unis, une copie complète de sa première publication.

- D'une façon spécifique et en ce qui concerne les œuvres audiovisuelles, le dépôt doit comporter :

  * *si* l'œuvre est un film : une copie complète de l'œuvre, un synopsis ou descriptif du scénario;

  * *si* l'œuvre est en format CD-Rom, une copie complète de l'œuvre (disque CD-Rom, logiciel et manuel d'utilisation);

  * *si* l'œuvre est en trois dimensions : description complète avec notamment photo et dessin;

  * *s'il* s'agit d'une collection : il faut qu'elle soit ordonnée, sous un titre unique. Le demandeur doit être le même pour tous les éléments séparés de la collection. Dans le cas où les éléments ont des auteurs différents, il faut que l'un d'entre eux ait contribué de façon significative à chacun des éléments.

> Qui peut faire une demande d'enregistrement ?

Seuls ont qualité à procéder aux formalités de l'enregistrement :

- **Les auteurs** : il s'agit naturellement du créateur de l'œuvre. La loi américaine a assoupli sa conception qui acceptait de ce chef les employeurs et/ou ceux qui avaient commandé l'œuvre. A présent le producteur d'une œuvre audiovisuelle, employeur des différents collaborateurs, ou celui qui a commandé l'œuvre, n'aura la qualité d'auteur que si le contrat spécifie que l'œuvre est assimilée à une *"œuvre créée dans le cadre d'un contrat de louage d'ouvrage ou de service"*.
- **Les déposants du copyright** : Pour le Copyright Office il s'agit de tout auteur d'un travail ou toute personne (physique ou morale) qui a obtenu la "propriété" de tous les droits de copyright appartenant à l'origine à l'auteur.
- **Le "propriétaire"** d'un ou de droits exclusifs composant le copyright : dès lors que ces droits sont transférés et détenus séparément, tout détenteur d'un de ces droits exclusifs peut demander l'enregistrement à son nom de ce droit.
- **Les mandataires** dûment autorisés, de l'auteur, du déposant du copyright ou du "propriétaire" des droits : toutefois ces mandataires doivent être précisément habilités à pouvoir procéder aux formalités de l'enregistrement.

Pour avoir plus d'informations :

- vous pouvez aller sur le site : www.copyright.gov
- vous pouvez parler à un interlocuteur : (00 1) 202.707.3000
  du lundi au vendredi de 8h30 à 17h (horaires Côte Est)
- vous pouvez contacter le Copyright Office :

  Library of Congress
  Copyright Office
  Publications Section, LM-455
  101, Independance Avenue, S.E.
  Washington, D.C. 20559-6000
  USA

- Les dépôts sont à faire à :

  Library of Congress
  Copyright Office
  101, Independance Avenue, S.E.
  Washington, D.C. 20559-6000
  USA

COMMISSION DU FILM

I- **La mission**

II- **Le réseau**

COMMISSION DU FILM

Le concept de «commission du film » a été développé en Amérique du Nord à partir des années 40.
L'objectif de telles structures est de promouvoir un territoire (Etat, région, département, ville...) et de faciliter le travail des professionnels de l'industrie cinématographique et de l'audiovisuel pour les tournages sur ce territoire.
L'Association of Films Commissionners International (AFCI, www.afci.org) compte plus de 300 adhérents dans plus de 30 pays.

> *L'organisation des commissions du film en France*

En France, la Commission Nationale du FILM FRANCE a été créée en 1995.
Elle est membre de l'AFCI.
Elle a pour mission de promouvoir la France comme lieu de tournages et de post-production, et réunit le réseau des commissions du film locales (34 bureaux d'accueil des tournages).

> *Statut de Film France*

Association Loi 1901, son conseil d'administration est composé de professionnels de l'industrie cinématographique et audiovisuelle, de représentants des administrations et d'associations d'élus locaux. Elle bénéficie du soutien du Centre National de la Cinématographie.

> *Activités de Film France*

Elle assure la promotion des ressources techniques françaises (labo, studios, effets spéciaux...), des ressources humaines (artistes, techniciens) et patrimoniales (décors) en liaison avec les fédérations et organismes professionnels.
Elle informe gratuitement les professionnels sur les conditions de tournages en France (réglementation, financement, logistique).
Elle réunit le réseau des commissions du film locales.

I- LA MISSION

Les commissions du film locales (appelées également bureaux d'accueil des tournages) ont pour mission d'inciter et de faciliter l'accueil des tournages sur leur territoire, d'assister les équipes de film quelque soit la nature du film (LM, TV, CM, DOC, pub...).
Qu'il s'agisse de service interne à une collectivité territoriale ou de structures soutenues par une collectivité territoriale, elles permettent à la communauté de bénéficier des retombées que procure un tournage en termes d'économies, d'emploi, d'image.

Elles offrent, aux professionnels français et étrangers, des services gratuits d'information et d'assistance :

- recherche de lieux de tournages
- liaison avec les autorités locales et facilitation des autorisations de tournages
- accueil logistique
- listes de prestataires locaux
- listes de comédiens et techniciens.

Les aides logistiques des commissions du film locales peuvent dans certains cas être complétées par des aides financières mises en places par les collectivités territoriales.

> *Site internet*

Le site internet de Film France et de son réseau (www.filmfrance.net) permet notamment :

- de rechercher des lieux de tournages
- de consulter le guide pratique des tournages
- de calculer les éphémérides
- d'obtenir des informations sur les aides en régions

> *Contacts*

Film France
33, rue des Jeûneurs 75002 Paris
Tel 01 53 83 98 98 - Fax 01 53 82 98 99
film@filmfrance.net
www.filmfrance.net

Président : Frédéric Brillion
Délégué Général : Patrick Lamassoure

II- LE RESEAU DES COMMISSIONS DU FILM

Bureaux d'accueil des tournages :

Bureau d'Accueil de Tournages Centre Val de Loire
Atelier de Production
Centre Val de Loire
24, rue Renan
37110 Château-Renault
Tél. : +33 (0)2 47 56 08 08
Fax : +33 (0)2 47 56 07 77
jocelyn.termeau@apcvl.com
jerome.parlange@apcvl.com
www.apcvl.com
Jocelyn Termeau, Jérôme Parlange

Commission du Film de Normandie
Accueil de Tournages Haute-Normandie
Pôle Image Haute-Normandie
Immeuble Le Martainville
73, rue Martainville
76000 Rouen
Tél. : +33 (0)2 35 70 20 21
Fax : +33 (0)2 35 70 35 71
bat@poleimagehn.com
Carole Laumier

Accueil de Tournages Basse-Normandie
ACCAAN - 57, rue Victor Lépine
14000 Caen
Tél. : +33 (0)2 31 84 32 77
Fax : +33 (0)2 31 83 98 92
bat@accaan.com
bat.accaan.org
Isabelle Le Guern, Johanne Prat

Commission du Film Nord/Pas-de-Calais
CRRAV
21, rue Edgar Quinet – BP 152
59333 Tourcoing Cedex
Tél. : +33 (0)3 20 28 26 53
Fax : +33 (0)3 20 28 26 41
fdelahaye@crrav.com
www.crrav.com
Frédérique Delahaye

Agence Films Alsace
Agence Culturelle d'Alsace
1, espace Gilbert Estéve - BP 25
67601 Sélestat Cedex
Tél. : +33 (0)3 88 58 87 57
Fax : +33 (0)3 88 58 87 59
films.alsace@culture-alsace.org
Gaël Lachaux

Commission du Film de Strasbourg
Ville et communauté urbaine de Strasbourg
1, parc de l'Étoile
67076 Strasbourg Cedex
Tél. : +33 (0)3 88 43 61 82
Fax : +33 (0)3 88 60 98 57
comfilm@cus-strasbourg.net
www.strasbourg-film.com
Anne Fantinel

Commission du Film de Bourgogne
BP 91 - 89203 Avallon Cedex
Tél. : +33 (0)3 86 34 47 60
Fax : +33 (0)3 86 34 46 16
filmbourgogne@wanadoo.fr
www.filmbourgogne.com
Gaëlle Laurent

Commission du Film - Conseil Régional de Franche-Comté
Hôtel de la Région
4, square Castan
25031 Besançon Cedex
Tél. : +33 (0)3 81 61 61 14
Fax : +33 (0)3 81 83 12 92

vassili.meimaris@cr-franche-comte.fr
Vassili Meimaris, Maryse Mercier

Commission du Film Auvergne
6, place Michel de l'Hospital
63058 Clermont-Ferrand Cedex 1
Tél. : +33 (0)4 73 14 73 14
Fax : +33 (0)4 73 14 73 16
cfa@clermont-filmfest.com
www.filmauvergne.com
Stéphane Souillat, Katell Camus

Commission du Film Rhône-Alpes
24, rue Emile Decorps
69100 Villeurbanne
Tél. : +33 (0)4 72 98 07 98
Fax : +33 (0)4 72 98 07 99
sergetachon@comfilm-rhone-alpes.fr
www.comfilm-rhone-alpes.fr
Serge Tachon

Commission Régionale du Film Provence-Alpes-Côte d'Azur
Régie culturelle régionale
Carrefour de la Malle - CD 60 D
13320 Bouc Bel Air
Tél. : +33 (0)4 42 94 92 06
Fax : +33 (0)4 42 94 92 01
b.adelaide@laregie-paca.com
a.cheminee@laregie-paca.com
Brigitte Adélaïde
Armelle Cheminée-Kornig

Bureau du Cinéma du Lubéron
Pépinière d'entreprises
Avenue des Bories
84400 Apt
Tél. : +33 (0)4 90 74 21 43
Fax : +33 (0)4 90 04 72 31
cine.bureauluberon@wanadoo.fr
Marie-Laure Pessemesse

Commission du Film du Var
Montée de Villeneuve
83570 Entrecasteaux
Tél. : +33 (0)4 98 05 26 00
Fax : +33 (0)4 98 05 26 05
dana@filmvar.com
www.filmvar.com
Dana Théveneau
> *Bureau de Saint-Tropez :*
BP 15 - 83991 St Tropez Cedex
Tél. : +33 (0)4 94 54 81 88
Fax : +33 (0)4 94 97 76 06
michel@filmvar.com
www.filmvar.com
Michel Brussol

Commission du Film Côte d'Azur
CCINCA
20, boulevard Carabacel
06000 Nice Cedex
Tél. : +33 (0)4 93 21 41 92
Fax : +33 (0)4 93 21 41 93
evelyne.colle@cote-azur.cci.fr
Evelyne Colle

Bureau du Cinéma d'Aix-en-Provence
Direction de la Communication
Hotel de Ville
13616 Aix-en-Provence
Tél. : +33 (0)4 42 91 97 68
Fax : +33 (0)4 42 91 93 65
albertinimc@mairie-aixenprovence.fr
Christine Albertini

Bureau du Cinéma de Marseille
23, rue François Simon
13003 Marseille
Tél. : +33 (0)4 91 50 75 45
Fax : +33 (0)4 96 62 65 11
Dgac-bureauducinema@mairie-marseille.fr
Alain Carré, Aurélie Quintrand

Bureau du Cinéma d'Avignon
Hotel de Ville, Dpt Culture
84045 Avignon cedex
Tél. : +33 (0)6 14 59 81 07

Fax : +33 (0)4 90 80 83 21
gerard.lefeuvre@mairie-avignon.com
Gérard Lefeuvre

Commission du Film des Alpes du Sud
53, avenue de Provence
05300 Laragne Montéglin
Tél. : +33 (0)4 92 56 56 98
Fax : +33 (0)4 92 56 56 00
info@cinefas.com
Valérie Rossi

Aquitaine Tournages
Aquitaine Image Cinéma
Cité Mondiale
23, parvis des Chartrons
33074 Bordeaux Cedex
Tél. : +33 (0)5 56 01 78 70
Fax : +33 (0)5 56 01 78 30
aic@aic.aquitaine.fr
jean-pierre.miffurc@aic.aquitaine.fr
www.aquitaine-image-cinema.fr
Jean-Pierre Miffurc

Commission du Film Pyrénées Atlantiques
> Bureau de Biarritz :
11, rue Sarasate
64200 Biarritz
Tél. : +33 (0)5 59 24 10 43
contact@comfilmpyrenees.com
www.comfilmpyrenees.com
Frédérique Albrecht
> Bureau de Pau :
22ter, rue Jean-Jacques de Monaix
64000 Pau
Tél. : +33 (0)5 59 90 11 87
Fax : +33 (0)5 59 90 15 69
contact@comfilmpyrenees.com
www.comfilmpyrenees.com
Marie-Joséphine Merchan

Commission du Film Midi-Pyrénées

Accueil de Tournages Midi-Pyrénées Sud
Ciné 32 - Les Régies de Gascogne
17, rue Lafayette - BP 319
32007 Auch Cedex
Tél. : +33 (0)5 62 63 69 30
Fax : +33 (0)5 62 60 61 15
regiefilm32@wanadoo.fr
www.cine32.com
Dominique Laffitte, Josiane Bled

Accueil de Tournages Midi-Pyrénées Nord
Gindou Cinéma
230, rue Nationale
46000 Cahors
Tél. : +33 (0)5 65 31 75 67
Fax : +33 (0)5 65 31 75 67
atquercyrouergue@wanadoo.fr
gindou.free.fr
Emmanuelle Charrier

Commission Régionale du Film Limousin
4, rue Marcel Sembat
87000 Limoges
Tél. : +33 (0)5 55 10 18 04
Fax : +33 (0)5 55 10 20 36
cinemaenlimousin@wanadoo.fr
Valérie Fumet

Poitou-Charentes Tournages
Centre Régional de Promotion du Cinéma
33, rue St Denis
86035 Poitiers Cedex
Tél. : +33 (0)5 49 88 82 64
Fax : +33 (0)5 49 88 82 63
pct@crpc.asso.fr
Pascal Pérennes, Mickaël Saludo

Agence du Film de Charente-Maritime
8, rue de l'Archimède
17000 La Rochelle
Tél : +33 (0)5 46 56 30 53

Fax : +33 (0)5 46 41 77 73
adf.17@wanadoo.fr
François Giraudeau, Corinne Fiquet

Bureau d'Accueil des Tournages des Pays de la Loire
Région Pays de la Loire
44266 Nantes Cedex 9
Tél. : +33 (0)2 28 20 21 26
Fax : +33 (0)2 28 2050 47
bat@paysdelaloire.fr
Yohan Bonraisin

Commission du Film Ouest Guyanais Action
Centre Culturel Transamazonien
Camp de la Transportation-BP 224
97320 St Laurent du Maroni
Tél : +33 (0)5 94 34 15 53
Fax : +33 (0)5 94 34 24 07
action@nplus.fr
www.transamazoniennes.com
Michaël Christophe

Bureau d'Accueil des Tournages de la Réunion
ADCAM
100, route de la Rivière des Pluies
97490 Sainte Clotilde
Tél. : +33 (0)2 62 92 29 18
Fax : +33 (0)2 62 92 29 12
a.trecolle@adcam.org
d.perin@adcam.org
Olivier Trécolle, Daniel Périn

Corsica Pôle Tournages
Collectivité Territoriale de Corse
Outil culturel – Villa Ker Maria
20200 Ville di Pietrabugno
Tél. : +33 (0)4 95 34 42 51
Fax : +33 (0)4 95 31 42 81
yane.lahaye@ct-corse.fr
Yane Lahaye

Bureau d'Accueil des Tournages Champagne-Ardenne
ORCCA
33, avenue de Champagne
51200 Epernay
Tél. : +33 (0)3 26 55 71 83
Fax : +33 (0)3 26 55 92 16
isabelle.blouet@orcca.asso.fr
Isabelle Blouet, Christelle Colin

Commission du Film de Picardie
ACAP
4, rue Albert Dauphin – BP 322
80003 Amiens cedex
Tél. : +33 (0)3 22 72 68 30
Fax : +33 (0)3 22 72 68 26
cedriceloy@acap-cinema.com
Cédric Eloy

Commission du Film Nord Parisien
21, rue Jules Rimet
93218 St Denis la Plaine cedex
Tél. : +33 (0)1 55 93 56 34
Fax : +33 (0)1 55 93 56 70
stephan.bender@lepole.org
Stephan Bender

Commission du Film Ile de France
11, rue du Colisée
75008 Paris
Tél. : +33 (0)1 56 88 12 88
Fax : +33 (0)1 56 88 12 19
idf-film@idf-film.com
www.iledfrance-film.com
Stéphane Martinet

Bureau Parisien des Tournages
Mairie de Paris
Mission Cinéma – Bureau 528
3, rue Lobeau
75004 Paris
Tél. : +33 (0)1 42 76 43 61
Fax : +33 (0)1 42 76 63 30
tournages@mairie-paris.fr
www.paris.fr/fr/culture/missioncinema
Catherine Walrafen

L'EDITION MUSICALE

I- Protection des droits d'auteur

II- La SACEM et la SDRM

III- La musique de film

1- Musique originale ou de commande
2- Musique préexistante
3- Musique d'illustration sonore

IV- Paiement des droits de représentation publique

V- Droit de reproduction et droit de représentation pour les audiovisuels institutionnels

VI- Le producteur "éditeur de la musique"

1- Admission d'un producteur de films à la SACEM en qualité d'éditeur
2- Déclaration d'une musique de film

L'audiovisuel, par son développement actuel, est devenu le terrain privilégié de la création musicale et certains compositeurs se sont spécialisés dans l'écriture de musiques de films ou y ont investi une bonne part de leur activité.

I- PROTECTION DES DROITS D'AUTEUR

La contribution de la musique à l'image est tellement évidente que le législateur a mis sur un plan d'égalité le réalisateur et le compositeur. Il est donc indispensable, pour tout producteur de films, de connaître parfaitement les droits des auteurs-compositeurs ainsi que les obligations qui lui incombent pour ne pas être en contravention avec la loi.

La loi concède un droit de propriété incorporel, exclusif et opposable à tous au créateur d'une œuvre musicale.

Le statut d'auteur du compositeur de musique de films est parfaitement défini par la loi qui distingue trois types d'œuvre :

- **l'œuvre de collaboration** à la création de laquelle concourent plusieurs personnes physiques
- **l'œuvre composite,** œuvre nouvelle à laquelle est incorporée une œuvre préexistante
- **l'œuvre collective,** créée à l'initiative d'une personne physique qui l'édite, la publie, la divulgue sous son nom et en demeure propriétaire, et dans laquelle interviennent plusieurs auteurs sans qu'il soit possible d'attribuer à chacun d'eux un droit distinct

L'auteur compositeur garde toute son indépendance vis-à-vis du producteur qui lui a commandé l'œuvre : tout au long de la carrière du film et pour toute autre utilisation de l'œuvre, il peut ainsi faire valoir son droit de propriété. La loi en a distingué deux formes : le droit moral et les droits patrimoniaux.

> Droit moral

Le droit moral a trait au respect du nom et de la qualité de l'auteur ainsi que de son œuvre. Il a un caractère perpétuel inaliénable et imprescriptible, transmissible aux héritiers. Un exemple permettra de mieux comprendre comment peut s'exercer ce droit : si un compositeur apprend qu'un producteur s'apprête à utiliser une de ses œuvres dans une production audiovisuelle et qu'il estime que cela porte préjudice à sa qualité, il peut s'y opposer, au titre du droit moral, ceci en vertu du caractère indivisible de l'œuvre : en effet, sans l'autorisation de l'auteur ou de ses ayants droit, nul ne peut changer les paroles, adapter le rythme, ni fragmenter une œuvre musicale pour l'incorporer à la bande sonore d'un film.

Les droits patrimoniaux, au nombre de deux, qui concernent la rémunération du créateur :

- le droit de reproduction exige l'autorisation préalable de l'auteur lorsque son œuvre est fixée sur un support tel que disque, bande magnétique, cassette, enregistrements sonores et visuels, reproductions audiovisuelles par vidéogrammes
- le droit de représentation ou d'exécution publique exige l'accord de l'auteur ou de ses ayants droit pour pouvoir représenter l'œuvre en public (ex : exploitation d'un film dans une salle de cinéma).

II- LA SACEM ET LA SDRM

En raison du développement des moyens de reproduction et de diffusion de la musique, aucun créateur n'est en mesure de faire valoir personnellement ses droits partout où ses œuvres sont utilisées. C'est pourquoi, dans la plupart des pays, de nombreux auteurs ont confié la gestion de leurs œuvres et de leurs droits à des sociétés d'auteurs. En France, c'est la SACEM (Société des Auteurs Compositeurs et Editeurs de Musique) créée en 1851, qui est chargée d'assurer la protection des œuvres des créateurs musicaux, au titre du droit de représentation. En 1935, elle a participé à la création de la SDRM (Société pour l'Administration du Droit de Reproduction Mécanique) chargée de percevoir le droit de reproduction pour les auteurs membres de la SACEM, de la SACD et de la SCAM.
Tout auteur ou compositeur qui désire voir ses œuvres protégées doit donc les déclarer au département de la Documentation Générale de la SACEM, antérieurement à leur exécution et/ou reproduction à l'aide d'un "bulletin de déclaration" où figurent essentiellement :

- le titre et le genre de l'œuvre
- les noms et signatures des collaborateurs et de l'éditeur
- le titre du film (si l'œuvre est intégrée dans un film)
- les huit premières mesures du refrain et du couplet et les thèmes principaux pour la musique instrumentale
- la partition complète de l'œuvre
- les références de l'enregistrement si reproduction sur un CD, DVD…

Il existe une protection internationale du droit d'auteur (Convention de Berne et de Genève - 94 pays signataires) et la SACEM a conclu des contrats de réciprocité avec quelque 100 sociétés d'auteurs étrangères.

Lorsqu'un producteur français utilise la musique d'un auteur étranger, la SACEM va donc percevoir les droits d'auteur (il s'agit du droit d'exécution publique et du droit de reproduction mécanique) pour le compte du créateur et les reverser à la Société d'Auteurs du pays considéré, et réciproquement.

Mais la SACEM intervient également directement dans certains pays où il n'existe pas encore de législation appropriée ou de sociétés d'auteurs. Il faut souligner que les droits patrimoniaux profitent aux ayants droit de l'auteur 70 ans après sa mort.

III- LA MUSIQUE DE FILM

Pour enregistrer une œuvre musicale sur la bande sonore d'un film et la diffuser, il faut donc obtenir l'autorisation de l'auteur ou de ses représentants et acquitter des droits de reproduction. Les obligations qui en découlent pour tout producteur varient selon le type de répertoire utilisé :

- **Une musique originale ou de commande** pour laquelle il est fait appel à un auteur pour écrire une musique correspondant au thème du film que l'on va tourner.
- **Une musique préexistante**, c'est-à-dire une œuvre déjà divulguée, éditée et/ou commercialisée, appelée communément "œuvre du répertoire général"; celle-ci peut appartenir au classique ou à la variété.
- **Une musique conçue spécialement pour l'illustration sonore**, appelée aussi "musique d'ambiance". Une trentaine d'éditeurs phonographiques proposent des catalogues de rythmes divers adaptés aux différentes situations susceptibles d'être mises en scène.

Bien entendu, il est possible d'associer ces trois types de musique dans la même œuvre audiovisuelle, cependant le producteur devra entreprendre des démarches spécifiques pour chacun des types de musiques utilisés.

1- Musique originale ou de commande

Quand un producteur commande une œuvre musicale à un auteur, il aura à négocier avec ce dernier un contrat appelé "prime d'inédit". Cet accord n'est pas une obligation, il dépend évidemment de la notoriété de l'auteur et il ne se substitue pas à la perception des droits d'auteur par la SACEM sur l'exploitation s'il en est membre.

Afin de permettre l'exploitation future, il est indispensable de signer avec l'auteur "un contrat de commande" qui définit très précisément le champ d'application de cette exploitation.

2- Musique préexistante

Il est conseillé au producteur de toujours se mettre en rapport avec la SDRM pour vérifier si une œuvre est tombée ou non dans le domaine public (délai : 70 ans après l'année qui suit la mort du dernier collaborateur de l'œuvre); ainsi qu'avec le producteur de phonogramme, cela peut éviter bien des surprises.

> Déclaration du producteur

Si l'œuvre n'est pas tombée dans le domaine public, le producteur du film doit alors adresser à la SDRM et au producteur de phonogramme une lettre avec les renseignements suivants :

- les titres des œuvres et les noms de leurs auteurs
- le minutage des extraits choisis
- l'utilisation de cette musique (vocale ou instrumentale, en fond sonore ou interprétée visuellement)
- l'origine de l'enregistrement (sur disques, bandes magnétiques, nouvel enregistrement pour le film...)
- le titre du film
- les caractéristiques du film (long/court métrage...) et ses conditions d'exploitation (film commercial, scientifique, publicitaire, amateur...)
- pour les longs métrages : évaluation du budget, nom du réalisateur et des principaux artistes
- le genre du film (comédie, policier...)
- pour le producteur du phonogramme, lui indiquer les références du disque (n° de catalogue)

> Tarifs minimums

La SDRM consulte alors les ayants droit de chaque œuvre qui fixent leurs conditions (auteurs, compositeurs et éditeurs). Le délai de réponse est de 10 à 15 jours. Les tarifs sont très variables; nous indiquons toutefois à titre indicatif les chiffres minima, déterminés en accord avec la chambre syndicale des éditeurs de musique légère. Signalons enfin, que les minima indiqués ci-dessous sont majorés de 50 % lorsqu'une exploitation à la télévision est prévue pour le monde entier.

Tarifs hors taxes du droit de reproduction
(à compter du 1er janvier 2005)
(pour une œuvre de 2 à 3 minutes)

Exploitation :	
Long métrage :	2 160 € HT
Court métrage :	470 € HT
Film Art et Essai :	719 € HT
Exploitation non commerciale :	244 € HT
Films publicitaires :	pas de tarifs minima

> Le droit du producteur phonographique et des artistes interprètes

Il est un autre droit que le producteur cinématographique ne doit pas négliger, celui du producteur phonographique et des interprètes, appelés "droit voisin du droit d'auteur". Le producteur est en effet propriétaire des enregistrements qu'il a effectués et son autorisation préalable est indispensable pour utiliser toute musique éditée par lui, même si l'œuvre est tombée dans le domaine public. Le producteur doit donc, indépendamment de ses démarches auprès de la SACEM-SDRM, former une demande au titre du droit voisin auprès du titulaire de ce droit qu'est le producteur phonographique dit "maison de disques". La durée de protection des droits voisins est fixée par la loi à 50 ans à compter du 1er janvier de l'année civile suivant celle de la première communication au public.

Pour toutes précisions à ce sujet, on peut s'adresser à :

Société Civile pour l'exercice des droits des Producteurs Phonographiques (SCPP)
159 avenue Charles de Gaulle
92200 Neuilly sur Seine **tél. : 01.46.40.10.00**

Société Civile des Producteurs de Phonogramme en France (SPPF)
22-24, rue de Courcelles
75008 Paris **tél. : 01.53.77.66.55**

Société Civile pour l'Administration des Droits des Artistes et Musiciens Interprètes (ADAMI)
14-16, rue Ballu
75009 Paris **tél. : 01.44.63.10.00**

Société de Perception et de Distribution des Droits des Artistes Interprètes de la Musique et de la Danse (SPEDIDAM)
16 rue Amélie
75007 Paris **tél. : 01.44.18.58.58**

3- *Musique d'illustration sonore*

Une trentaine de sociétés spécialisées (liste en fin de chapitre) disposent de catalogues de musique spécialement conçue pour l'illustration sonore où l'on trouve un large répertoire de musiques enregistrée disponible en compacts.

Très répandue en Grande-Bretagne, aux Etats-Unis et en Allemagne, cette activité se développe en France.

L'utilisation d'un disque d'illustration musicale implique également le paiement de deux droits : les droits d'auteur et les droits voisins.

Les formalités sont simples et rapides car la SDRM n'a pas à consulter les auteurs des œuvres.

Il suffit de déclarer auprès de la SDRM les musiques utilisées (formulaire n° 3614 fourni par la SDRM) et d'acquitter les droits correspondants selon le barème suivant :

Barème des droits de reproduction
Droits d'auteur
Tarif hors taxes par tranche de 30"à dater du 01/01/05

	Droits d'auteur à régler à la SDRM (1)	***Droits voisins à régler à la Société d'illustration musicale***
Films cinéma courts et longs métrages pour les salles commerciales	**14,31 € HT**	**(2)**
Films publicitaires	**(3)**	**(2)**
Films amateurs	**8,39 € HT**	**(2)**

(1) *Ces tarifs s'entendent pour la France, majoration de 50% pour un territoire supplémentaire et de 100 % pour deux territoires et/ou le monde entier.*

(2) *Consulter la société d'illustration musicale.*

(3) *Le contrat entre les chaînes de télévisions françaises et la SACEM-SDRM couvre les droits de reproduction mécanique lorsque ces films sont diffusés par ces chaînes.*

IV- DROIT DE REPRODUCTION ET DROIT DE REPRESENTATION POUR LES AUDIOVISUELS INSTITUTIONNELS D'INFORMATION, DE FORMATION OU DE PROMOTION (FILMS D'ENTREPRISE)

Ces deux droit sont gérés par la SDRM qui autorise le producteur à reproduire et à représenter en public les œuvres des répertoires de la SACEM, de la SCAM et de la SACD.

Avant la réalisation de l'audiovisuel institutionnel, le producteur s'adresse au Département du droit de reproduction, Internet, Médias (DRIM) de SACEM-SDRM. Le bureau Vidéo-Institutionnel lui remet des formulaires de demande d'autorisation (réf. : 3613), e-mail : video.entreprise@sacem.fr

Dans le cas d'œuvres du répertoire de la SCAD, l'autorisation n'est délivrée qu'après consultation de cette société d'auteurs.

En ce qui concerne les œuvres musicales dites du "répertoire général" de la SACEM, si une ou plusieurs œuvres de cette catégorie figurent sur la demande d'autorisation le DRIM en informe le producteur et lui communique les noms et coordonnées des ayants droit afin qu'il obtienne l'accord de ces derniers.

Redevance de droits d'auteur Tarifs au 1er janvier 2003

Audiovisuels institutionnels d'information, de formation ou de promotion

L'audiovisuel d'origine et les 50 premiers exemplaires :

Répertoire SACEM : forfait de 1 € HT par seconde	**Répertoire SCAM :** forfait de 0,50 € HT par seconde avec un minimum de 100 € HT
Majoration au-delà de 50 exemplaires :	
10 %............................ 51 à 100 ex.	10 %............................ 51 à 100 ex.
25 %.......................... 101 à 500 ex.	20 %........................... 101 à 200 ex.
50 %........................ 501 à 1 000 ex.	40 %........................... 201 à 400 ex.
100 %...................1 001 à 2 000 ex.	60 %........................... 401 à 600 ex.
200 %............... ....2001 à 10 000 ex.	80 %........................... 601 à 800 ex.
500 %...............10 001 à 50 000 ex.	100 %.......................801 à 1 000 ex.
1000 %............. plus de 50 000 ex.	250 %................. 1 001 à 2 500 ex.
Répertoire SACD : consulter le DRIM	500 %................. 2 501 à 5 000 ex.
	1 000 %.............. 5 001 à 10 000 ex.
	1 500 %............10 001 à 50 000 ex.
	2 000 %..........50 001 à 100 000 ex.

Exemple de calcul de la redevance (hors taxes et hors Sécurité sociale) :

Film de 10 minutes (600 secondes) au total, dont le réalisateur a confié la gestion de ses droits à la SCAM, et sur lequel sont reproduites 3 minutes (180 secondes) de musique du répertoire de la SACEM, et fabriqué en 80 exemplaires.

* Répertoire SACEM (180" x 1 €) + 10 % (majoration tranche de 51 à 100 exemplaires) = 198 € HT

* Répertoire SCAM (600" x 0,50 €) + 10 % (majoration tranche de 51 à 100 exemplaires) = 330,00 € HT

Soit une redevance totale de 528 € HT

Les tarifs de la SDRM pour les audiovisuels institutionnels ne s'applique pas aux :

- audiovisuels destinés à la vente ou à la location pour usage privé
- diffusions de ces audiovisuels institutionnels lors qu'elles donnent lieu à la réalisation de toutes recettes (recettes publicitaires, vente de titres d'accès...) ou lorsqu'elles sont effectuées avec d'autres auditions musicales (cinémas, bals, concerts...).

Toute utilisation non prévue dans cette autorisation doit faire l'objet d'une demande particulière auprès de la société d'auteurs compétente.

V- PAIEMENT DES DROITS DE REPRESENTATION PUBLIQUE

Ce sont les diffuseurs (salles de cinéma, chaînes de télévision, éditeurs-producteurs de vidéos, régisseurs publicitaires,...) qui versent directement à la SACEM les droits pour l'exploitation en France.

- Pour l'exploitation de films institutionnels dans les circuits non commerciaux en France, nous citons quelques cas de figure non exhaustifs qui concernent, dans la plupart des cas, des projections gratuites, et nous conseillons aux producteurs, s'il s'agit d'exploitation n'entrant pas dans le cadre de celles qui sont ci-dessous, de contacter la délégation régionale de la SACEM (adresse sur : www.sacem.fr)

Lorsque le film institutionnel n'a pas obtenu l'autorisation au titre du droit de reproduction et du droit de représentation, notamment les films produits à l'étranger :

- projection gratuite d'un film dans une entreprise, une école professionnelle... dans un but pédagogique ou d'information
- lors de foires, d'expositions, dans un but publicitaire ou de propagande

=> forfait de 16,14 € HT (année 2005) pour 10 projections et 1,61 € HT par projection supplémentaire.

Pour l'exploitation d'œuvres dans les circuits d'exploitation traditionnels avec un pays dit "non statutaire" (qui n'a pas d'accord avec la SACEM), le producteur devra s'acquitter spontanément d'une redevance égale à 3 % du montant du contrat de cession. Pour les producteurs membres de la Chambre Syndicale des Producteurs de Films et l'Union des Producteurs de Films, ce pourcentage est ramené à 2,5 % (la liste des pays statutaires se trouve à la fin du chapitre).

Département du Droit de Reproduction, Internet, Médias de la SACEM-SDRM
Cité de la musique - Bureau Vidéo/Institutionnel
16 place de la Fontaine aux lions
75019 Paris (M° Porte de Pantin)
Tél. : 01.47.15.49.34 - Fax : 01.47.15.49.75
E-mail : video.cinema@sacem.fr / video.entreprise@sacem.fr

Département des Autorisations de Diffusion Publique de la SACEM
Droits de représentation publique - Service des licences
225 av Charles de Gaulle
92528 Neuilly sur Seine Cedex (M° Pont de Neuilly)
Tél : 01 47 15 42 07 - Fax : 01 47 15 47 38

VI- LE PRODUCTEUR DE FILMS EDITEUR DE MUSIQUE

Les producteurs de films exploités dans les salles cinématographiques, à l'exclusion des producteurs de télévision ou spots publicitaires TV, peuvent adhérer à la SACEM en qualité d'éditeur de compositions musicales d'œuvres cinématographiques. Cette admission ne permet l'édition que de musiques d'œuvres cinématographiques et produites par la société. Cette société ne pourra déclarer à la SACEM aucune autre sorte de musique.
Membre de la SACEM en qualité d'éditeur, il recevra 1/3 des droits de l'œuvre qu'il aura éditée.

1- *Admission d'un producteur de films à la SACEM en qualité d'éditeur*

> Documents à fournir à la SACEM

- un formulaire de demande d'admission rempli, daté et signé à se procurer auprès du service de la documentation générale au siège social de la SACEM
- une photocopie d'une pièce d'identité et une photo d'identité du représentant légal
- les statuts de la société
- un extrait original et récent de l'enregistrement au registre du commerce (K bis)
- le journal d'annonces légales dans lequel la constitution de la société a paru
- le bulletin de déclaration d'une œuvre musicale cinématographique appartenant au répertoire de la SACEM ou d'une société d'auteurs d'un pays membre de l'Union européenne
- le conducteur musical récapitulant toutes les œuvres musicales (avec les premières mesure de chaque thème) utilisées dans le film produit par l'éditeur postulant
- le manuscrit de l'œuvre originale commandée à un compositeur pour le film
- le contrat de cession et d'édition musicale correspondant à l'œuvre
- la justification de l'exploitation commerciale de l'œuvre

> Un point important

Avant toute exploitation commerciale et avant la constitution du dossier d'admission, il convient de s'assurer auprès de la SACEM (qui vérifie dans ses bases de données informatiques) la disponibilité de la dénomination sociale envisagée (Nom officiel de l'entreprise) afin d'éviter les erreurs de répartition des droits.

2- *Déclaration d'une musique de film*

Le dossier de déclaration d'une musique de film par le producteur éditeur de la SACEM doit comprendre pour :

Une musique originale de ('un) compositeur(s) membre(s) de la SACEM

- un bulletin de déclaration signé par l'ensemble des ayants droit

- une photocopie du contrat intervenu entre l'éditeur et le producteur du film
- une photocopie du contrat de cession et d'édition musicale conclu entre l'éditeur et le compositeur
- le conducteur musical du film rempli, daté et signé par le compositeur. Ce programme doit comprendre toutes les œuvres musicales contenues dans le film sans aucune exception
- le score complet de la musique

Une musique originale d'un compositeur non membre de la SACEM

Si le compositeur est membre d'une société d'auteurs étrangère, il effectue sa déclaration directement auprès de sa société.

Dans le cas où le compositeur n'est pas affilié à une société d'auteurs, le producteur éditeur doit fournir le programme musical et le score.

Une musique préexistante

Dans le cas d'un film sonorisé uniquement avec des œuvres préexistantes et comportant des compositions du catalogue d'un éditeur, le producteur du film doit en déposer le détail à la SACEM. Dans la mesure du possible, il est conseillé à l'éditeur de signaler à la SACEM l'utilisation des œuvres de son catalogue dans le film en cause.

Substitution d'une musique de film

Selon une résolution de la CISAC (Confédération Internationale des Sociétés d'Auteurs et Compositeurs) et une décision du Conseil d'administration de la SACEM, aucune substitution de musique de film ne sera prise en compte pour la répartition des redevances; à moins qu'une telle opération ne soit autorisée par tous les ayants droit (compositeur, éditeur) de la musique originale du film. A défaut de cette autorisation écrite, seul le programme de la version originale du film servira de base à la répartition des droits.

SACEM
225 avenue Charles de Gaulle
92528 Neuilly sur Seine cedex Tél : 01 47 15 44 30
Service de Répartition des droits audiovisuels de 10 h à 17 h
E-mail : katy.fossier@sacem.fr

EN ANNEXE :

- Liste des pays statutaires
- Producteurs de disques d'illustration musicale

LISTE DES PAYS DITS "STATUTAIRES"

(Pays dans lesquels il existe dans les salles cinématographiques une perception directe par la SACEM ou pour son compte, au profit des Auteurs, Compositeurs et Editeurs de musique).

AFRIQUE DU SUD
ALBANIE
ALGERIE
ALLEMAGNE
ANTIGUA et BARBUDA
ARGENTINE
AUSTRALIE
AUTRICHE
BARBADE
BELGIQUE
BENIN
BRESIL
BULGARIE
BRUNEI
BURKINA FASO
CAMEROUN
CANADA
CENTRAFRIQUE
CHILI
CHINE
CHYPRE
COLOMBIE
CONGO
COREE DU SUD
COSTA RICA
COTE D'IVOIRE
CROATIE
CUBA
DANEMARK
DJIBOUTI
DOMINIQUE
EGYPTE
ESPAGNE
ESTONIE
FINLANDE

FRANCE
GABON
GAMBIE
GIBRALTAR
GRANDE BRETAGNE
GRECE
GRENADE
GROENLAND
GUINEE
GUYANE
HONG KONG
HONGRIE
ILES BAHAMAS
ILES BERMUDES
ILE FEROE
ILE MAURICE
ILE STE LUCIE
IRLANDE
ISLANDE
ISRAEL
ITALIE
JAMAIQUE
JAPON
LIECHTENTEIN
LETHONIE
LIBAN
LITUANIE
LUXEMBOURG
MADAGASCAR
MALAISIE
MALI
MALTE
MAROC
MAURITANIE
MEXIQUE

MONACO
NIGER
NORVEGE
NOUVELLE ZELANDE
PAKISTAN
PAYS BAS
PEROU
PHILIPPINES
POLOGNE
PORTO RICO
REPUBLIQUE
TCHEQUE
ROUMANIE
RUSSIE
ST-CHRISTOPHE
NEVIS
SAINT MARIN
SENEGAL
SEYCHELLES
SINGAPOUR
SLOVAQUIE
SUEDE
SUISSE
TCHAD
THAILANDE
TOGO
TRINITE
TUNISIE
TURQUIE
UKRAINE
URUGUAY
VENEZUELA
YOUGOSLAVIE
ZAIRE
ZAMBIE

PRODUCTEURS DE DISQUES D'ILLUSTRATION MUSICALE

AMBIENT MUSIC (BRULL/HARMONIC)
18 rue de Provence
75009 PARIS
T: 01 30 36 13 68 / F: 01 34 48 01 38

AMPLITUDE
18 rue du Châtaignier Brûlé
95230 SOISY-SOUS-MONTMORENCY
T: 01 34 17 37 55 / F: 01 34 17 56 07
E-mail : amplitude.publishing@wanadoo.fr

AX'S MUSIC (AXS)
7 rue Audé 92210 SAINT CLOUD
T: 01 47 71 10 36 / F: 01 41 12 90 51
E-mail : axmusic@wanadoo.fr
Site internet : www.orsonprod.com

CDM/FRENCH TRADE (CDM/OMNI/AMPHONIC)
2 rue Ledru Rollin 92240 MALAKOFF
T :01 47 35 46 05 / F: 01 47 35 46 88
E-mail : cdm.pat@wanadoo.fr
Site internet : www.cdm-music.com

CLAIRE MUSIC (CLM)
23 rue d'Issy
92100 BOULOGNE BILLANCOURT
T: 01 49 10 07 07 / F: 01 49 10 07 67

EDITIONS DAVID PLATZ MUSIC (STANDARD MUSIC LIBRARY)
17 rue de la Baume 75008 PARIS
T: 01 44 13 40 40 / F: 01 45 62 60 25
E-mail : brigitte.bertholier@wanadoo.fr

EDITIONS STUDIO WITAS (MAGAZINE-RECORDS)
2275 av. Roger Salengro
92370 CHAVILLE
T: 01 47 50 03 89 / F: 01 47 50 66 19
E-mail : production@magazine-records.com
Site internet : www.magazine-records.com

ENCORE MERCI (MUSIC SHOP/MUSIC GALLERY/VIDEOHELPER)
52 av. du Gal Leclerc 75014 PARIS
T: 01 45 42 24 24 / F: 01 45 43 42 00
E-mail : encoremerci@wanadoo.fr

HIBOU
43 rue St-Ferdinand 75017 PARIS
T: 01 45 74 00 37 / F: 01 45 74 00 37

ILLUSTRA-SON (ILLUSTRA-SON/RÉ-MUSIC)
120 av Charles de Gaulle
92200 NEUILLY-SUR-SEINE
T: 01 46 40 38 09 / F: 01 46 40 11 23
E-mail : illustrason@aol.com

JUSTEMENT MUSIC (JUSTEMENT MUSIC/AV MUSIC/STUDIO G)
58 rue de la Victoire
75009 PARIS
T: 01 30 36 13 68 / F: 01 34 48 01 38
E-mail : justement@aol.com
Site internet : www.justement-music.com

K MUSIC (KPM/KOSINUS/CARLIN)
7 rue Audé
92210 Saint Cloud
T: 01 41 12 90 90 / F: 01 41 12 90 51
E-mail : k.music@kapagama.fr
Site internet : www.kmusic.fr

KOKA MEDIA (ATMOSPHERE/KILLER TRACKS/BMG PRODUCTION MUSIC)
19, rue du Fbg St Denis 75010 Paris
T: 01 48 01 93 83 / F: 01 47 70 05 62
E-mail : infos@koka.com
Site internet : www.koka.com

MUSIQUE CINEMA TELEVISION-MCT (MCT/GALERIE)
57 Bd de Montmorency
75016 Paris
T: 01 45 25 51 31 / F: 01 45 27 39 07
E-mail : info@zombapm.com
Site internet : www.zombapm.com

MEDIASOUND (EPERVIER)
RD 307 78810 Feucherolles
T: 01 30 79 50 00 / F: 01 30 79 50 05

MUSICJAG (MUSICJAG.COM)
C/o M. Jean-Pierre BOITEUX
6 rue Pierre Bonnard 75020 Paris
T: 01 43 71 04 34 / F: 01 43 71 04 34
E-mail : info@musicjag.com
Site internet : www.musicjag.com

MUSIQUE ET MUSIC (DE WOLFE/ROUGE MUSIC/2IK)
19 rue Anatole France
92800 Puteaux
T: 01 41 97 08 08 / F: 01 41 97 08 00
E-mail : contact@musique-music.com
Site internet : www.musique-music.com

NOTA BENE MUSIC (ATLANTIC SEVEN/CONNECT/UNITY)
16 rue de la Pierre Levée 75011 Paris
T: 01 43 38 24 25 / F: 01 43 57 35 30
E-mail : notabene@noos.fr

PRIMEVERE MUSIC (PRIMEROSE MUSIC/FOCUS MUSIC/ WHO DID THAT MUSIC)
8 rue de l'Est
92100 Boulogne Billancourt
T: 01 46 05 52 39 / F: 01 48 25 98 71
E-mail : colette.moughli@wanadoo.fr

PROMO SONOR INTERNATIONAL (MUSIK'IMAGE/MUSIC FILES/NON STOP MUSIC)
30 rue de la Saussure 75017 Paris
T: 01 47 27 36 69 / F: 01 43 80 56 45
E-mail : psi@promosonor.com
Site internet : www.promosonor.com

SFORZANDO/TELE MUSIC (MATCH MUSIC/JW MEDIA/MUSIC LTD/SELECTED SOUND)
42 rue Laugier 75017 Paris
T: 01 42 67 04 69 / F: 01 47 66 53 29
E-mail : telemusic@infonie.fr

SILENT MUSIC (HONEY B/SPX/ORIGINS)
80 rue d'Arcueil 94250 Gentilly
T: 01 49 86 50 00 / F: 01 49 86 50 25
E-mail : mail@origins.fr

SONIMAGE (SONOTON/BIG LIFE)
4 rue de Beynes - Cressay
78640 Neauphle-le-Vieux
T: 01 34 89 03 07 / F: 01 34 89 84 90
E-mail : vmusicson@aol.com

TABATA MUSIC
R.D. 307 78810 Feucherolles
T: 01 30 79 50 00 / F: 01 30 79 50 05

ZOMBA PRODUCTION MUSIC (CHAPPELL RECORDED MUSIC LIBRARY/ BRUTON MUSIC/FIRSTCOM MUSIC)
57 Bd de Montmorency 75016 Paris
T: 01 45 25 51 31 / F: 01 45 27 39 07
E-mail : info@zombapm.com

L'ASSURANCE AUDIOVISUELLE

I- Les règles communes du contrat d'assurance

1- Limites du contrat d'assurance
2- Acceptation des parties
3- Forme
4- Obligations de l'assuré
5- Compétence judiciaire

II- Les risques liés à la production Audiovisuelle

1- Garanties d'avant production et de production
2- Garantie de support
3- Garanties du décor, des costumes et accessoires
Garanties du matériel
4- Responsabilité civile
5- Incendie des locaux utilisés pour le tournage
6- Transport de fonds
7- Responsabilité civile Automobile

III- Prime - Franchise – Sinistre

1- La prime
2- Les franchises
3- Le règlement des sinistres

IV- La garantie erreur et omission

V- La garantie de bonne fin

1- Engagement du garant financier
2- Le contrat entre garant de bonne fin et producteur
3- Le contrat entre garant de bonne fin et créanciers du producteur

Compte tenu du budget investi pour la réalisation d'une œuvre audiovisuelle, le producteur, engagé dans une variété de liens complexes, aura tout intérêt à souscrire une police auprès d'une assurance qui prendra à sa charge tout ou partie des conséquences dommageables en cas d'accident.

Il n'existe pas de réglementation spécifique pour l'assurance audiovisuelle. Celle-ci a été adaptée par la pratique; et si de grandes lignes peuvent être dégagées quant aux risques couverts, à chaque œuvre audiovisuelle correspond un schéma particulier.

I- LES REGLES COMMUNES DU CONTRAT D'ASSURANCE

Comme tout contrat, le contrat d'assurance naît de l'accord des deux parties qui ont la liberté de fixer les contours de leurs engagements. Toutefois le code des assurances impose certaines règles de forme et de fond auxquelles les parties ne peuvent déroger faute de quoi leur accord serait nul. Nous ne rappellerons que les grandes lignes de ces règles.

1- Limites du contrat d'assurance

- Il ne peut être souscrit de contrat d'assurance pour prendre en charge les conséquences d'une faute intentionnelle ou dolosive de l'assuré.
- Par contre les conséquences résultant de la faute de l'assuré sont à la charge de l'assureur à moins que celui-ci ne rapporte la preuve de leur exclusion ou limitation au contrat.

2- Acceptation des parties

L'assuré doit avoir eu connaissance, avant toute conclusion du contrat, du projet de police qui lui est proposé.

3- Forme

Le contrat d'assurance doit être consigné par écrit.

Il doit mentionner :

- les noms et domiciles des parties,
- la ou les chose(s) et personne(s) assurée(s),
- la nature des risques garantis,

- le moment à partir duquel cette garantie est acquise et sa durée (les conditions de résiliation doivent être mentionnées)
- le montant de la garantie,
- le montant de la prime d'assurance.

Les nullités, exclusions ou déchéances ne sont valables que si elles sont mentionnées dans le contrat, *"en caractères très apparents"*(art. L 112-4).

4- Obligations de l'assuré

- Les risques couverts, et par conséquent l'engagement de l'assureur, dépendent étroitement de la situation de l'assuré. Aussi celui-ci a l'obligation de répondre très exactement aux questions (notamment celles qui lui seront posées au moment de l'élaboration du contrat) de l'assureur et d'avertir fidèlement celui-ci de toute modification dans sa situation. Si ces modifications entraînent une aggravation des risques, l'assureur a, à certaines conditions, la faculté soit de dénoncer le contrat, soit de proposer un nouveau montant de la prime. A l'inverse, l'assuré a droit à une diminution de la prime si les nouvelles circonstances diminuaient les risques de l'assureur.
- De payer les primes à leur échéance.
- De déclarer dès qu'il en a connaissance tout sinistre dans les délais prévus au contrat (ces délais ne pouvant être supérieurs à cinq jours ouvrés, sauf cas de vol où le délai est ramené à deux jours ouvrés).

5- Compétence judiciaire

En cas de litige, la juridiction compétente est, en principe, celle dans le ressort de laquelle est situé le domicile de l'assuré.

II- LES RISQUES LIES A LA PRODUCTION AUDIOVISUELLE

Les assurances ont la possibilité d'étudier et de garantir n'importe quel risque, et par conséquent ceux relatifs à l'activité de production audiovisuelle.

Par ailleurs le contrat d'assurance est un contrat spécifique et vivant puisque conçu en raison de la situation de l'assuré, il s'adapte selon l'évolution de celle-ci. Aussi à côté des risques fréquemment prévus dans les contrats d'assurance audiovisuelle, il peut exister la couverture de risques particuliers à telle production. La liste des risques est donc infinie et nous n'aborderons que les plus couramment couverts *(les indications données se bornant à décrire les pratiques habituelles qui, encore une fois, peuvent être aménagées selon l'assurance et la production considérées)*, et sachant que telle situation propre à une production et non décrite ci-après peut éventuellement être prévue et incluse au contrat d'assurance.

1- Garanties d'avant production et de production

Ces garanties visent deux périodes différentes, mais pratiquement le même type de situations c'est-à-dire les cas où la production serait retardée ou stoppée du fait :

- De l'incapacité d'une des personnes indispensables à la production (en général réalisateur et comédiens principaux) et nommément désignées dans le contrat d'assurance (la liste peut ne pas être la même pour la période d'avant production et pour celle de production). Cette incapacité ne doit pas résulter de la volonté délibérée du réalisateur ou du comédien mais d'un accident ou d'une maladie, voire de son décès.
  Il peut être stipulé que la garantie n'entrera pas en jeu si l'incapacité résulte de la pratique d'un sport dangereux. De même, certaines maladies infantiles peuvent être écartées si le comédien est un enfant.
- De la perte des biens nécessaires à la réalisation du document audiovisuel.

La prise en charge de l'assurance ne sera pas la même selon que la défaillance de la personne indispensable ou la perte des biens retarde la production ou qu'elle a pour effet de rendre celle-ci impossible. Dans le premier cas l'assurance prend en charge les frais supplémentaires imposés par le report de la production, dans le second cas, les frais réellement engagés jusqu'à l'arrêt définitif, encore faut-il préciser dans ce cas, que l'arrêt est définitif, c'est-à-dire que l'œuvre avait été spécialement conçue pour un comédien et/ou un réalisateur déterminés, étant sous-entendu qu'ils ne peuvent être remplacés.

Cette garantie peut éventuellement être mise en place pour la période de pré-avant production, notamment dans le cas où l'œuvre serait spécialement conçue pour tel comédien; auquel cas la production s'assurerait en cas de défaillance de celui-ci.

2- Garantie du support

Le support représentant le travail et l'aboutissement de la production, son intérêt est capital. Les assurances proposent donc une garantie spécifique. Généralement il s'agit de la perte ou du dommage résultant d'un incendie, d'un vice caché du support ou du matériel (sous réserve d'essais préalables), d'un vol et d'un accident durant le tournage, le développement et le montage, y compris durant les transports.

Le montant de la prime est proportionnel au délais de remise des pellicules au laboratoire : plus ceux-ci seront longs, plus le risque de l'assurance sera grand.

Comme dans la garantie précédente, la distinction est opérée selon que les prises de vues peuvent être recommencées et le tournage seulement retardé, ou qu'il y a impossibilité de poursuivre le tournage, la perte étant irrémédiable. Dans le premier cas, l'assurance prend en charge les frais supplémentaires imposés par la perte du support, dans le second cas, les frais réellement engagés jusqu'à la perte du support.

3- Garanties du décor, des costumes et accessoires - Garanties du matériel

Dans ces deux garanties, naturellement indépendantes l'une de l'autre, le producteur sera remboursé du montant de la valeur estimée du bien perdu.

4- Responsabilité civile

Dans le cadre général de son exploitation, le producteur est sensé avoir déjà souscrit une telle garantie. Les activités liées au tournage sont différentes de celles de l'exploitation d'un bureau de production audiovisuelle. La responsabilité civile du producteur est étendue, en tant que commettant, à chaque membre de l'équipe, salarié ou non, ainsi qu'à tous les biens requis pour le tournage.
Un contrat particulier doit donc être mis en place.

5- Incendie des locaux utilisés pour le tournage

Cette garantie couvre les dommages dus à l'incendie, l'explosion et les risques annexes, occasionnés aux biens mobiliers et immobiliers (responsabilité civile). Le mobilier visé ici est entendu comme celui n'entrant pas dans le champ de la caméra mais existant dans les lieux. Le mobilier entrant dans le champ de la caméra étant couvert par la garantie "mobilier et accessoire".

6- Transport de fonds

Les besoins de liquidités sont fréquents sur un tournage et il paraît donc important de prévoir une garantie spécifique pour le transport des fonds jusqu'au lieu de tournage.
Cette garantie est d'autant plus facile à obtenir et moins onéreuse si les transports de fonds sont limités à une somme de 7 500 € environ qu'une seule personne pourra transporter. En revanche, au-delà de 15 000 € les transits doivent être effectués sous la responsabilité de deux personnes et

éventuellement pour des montants plus importants par valise spéciale, voire même fourgon blindé. Le non respect des conditions de transport, négociées avec l'assurance et définies au contrat, ferait perdre au producteur le bénéfice de la garantie.

7- Responsabilité civile automobile

Les conséquences d'un accident peuvent être si dramatiques que le producteur aura tout intérêt à vérifier que chaque véhicule utilisé pour les besoins du tournage soit correctement assuré. Il s'agit d'une assurance supplémentaire qui ne peut être comprise dans l'assurance de production.

III- PRIME - FRANCHISE - SINISTRE

1- La prime

La prime est naturellement variable selon les risques pris en compte. Toutefois la concurrence des assurances intervenant de plus en plus nombreuses sur le secteur de l'audiovisuel a eu pour effet de réduire les frais des producteurs. Il y a dix ou quinze ans, le poste assurance représentait environ 3 % à 4 % du devis d'un film. Il ne représente généralement aujourd'hui que 1,20 % à 1,50 %.

Ce pourcentage n'est naturellement qu'indicatif puisqu'il dépend de l'étendue des risques assurés, mais aussi des éventuelles circonstances aggravantes dans lesquelles se réalise la production; car l'assurance accepte et évalue son risque en fonction des éléments de la production, à titre d'exemples :

- scénario qui peut prévoir des scènes plus ou moins dangereuses,
- nombre de personnes désignées dans la garantie pré-production et production; ainsi que leurs âges, leurs éventuels engagements parallèles (un comédien engagé par un théâtre en même temps que la période de tournage, subit des contraintes d'horaires et une surcharge de fatigue qui rendent le risque plus élevé en ce qui le concerne),
- plan de travail qui permet d'apprécier la répartition des cachets des acteurs,
- devis détaillé,
- calendrier de production et planning propres des comédiens qui permettent de mesurer si des assouplissements seront possibles en cas de retard.

- dans le même état d'esprit le risque de non respect de certaines conventions préétablies par les interprètes, telles que l'obligation de rester à la disposition du producteur pendant une période supplémentaire égale à 25 % de la durée de leur engagement impliquera une augmentation de la prime.
- lieux de tournage : il existe des pays politiquement instables, ou au climat difficile.

Pour les garanties relatives aux risques de pertes financières, telles celles portant sur l'indisponibilité d'une personne, ou d'un bien, essentiels à la production ou celle portant sur le support, le contrat d'assurance fixe l'engagement maximum de l'assureur envers l'assuré.
Les contrats prévoient également, dans le cadre de ces garanties, qu'en cas d'arrêt définitif de la production, le producteur remettra à l'assurance, en échange de la prise en charge des frais réellement engagés dans la production jusqu'à son abandon, les éléments déjà réalisés ainsi que les droits portant sur ces éléments.

Les primes versées par le souscripteur à l'assurance sont fixées selon l'engagement maximum de cette dernière ou selon les capitaux à assurer.

2- Les franchises

Les franchises correspondent à un seuil au-dessous duquel l'assuré garde à sa charge les conséquences du sinistre. Elles sont fixées garantie par garantie. S'il existe un certain nombre de franchises couramment appliquées, l'assuré peut toujours accepter une franchise plus élevée pour réduire sa prime. De son côté, l'assureur peut également imposer une franchise plus élevée en raison par exemple de l'état de santé "à risques" d'une des personnes à assurer.

De façon générale, en matière de garantie d'avant production et de production, on peut considérer que le montant de la franchise croît proportionnellement au montant de l'engagement maximum de l'assureur.
En matière de garantie du support la fixation de la franchise tient généralement compte des lieux de tournages et des conditions d'envoi de la pellicule au laboratoire.

De façon générale, les assureurs ont tendance à augmenter le montant des franchises afin notamment d'éviter la gestion lourde des petites réclamations.

3- *Le règlement des sinistres*

L'assuré, on l'a vu, doit déclarer immédiatement le sinistre à l'assurance. Il doit également prendre les mesures qui s'imposent pour limiter les effets du sinistre et pour la sauvegarde des biens assurés.

Le règlement amiable des sinistres est effectué par un expert désigné par la compagnie d'assurance. L'assuré lui remet les documents nécessaires et lui indique les circonstances et l'ampleur des dommages.

L'assuré peut demander que l'expertise soit diligentée par deux experts, un choisi par l'assurance, un par lui. En ce cas il devra supporter les frais et honoraires de son propre expert.

En tout état de cause l'assurance ne couvre que les dommages effectivement subis et dans les limites fixées par le contrat; l'assuré ne peut espérer en tirer un quelconque bénéfice.
Au cas où l'expertise amiable n'aboutirait pas le litige est porté devant la juridiction compétente.

Compte tenu de la limitation dans le temps des garanties souscrites, il est nécessaire de trouver rapidement un accord permettant la poursuite de la production. Les assureurs doivent être en mesure de se déplacer vers le lieu du sinistre afin de prendre toutes mesures nécessaires. La difficulté générale de l'évaluation du sinistre réside généralement dans le fait qu'il faut tenir compte des impératifs artistiques et de mise en scène :

- Ainsi dans le cas d'un sinistre production, il peut y avoir un bouleversement important du plan de travail. Il faudra alors par exemple rechercher les scènes et les jours où l'acteur, victime d'une incapacité physique, n'apparaît pas afin de poursuivre momentanément sans lui. Mais ce n'est pas toujours possible. De plus le réalisateur restant maître de son œuvre, le producteur ne peut pas toujours imposer ses solutions.
- En cas de sinistre du support négatif dont la cause est parfois difficilement identifiable, il faut prendre des décisions rapides quant au retournage d'une scène : la scène sinistrée n'est pas forcément retenue au montage, il faut donc juger si elle est réellement importante pour le film.

L'ensemble des discussions entre l'expert et l'assuré aboutiront à une proposition de règlement d'indemnités qui sera contresignée par l'assuré. Le montant de l'indemnité finale est fixé déduction faite des franchises.

IV- LA GARANTIE ERREUR ET OMISSION

Cette garantie n'est pas pratiquée en France, ni en Europe. Toutefois nous l'évoquons rapidement car elle est obligatoire aux Etats-Unis et au Canada. Aussi un producteur français peut-il être amené à la souscrire pour l'exportation de son film ou en cas de coproduction avec l'un de ces deux pays.

L'objet de cette garantie est de prémunir le producteur des conséquences d'éventuelles actions juridiques intentées par des tiers à l'occasion de l'œuvre audiovisuelle : revendication des droits, contrefaçon, diffamation, atteinte à l'image ou à la vie privée, notamment lorsque le tournage a été réalisé dans des lieux publics.

L'assurance prévoit un engagement maximum de l'assureur et les franchises sont relativement élevées.

V- LA GARANTIE DE BONNE FIN

La garantie de bonne fin a été à l'origine pratiquée dans les domaines du bâtiment et de l'immobilier. Elle a par la suite été étendue à l'audiovisuel, d'abord en Europe en raison de la petitesse des structures intervenant dans la production, alors qu'aux Etats-Unis la surface financière des gros studios les dispensaient de ce type de garantie.
En effet le garant de bonne fin, en audiovisuel, supporte les dépassements budgétaires dus par exemple aux errements du réalisateur, caprices des stars, dissension au sein de l'équipe de production, tournage perturbé du fait de la météo, etc.

La garantie de bonne fin a donc connu un renouveau ces dernières années avec la multiplication des intervenants financiers dans les productions.

Plusieurs sociétés à travers le monde offrent la garantie de bonne fin pour les productions de longs métrages et les productions télévisées dont deux sociétés américaines (Film Finances Inc, représentée en France par Film Finances France et International Film Garantor). En effet, et pour mémoire, Completion Bond Company a cessé son activité en avril 1993, en raison des sinistres rencontrés.

La garantie de bonne fin, souscrite par le producteur auprès d'un garant de bonne fin, permet aux bailleurs de fonds d'un projet audiovisuel d'être certains que quoi qu'il arrive le film sera effectivement terminé et pourra être distribué et exploité dans les délais convenus.

Si le garant de bonne fin est dans l'impossibilité de finir le film et donc de le livrer, il devra rembourser les investisseurs.
La garantie s'apparente davantage à une caution qu'à une assurance. Du reste, le garant de bonne fin prendra des garanties sur les éléments corporels et incorporels du film afin de se rembourser sur les recettes des avances qu'il aura consenties.
Un projet couvert par une garantie de bonne fin offre donc les avantages d'un investissement prudent et attrayant.

1- Engagement du garant de bonne fin

Toutefois il est évident que le Garant de bonne fin ne s'engagera sur un projet qu'après un examen approfondi de ses conditions de réalisation, et notamment le script, le plan de tournage et la date de livraison.

S'il estime les conditions satisfaisantes, le garant de bonne fin émet "une lettre d'intention" confirmant qu'en principe, il est prêt à attribuer la garantie de bonne fin à telles conditions.

En général ces conditions sont : que le budget, le script, le plan de travail, les exigences de livraison, et le financement pour le budget (y compris les imprévus), sont en place; que tous les accords pour l'acquisition des droits et l'emploi du personnel clé sont satisfaisants. La lettre d'intention fixe également le coût de la garantie de bonne fin, généralement entre 3 et 4 % du budget final de production (hors imprévus). Les garants offrent une bonification pour non-sinistre de 10% de la prime.

Le garant calculant son risque sur l'ensemble des circonstances d'une production, aucune garantie de bonne fin n'est validée avant :

- que tous les autres contrats relatifs à la production n'aient été examinés, terminés et exécutés par toutes les parties intéressées,
- que le budget ne soit totalement financé.

En général le garant de bonne fin détache une équipe d'experts (directeurs de production) pour étudier ces différents documents et analyser les garanties fournies par le producteur dont certaines concernent :

- les droits acquis sur le scénario et éventuellement l'œuvre préexistante,
- la disponibilité du financement à concurrence du montant du
- budget majoré de 10 % d'imprévus,
- la souscription des assurances,
- le bien fondé du budget prévisionnel.

2- *Le contrat entre garant de bonne fin et producteur*

Celui-ci tient compte des deux rôles du garant. En effet sa fonction se modifie en cas de risque de dépassement ou de dépassement. D'accompagnateur et superviseur du projet, le garant devient alors promoteur en se substituant totalement ou partiellement au producteur.

C'est ainsi que les droits reconnus au garant par le contrat sont notamment:

- le droit d'exercer un contrôle de gestion strict et spécifique sur les personnes et les activités impliquées dans la production et qui pourraient provoquer un dépassement de budget,
- le droit d'approuver la distribution et le choix des principaux techniciens, incluant le droit d'approbation ou de veto sur tout changement,
- le droit de regard sur les rapports scripts détaillés et la situation comptable, pendant la période de production et pendant les phases de post production,
- le droit de nommer un représentant à plein temps pour contrôler le film s'il présente des risques de dépassement du budget ou de délais,
- en dernier recours et à la discrétion du garant de bonne fin, les droits de prise de contrôle lorsque la production du film est en danger.

En cas de sinistre supporté par le garant, celui-ci se récupère sur les produits du film après le remboursement des principaux financiers.

Par ailleurs et pour se donner les moyens d'une intervention efficace, le garant de bonne fin se fait généralement reconnaître son pouvoir décisionnaire dans un avenant au contrat du réalisateur.

3- *Le contrat entre garant de bonne fin et créanciers du producteur*

Un arrêt de la Cour d'appel de Paris (Ca Paris,14 mars 1962, D. 1962 p 710) avait admis la recevabilité de l'action engagée par les créanciers du producteur (tombé en règlement judiciaire) à l'encontre d'un garant de bonne fin malgré qu'aucun contrat ne les ait directement liés à ce garant. Le problème restait donc de délimiter l'étendue de la garantie que ces créanciers pouvaient revendiquer.

Afin d'éviter ces interrogations, le garant de bonne fin passe directement un contrat avec les bénéficiaires de la garantie qu'il apporte. Ce contrat précise :

- les exclusions de la garantie de bonne fin (notamment cas de force majeure, grève, cessation de paiement du producteur, dommages et pertes couverts par les assurances, etc.);
- les limites de la garantie (qui prend fin à la remise du matériel au laboratoire). Ainsi les dépenses engagées suite à un refus d'agrément par exemple ne peuvent être mises à la charge du garant de bonne fin;
- les conditions qui doivent être remplies pour que la garantie puisse être mise en jeu : paiement de la prime de garantie, respect par tous les bénéficiaires de leurs obligations de financement vis-à-vis de la production;
- la mise en œuvre de la garantie de bonne fin et les deux choix qui appartiennent en toute indépendance au garant : poursuite de la production sous son contrôle partiel ou total ou remboursement au bénéficiaire des sommes effectivement payées par lui.

La garantie de bonne fin est souvent complétée par un contrat de réassurance entre le garant de bonne fin et un réassureur. Ce contrat n'est pas tout à fait identique à celui signé entre le producteur et le garant de bonne fin ou entre ce dernier et le bénéficiaire.

Pour éviter le double écueil lié à l'existence d'une franchise et à la rédaction d'un contrat de réassurance dont le bénéficiaire ne connaît pas précisément la teneur, les garants de bonne fin ont prévu une lettre de leur réassureur qui stipule que si le garant de bonne fin ne s'exécute pas, conformément à la garantie, le réassureur paiera lui-même directement.

La garantie de bonne fin est pour l'instant rarement pratiquée pour les films français. Les nouvelles structures de coproduction européenne qui intègrent des partenaires de plus en plus nombreux devraient amener les producteurs français à accepter l'obligation de garantie de bonne fin imposée par les investisseurs anglo-saxons.

La seule société qui offre à Paris la garantie de bonne fin est Film Finances France.

Film Finances France
20, rue Thérèse 75001 PARIS
Tél. : 01 40 20 00 05 - Fax : 01 40 20 00 06
Contact : Michèle GRIGNON
michele.grignon@filmff.com

ADRESSES UTILES

I. Les organismes financiers

II. Les sofica

III. Les courtiers d'assurance

IV. Les sociétés de placement de produit

V. Les organismes sociaux

VI. Les organismes professionnels

VII. Le CNC

VIII. Les sociétés de gestion de droits d'auteurs

IX. Les syndicats professionnels

I- LES ORGANISMES FINANCIERS

L'IFCIC

(Institut pour le Financement du Cinéma et des Industries Culturelles)
L'IFCIC est un établissement de crédit agréé ayant reçu du Ministère de la Culture et de la Communication et du Ministère de l'Economie et des Finances de contribuer au développement en France des industries culturelles et en particulier les entreprises de production, salles de cinéma et industries techniques, en facilitant pour ces entreprises l'accès au financement bancaire. Par sa connaissance des secteurs concernés et, le cas échéant, grâce à ses comités et réseaux d'experts professionnels, l'Institut dispose d'informations permettant une analyse approfondie du risque présenté par les entreprises sollicitant un financement.
Son intervention revêt la forme d'une participation en risque avec les établissements financiers ou de crédit, la garantie délivrée pouvant couvrir jusqu'à 70 % du risque.

IFCIC
46, av. Victor Hugo 75116 Paris
Tél. : 01 53 64 55 55 - Fax : 01 53 64 55 66 - www.ifcic.fr
Président : Hugues GALL
Directeur général : Laurent VALET
Directeur Production et Distribution Cinéma et Audiovisuel : Géraldine SEGOND

NATEXIS-COFICINE

NATEXIS-COFICINE est un établissement de crédit spécialisé depuis plus de 50 ans dans le financement de la production ou de la distribution des œuvres audiovisuelles (films cinématographiques, fictions télévisuelles, documentaires, séries d'animation...), ainsi que des industries techniques et des lieux de projection ou de distribution de ces œuvres (laboratoires, auditoria, salles de cinéma, vidéo clubs...) et accessoirement dans les autres secteurs liés à la communication, la télédiffusion ou la culture en général.

NATEXIS-COFICINE
26, rue Montevidéo 75116 Paris
Tél. : 01 40 72 22 00 - Fax : 01 40 72 22 01
Président : Michel DOLIGE
Vice Président Directeur Général : Didier DUVERGER
Directeur Général Adjoint :Isabelle TERREL

COFILOISIRS est un établissement spécialisé ayant pour objet toutes formes de financement à court, moyen et long terme en faveur de l'industrie cinématographique et audiovisuelle. Parallèlement à son activité de crédit, Cofiloisirs a créé plusieurs sofica.

COFILOISIRS
48, av. Raymond Poincaré - 75116 Paris
Tél. : 01 53 65 73 30 - Fax : 01 53 65 73 40
Président : Didier KUNSTLINGER
Directeur général : Denis OFFROY

LES BANQUES SPECIALISEES

BANQUE DE BAECQUE BEAU
3, rue des Mathurins 75009 Paris
Tél : 01 44 94 43 24
Fax : 01 44 94 43 00
Directrice du cinéma : Liliane SORIA
Assistante : Martine LEGER

BNP PARIBAS
73, Bvd Haussmann 75008 Paris
Tél : 01 44 94 73 29
Fax : 01 44 94 73 09
Direction du cinéma : Delphine CAVAGNAC
Assistant : Eric GERARD

FIDEURAM WARGNY
7, place Vendôme 75001 Paris
Tél : 01 53 29 15 77
Fax : 01 53 29 15 20
Responsable Département Arts et Spectacles : Frédéric Levesque
Email : flevesque@wargny.fr

NATEXIS BANQUE POPULAIRE
45, rue ST Dominique 75007 Paris
Tél : 01 58 19 36 37
Fax : 01 58 19 38 70

OBC
57 Av. d'léna
75016 Paris
Tél : 01 45 02 40 00
Fax : 01 45 02 43 15
Département cinéma :
Directrice : Valérie MUSSAULT
Directeur adjoint : Cédric PLANTIER
Sous-directeur : Nicolas ELGHOZI

II- LES SOFICA

CARIMAGES 2
45 rue Boissy d'Anglas 75008 Paris
Tél. : 01 42 65 44 18
Contact : Hugues de Chastellux

COFIMAGE 17
148 Bd Haussmann 75008 Paris
Tél. : 01 45 61 61 00
Président : Philippe Gendre
Contact : Martine Cornec

COFINOVA 2
5 rue Vernet 75008 Paris
Tel : 01 48 78 98 36
Président : Michel Rommand-Monnier
DG et contact : Alexis Dantec

EUROPACORP
57 avenue d'Iena 75116 Paris
Tél : 01 45 02 44 49
Président : Achille Delahaye
DG : Patrick Harrel-Courtes
contact : Nathalie Toulza

IMAGES 6
45 rue Saint-Dominique 75007 Paris
Tél. : 01 58 19 36 56
Président : Jean-Michel Strasser
Contact : Isabelle Prigent

SOFICA UGC
57 avenue d'Iena 75116 Paris
Tél : 01 45 02 44 49
Président : Etienne Mallet
DG : Jacques Leuger
contact : Nathalie Toulza

SOFICINÉMA 2
48 avenue Raymond Poincaré
75016 Paris
Tel : 01 53 65 73 50
DG : Gaetan Moisan
Contact : Maud Leclair

SOGECINÉMA 4
2 place de la Coupole 92400 Courbevoie
Tél : 01 53 34 99 34
Président : Yves Rolland
DG : Jean-Baptiste Dupont
Contact : Stéphanie Durand-Barracand

UNI-ETOILE 3
32 rue Beaujon 75008 Paris
Tél. : 01 55 28 32 10
DG et contact : Laurent Inchauspé

VALOR 7
57 av. Iéna 75116 Paris
Tél : 01 45 02 44 49
Président : Hervé de Rocquigny
Contact : Nathalie Toulza

III- LES COURTIERS D'ASSURANCE

ACTEON ASSURANCES
30, av. de Messine 75008 Paris
Tél. : 01 53 53 52 00
Fax : 01 53 53 52 01
weill@acteon-sa.com
Christian WEILL

CABINET FIA
22, rue Drouot 75009 Paris
Tél. : 01 45 23 46 60
Fax : 01 42 46 03 96
contact@fia-assurance.fr

CABINET CHARTIER
34, rue Traversière 75012 Paris
Tél. : 01 43 47 55 05
Fax : 01 43 47 52 50
cecile.cca@wanadoo.fr

CONTINENTAL MEDIA ASSURANCE
22, av. Matignon 75008 Paris
Tél. : 01 44 71 49 22
Fax : 01 44 71 49 25
jcbeineix@ccsh.fr
ppoumarat@ccsh.fr
nkadouchi@ccsh.fr
Jean-Claude BEINEIX
Philippe POUMARAT
Natacha KADOUCHI

DESCAMPS D'HAUSSY
22, rue du peuple belge
59009 Lille cedex
Tél. : 03 20 15 50 70
Fax : 03 20 15 50 71
adh@nordnet.fr

DUFAUD
44, Rue Blanche 75009 Paris
Tél. : 01 53 20 66 90
Fax : 01 40 16 01 34
www.dufaud.fr
dufaud@dufaud.fr

FIA-NET
22, rue Drouot 75009 Paris
Tél. : 01 45 23 73 73
Fax : 01 45 23 05 96
www.fia-net.com
contact@fia-net.com

GRAS SAVOYE
2, rue Ancelle - BP 129
92202 Neuilly cedex
Tél. : 01 41 43 50 00
Fax :01 41 43 55 55
www.grassavoye.com

LANGE S.A. ASSURANCE
61, bvd Carnot 31000 Toulouse
Tél. : 05 62 30 28 28
Fax : 05 62 30 28 29

MARSH
Le Sémaphore
54, quai Michelet 92681 Levallois-Perret
Tél. : 01 41 34 52 35
Fax : 01 41 34 51 95
sylvain.joubert@marsh.com
Sylvain JOUBERT

RUBINI ET ASSOCIES
47, rue Vivienne 75002 Paris
Tél. : 01 44 88 27 27
Fax : 01 40 13 92 90
hugo.rubini@noos.fr

SGAC BELLAN & CIE
63, av. des Champs Elysées 75008 Paris
Tél. : 01 44 13 95 95
Fax : 01 44 13 95 40

SNC SAISON WAGNER
31, rue Nollet 75017 Paris
Tél. : 01 42 93 22 52
Fax : 01 40 08 02 41
saison.wagner.snc@wanadoo

UNOFI GROUPE
7, rue Galvani 75017 Paris
Tél. : 01 44 09 38 70
Fax : 01 45 74 68 10
unofi@unofi.fr

Garantie de bonne fin uniquement :
FILM FINANCES FRANCE
20, rue Thérèse 75001 Paris
Tél. : 01 40 20 00 05
Fax : 01 42 20 00 06
filmff@easynet.fr

IV- LES SOCIETES DE PLACEMENT DE PRODUIT

CASABLANCA
8, Rue de la Ferme
92100 Boulogne
Tél. : 01 47 61 89 34
Fax : 01 47 61 95 72
c.emond@casablanca.fr
Catherine EMOND

CINEMARKETING
18/24, Rue Tiphaine
75015 Paris
Tél. : 01 45 75 18 18
Fax : 01 45 75 13 70
cinemarketing@free.fr
Caroline LAFFONTAN
Virginie THEPOT

FILM MEDIA CONSULTANT
29, Rue Guillaume Tell
75017 Paris
Tél. : 01 46 22 22 22
Fax :01 46 22 22 24
jeanpatrick.flande@filmedia.fr
Jean-Patrick FLANDÉ
Fanny MOREAU

MARQUES & FILMS
34, Rue Perrier
92120 Montrouge
Tél. : 01 42 53 12 96
Fax : 01 40 84 01 51
Olivier BOUTHILLIER
marques.film@wanadoo.fr

V- LES ORGANISMES SOCIAUX

AFDAS (Paris)
(Fonds d'assurance formation des artistes du spectacle)
3, Rue au Maire 75156 Paris cedex 03
Tél. : 01 44 78 39 39
Fax : 01 44 78 39 40
www.afdas.com
Christiane BRUERE-DAWSON

AGESSA
(Association pour la gestion de la sécurité sociale des auteurs)
21bis, rue de Bruxelles 75009 Paris
Tél. : 01 48 78 25 00
Fax : 01 48 78 60 00
www.agessa.org

AGIRC
(Association générale institution retraites cadres)
4, rue Leroux 75016 Paris
Tél. : 01 44 17 51 00
Fax : 01 44 17 51 01
www.agirc.fr

ANPE SPECTACLE (Paris)
(Agence nationale pour l'emploi)
29, rue de l'Ourcq 75019 Paris
Tél. : 01 53 36 28 28
Fax : 01 43 55 70 46
www.anpe.fr

APDS
(Association Professionnelle du Spectacle et de l'Audiovisuel)
10, rue de la Chaussée d'Antin 75009 Paris
Tél. : 01 47 70 12 56
Fax : 01 40 22 03 34
apds@wanadoo.fr
Luc De SEDANO

ARRCO
(Association des régimes de retraites complémentaires)
44, Bd de la Bastille 75012 Paris
Tél. : 01 44 67 12 00
Fax : 01 43 42 14 61
www.arrco.org

ASSEDIC – ANTENNE CINEMA SPECTACLE
- 16, cours des Petites Ecuries 75010 Paris
- 26, rue Vicq d'Azir 75010 Paris
Tel. : 01 44 89 50 00
www.assedic.fr

AUDIENS
74, rue Jean Bleuzen 92177 Vanves cedex
Tél. : 08 11 65 50 50
Fax : 08 11 65 60 60
www.audiens.org
audiens@audiens.org

CAPRICAS
(Caisse de prévoyance et de retraite de l'industrie cinématographique des Activités de spectacle et de l'audiovisuel)
74, rue Jean Bleuzen 92177 Vanves cedex
Tél. : 08 11 65 50 50
Fax : 08 11 65 60 60
www.audiens.org

CARCICAS
(Caisse de retraite des cadres)
74, rue Jean Bleuzen 92177 Vanves cedex
Tél. : 08 11 65 50 50
Fax : 08 11 65 60 60
www.audiens.org

CCHS-CT
(Comité d'Hygiène et Sécurité)
5, rue du Cirque 75008 Paris
Tél. . :01 53 89 01 30
Fax : 01 42 25 94 27
www.cchscinema.org
Yves BEAUMONT (Tél. : 01 45 90 10 73)

Centre médical de la Bourse
(médecine du travail)
26, rue Notre Dame des Victoires
75002 Paris
Tél. : 01 42 60 06 77
Fax : 01 42 60 38 40

C.N.A.V.
(Caisse nationale d'assurance vieillesse)
110, Av. de Flandres 75019 Paris
Tél. : 01 55 45 50 00
Fax : 01 55 45 51 99
www.cnav.fr

CONGES SPECTACLE
7, rue du Helder 75009 Paris
Tél. : 01 48 24 73 16
Fax : 01 42 46 82 39
www.conges-spectacle.org

IPICAS
(Institut de prévoyance)
74, rue Jean Bleuzen 92177 Vanves cedex
Tél. : 08 11 65 50 50
Fax : 08 11 65 60 60
www.audiens.org

MUDOS
(Mutuelle organisation sociale)
74, rue Jean Bleuzen 92177 Vanves cedex
Tél. : 08 11 65 50 50
Fax : 08 11 65 60 60
www.audiens.org

URSSAF
Dpts : 75 - 78 - 91 - 92 93 - 94 - 95
(ou URSSAF du département)
3, rue Franklin 93100 Montreuil
Tél. : 01 49 20 10 10
Fax : 01 49 20 81 33
www.urssaf.fr
Déclaration unique d'embauche :
Fax : 01 48 57 02 02

UNEDIC (Paris)
80, rue de Reuilly 75012 Paris
Tél. : 01 53 17 20 00
Fax : 01 53 17 21 11
www.assedic.fr

USS
(Union sociale du spectacle)
74, rue Jean Bleuzen 92177 Vanves cedex
Tél. : 08 11 65 50 50
Fax : 08 11 65 60 60
www.audiens.org

UNIPAC
(1 % logement)
74, rue Jean Bleuzen 92177 Vanves cedex
Tél. : 08 11 65 50 50
Fax : 08 11 65 60 60
www.audiens.org

VI- LES ORGANISMES PROFESSIONNELS

ACCPA
(Arbitrage et Conciliation pour le Cinéma et l'Audiovisuel)
74, Av. Kléber 75016 Paris
Tél. : 01 56 90 33 00 - Fax : 01 56 90 33 01
Antoine VIRENQUE

ACCS
(Association des Chaînes du Câble et du Satellite)
17, rue Hamelin 75016 Paris
Tél. : 01 47 04 24 09 - Fax : 01 47 04 27 94
ggronier@acces.tv
Philippe CHAZAL, Guillaume GRONIER

ACID
(Agence du Cinéma Indépendant pour sa Diffusion)
14, rue Alexandre Parodi 75010 Paris
Tél. : 01 44 89 99 74 - Fax : 01 44 89 99 60
www.lacid.org
Nadège CARRIERE

ADRC
(Agence pour le Développement Régional du Cinéma)
4, Av. Marceau 75008 Paris
Tél. : 01 56 89 20 30 - Fax : 01 56 89 20 40
www.adrc-asso.org
Jean-Michel GEVAUDAN

AESPA
(Association des Employeurs du Service Public de l'Audiovisuel)
Maison de la Radio
116, Av. du Président Kennedy
75220 Paris cedex 16
Tél. : 01 56 40 40 76 - Fax : 01 56 40 40 77
associationemployeurs@radiofrance.com
Bernard GOURINCHAS

AFCAE
(Association Française des Cinémas d'Art et d'Essai)
13, Square Gabriel Fauré 75017 Paris
Tél. : 01 56 33 13 20 - Fax : 01 43 80 41 14
www.art-et-essai.org
Micheline GARDEZ

AGENCE DU COURT METRAGE
2, rue de Tocqueville 75017 Paris
Accueil du public :
74, rue du Rocher 75008 Paris
Tél. : 01 44 69 26 60 - Fax : 01 44 69 26 69
www.agencecm.com
Philippe PILARD, Philippe GERMAIN, Rémi BONNOT

ALPA
(Association de Lutte contre la Piraterie Audiovisuelle)
6, rue de Madrid 75008 Paris
Tél. : 01 45 22 07 07 - Fax : 01 45 22 77 17
alpa.anti-piracy@wanadoo.fr
www.alpa.asso.fr
Frédéric DELACROIX

ANTENNE MEDIA STRASBOURG
1, Place de l' Etoile 67070 Strasbourg
Tél. : 03 88 60 92 97 - 03 88 60 95 89
Fax : 03 88 60 98 57
www.strasbourg.film.com
Catherine BURESI

AVICAM
(Association des Villes pour le Câble et le Multimédia)
11, rue Lafayette 75009 Paris
Tél. : 01 42 81 59 99 - Fax : 01 49 95 02 18
www.avicam.org
Patrick VUITTON

BIFI
(Bibliothèque du film)
100, rue du Fbg Saint Antoine 75012 Paris
Tél. : 01 53 02 22 40 - Fax : 01 53 02 22 49
www.bifi.fr
Marc VERNET

BIBLIOTHEQUE NATIONALE DE FRANCE
Direction des collections
Département audiovisuel
Quai François Mitterrand 75706 Paris cedex 13
Tél. : 01 53 79 53 02 - Fax : 01 53 70 47 21
www.bnf.fr
Chef de service collections images :
Catherine ELOI
Tél. : 01 53 79 53 56

CINEMATHEQUE DE TOULOUSE
69, rue du Taur - BP 824
31680 Toulouse cedex 6
Tél. : 05 62 30 30 10 - Fax : 05 62 30 30 12
www.lacinemathequedetoulouse.com
Pierre CADARS

CINEMATHEQUE FRANCAISE
4, rue de Longchamp 75116 Paris
Tél. : 01 53 65 74 74 – Fax : 01 53 65 74 97
www.cinemathequefrancaise.fr
Claude BERRI, Serge TUBIANA

CONSEIL DE L'EUROPE
67075 Strasbourg cedex
Tél. : 03 88 41 20 00 - Fax : 03 88 41 27 81
Bureau parisien :
55, Av. Kléber 75784 Paris cedex 16
Tél. : 01 44 05 33 60 - Fax : 01 47 27 36 47
bureau-paris@coe.int
Lucas DELATTRE

CSA
Tour Mirabeau
39/43, quai André Citroën
75739 Paris cedex 15
Tél. : 01 40 58 38 00 - Fax : 01 45 79 00 06
www.csa.fr

CST
(Commission Supérieure Technique de l'image et du son)
22-24, Av. de St Ouen 75018 Paris
Tél. : 01 53 04 44 00 - Fax : 01 53 04 44 19
www.cst.fr
Pierre-William GLENN, Yves LOUCHEZ

EURIMAGES
Palais de l'Europe
Av. de l'Europe 67075 Strasbourg cedex
Tél. : 03 88 41 26 40 - Fax : 03 88 41 27 60
www.coe.int
Mireille PAULUS

EURO-AIM
210, Av. Winston Churchill
B-1180 Bruxelles
Tél. : 00 32 2 346 15 00
Fax : 00 32 2 346 38 42
Nicolas STEIL, France PELSTER

EUROPA CINEMAS
54, rue Beaubourg 75003 Paris
Tél. : 01 42 71 53 70 - Fax : 01 42 71 47 55
www.europa-cinemas.org
Claude MILLER, Claude Eric POIROUX

FEMIS
6, rue Francoeur 75018 Paris
Tél. : 01 53 41 21 00 - Fax : 01 53 41 02 80
www.femis.fr
Marc NICOLAS

GREC
(Groupement de Recherches et d'Essais Cinématographiques)
14, rue Alexandre Parodi 75010 Paris
Tél. : 01 44 89 99 99 - Fax : 01 44 89 99 94
info@grec-info.com
François BARAT

IDATE
(Institut De l'Audiovisuel et des Télécommunications en Europe)
BP 4167 - 34092 Montpellier cedex 5
Tél. : 04 67 14 44 44 - Fax : 04 67 14 44 00
www.idate.fr
Marc TESSIER, Jean-Dominique SEVAL, Yves GASSOT, Francis LORENTZ

IIC
(International Institute of Communications)
3, rue des Gate-ceps 92210 Saint Cloud
Tél. : 01 42 60 11 03 - 01 46 02 38 11
Fax : 01 42 60 43 04
www.iicon.org
pierre.aryl@wanadoo.fr
Henri PIGEAT, Pierre BRAILLARD

INA
(Institut National de l'Audiovisuel)
4, Av. de l'Europe 94366 Bry-sur-Marne cedex
Tel : 01 49 83 20 00 - Fax : 01 49 83 25 84
www.ina.fr

INSTITUT LUMIERE
25, rue du Premier film 69008 Lyon
Tél. : 04 78 78 18 95 - Fax : 04 78 01 36 62
www.institut-lumiere.org
Bertrand TAVERNIER, Thierry FREMAUX

MAISON DU FILM COURT
10, passage de Flandres 75019 Paris
Tél. : 01 40 34 32 44 - Fax : 01 40 34 32 79
www.maison-du-film-court.org
Julien CHOLLAT-NAMY

MEDIAMETRIE
55/63, rue Anatole France 92300 Levallois Perret
Tél. : 01 47 58 97 58 - Fax : 01 47 58 09 26
www.mediametrie.fr
Jacqueline AGLIETTA, Charles JUSTER

MEDIA DESK FRANCE
24, rue Hamelin 75016 Paris
Tél. : 01 47 27 12 77 - Fax : 01 47 27 04 15
www.mediadesk.com.fr
Renseignements MEDIA 2, contacter :
Françoise MAUPIN

MINISTERE DES AFFAIRES ETRANGERES
Direction de l'action audiovisuelle extérieure
244, Bd Saint Germain 75303 Paris 07 SP
Tél. : 01 43 17 87 27 - Fax : 01 43 17 85 38
Bureau du cinéma :
Tél. : 01 43 17 85 35

MINISTERE DE LA CULTURE
3, rue de Valois 75001 Paris
Tél. : 01 40 15 80 00 - Fax : 01 40 15 80 72
www.culture.gouv.fr

OBSERVATOIRE EUROPEEN DE L'AUDIOVISUEL
76, allée de Robertsau 67000 Strasbourg
Tél. : 03 88 14 44 00 - Fax : 03 88 14 44 19
www.obs.coe.int
> Dir. exécutif : Wolfgang CLOSS
> Expert informations marché :
André LANGE
> Expert informations pratiques :
Lone LE FLOCH - ANDERSEN
> Marketing : Markus BOOMS

PARLEMENT EUROPEEN
288, Bd Saint Germain 75341 Paris cedex 07
Tél. : 01 40 63 40 00 - Fax : 01 45 51 52 53
www.europarl.eu.int
Dir. bureau d'information :
Jean-Guy GIRAUD

Secrétariat Général du gouvernement
Direction du développement des médias
69, rue de Varenne 75007 Paris
Tél. : 01 42 75 80 00 - Fax : 01 42 75 57 40
Alain SEBAN

TDF
(TéléDiffusion de France)
10, rue d'Oradour sur Glane
75732 Paris cedex 15
Tél. : 01 55 95 10 00 - Fax : 01 55 95 20 00
www.tdf.fr

TV FRANCE INTERNATIONAL
5, rue Cernushi 75017 Paris
Tél. : 01 40 53 23 00 - Fax : 01 40 53 23 01
www.tvfi.com
Mathieu BEJOT

UER
(Union Européenne de Radio-Tv)
Ancienne route 17A C.P 67
1218 Grand Saconnex - Suisse
Tél. : 00 41 22 717 21 11
Fax : 00 41 22 717 24 81
www.ebu.ch
ebu@ebu.ch

UNESCO
(Organisation des Nations Unies pour l'Education, la Science et la Culture)
Office de l'information du Public
7, Place de Fontenoy 75007 Paris
Tél. : 01 45 68 10 00 - 01 44 49 06 92
> Dir. : C. VAN ENGLELAND
Tél. : 01 45 68 16 85 - Fax : 01 45 68 56 55
c.van-engleland@unesco.org
> Attachée de presse :
Elke SALAS ROSSENBACH

UNIFRANCE FILM INTERNATIONAL
4 Villa Bosquet 75007 Paris
Tél. : 01 47 53 95 80 - Fax : 01 47 05 96 55
www.unifrance.org
Véronique BOUFFARD

VII- LE CNC

Centre National de la Cinématographie
12, rue de Lübeck 75016 Paris
Tél. : 01 44 34 34 40
Fax : 01 47 55 04 91 - 01 44 34 36 97
3616 CNC (1,29 F la minute)
www.cnc.fr

Catherine COLONNA : Directrice Générale
Monique BARBAROUX : Directrice Générale Adjointe

> Directrice de la communication :
Milvia PANDIANI LACOMBE
Tél. : 01 44 34 36 95 – Fax : 01 44 34 34 73

> Direction financière et juridique :
Eric GARANDEAU - Tél. : 01 44 34 36 51

> Services des études, des statistiques et de la prospective :
Benoît DANARD - Tél. : 01 44 34 38 26

> Direction du cinéma :
François HURARD – Tél. : 01 44 34 38 43

> Direction du multimédia et des industries techniques :
Jean MENU – Tél. : 01 44 34 34 63

> Direction de l'audiovisuel et des industries multimédia :
Laurent CORMIER – Tél. : 01 44 34 34 13

> Direction des affaires européennes et internationales :
Xavier MERLIN – Tél. : 01 44 34 38 96

> Direction de l'action culturelle et territoriale :
Eric BRIAT - Tél : 01 44 34 34 09

> Direction des actions patrimoniales :
Boris TODOROVITCH - Tél : 01 30 14 81 00

> Service des archives du film et du dépôt légal :
Michèle AUBERT – Tél. : 01 30 14 80 02

> Registre public de la cinématographie :
François PIERRUGUES – Tél. : 01 44 34 36 55

> Médiateur du cinéma :
Francis LAMY – Tél. : 01 44 34 35 67

VIII- LES SOCIETES DE GESTION DE DROITS D'AUTEUR

ADAGP
(Association des Auteurs dans les Arts Graphiques et Plastiques)
11 rue Berryer 75008 Paris
Tél. : 01 43 59 09 79 - Fax : 01 45 63 44 89
www.adagp.fr
Jean-Marc GUTTON

ADAMI
(Société civile pour l'Administration des Droits des Artistes Musiciens Interprètes)
14-16, Rue Ballu 75009 Paris
Tél. : 01 44 63 10 00 - Fax : 01 44 63 10 10
www.adami.fr
Jean-François DUTERTRE

AGICOA
(Association de Gestion Collective Internationale des Œuvres Audiovisuelles)
26, rue Saint Jean CH-12003 Genève
Tél. : 00 41 22 340 32 00
Fax : 00 41 22 340 34 32
www.agicoa.fr
info@agicoa.org
André CHAUBEAUI

ANGOA
(Association Nationale de Gestion des Œuvres Audiovisuelles)
11 bis, rue Jean Goujon 75008 Paris
Tél. : 01 53 83 91 91 - Fax. : 01 53 83 91 92
ivdp@angoa.fr
Idzard VAN DER PUYL

ARP
(Société civile des Auteurs, Réalisateurs, Producteurs)
7, Av. de Clichy 75017 Paris
Tél. : 01 53 42 40 00 - Fax : 01 42 93 57 58
www.larp.fr
larp@larp.fr
Michel GOMEZ

CFC
(Centre Français d'exploitation de droit de Copie)
20, rue des Grands Augustins 75006 Paris
Tél. : 01 44 07 47 70 - Fax : 01 46 34 67 19
www.cfcopies.com
Jean LISSARRAGUE

COPIE FRANCE
(Copie privée audiovisuelle)
Cité de la musique
16, Place de la Fontaine aux Lions
75019 Paris
Tél. : 01 47 15 49 09 - Fax : 01 47 15 49 76
Charles.henri.lonjon@sacem.fr
Charles Henri LONJON

PROCIREP
(Société civile pour la perception et la répartition des droits de représentations publiques des films cinématographiques)
11bis, rue Jean Goujon 75008 Paris
Tél. : 01 53 83 91 91 - Fax : 01 53 83 91 92
accueil@procirep.fr
Idzard VAN DER PUYL

SACD
(Société des Auteurs Compositeurs Dramatiques)
11 bis, rue Ballu 75009 Paris
Tél. : 01 40 23 44 44 - Fax : 01 40 23 45 76
www.sacd.fr
Pascal ROGARD

SACEM
(Société des Auteurs Compositeurs et Editeurs de Musique)
225, Av. Charles de Gaulle
92200 Neuilly sur Seine
Tél. : 01 47 15 47 15 - Fax : 01 47 45 12 94
www.sacem.fr
Bernard MIYET

SCAM
(Société Civile des Auteurs Multimédia)
5, Av. Vélasquez 75008 Paris
Tél. : 01 56 69 58 58 - Fax : 01 56 69 58 59
www.scam.fr
Laurent DUVILLIER

SCELF
(Société Civile des Editeurs de Langue Française)
9, rue Bleue 75009 Paris
Tél. : 01 53 34 97 10 - Fax : 01 53 34 97 12
scelf@wanadoo.fr
Roland NEIDHART

SCPP
(Société Civile pour l'exercice des droits des Producteurs de Phonogrammes)
159, Av. Charles de Gaulle
92200 Neuilly sur Seine
Tél. : 01 41 43 03 03 - Fax : 01 46 40 13 17
www.scpp.fr
Marc GUEZ

SDRM
(Société pour l'administration du Droit de Reproduction Mécanique)
Cité de la Musique
16, Place de la Fontaine aux Lions
75019 Paris
Tél. : 01 47 15 47 15 - Fax : 01 47 15 49 76
www.sacem.fr
Thierry DESURMONT

SESAM
16, Place de la Fontaine aux Lions
75019 Paris
Tél. : 01 47 15 49 06 - Fax : 01 47 15 49 74
www.sesam.org
Catherine KERR-VIGNALE

SGDL
(Société des Gens de Lettres de France)
Hôtel Massa
38, rue du Fg Saint Jacques 75014 Paris
Tél. : 01 53 10 12 00 - Fax : 01 53 10 12 12
www.sgdl.org
Alain ABSIRE, Jean-Claude BOLOGNE

SPEDIDAM
(Société de Perception et Distribution des Droits des Auteurs Interprètes)
16, rue Amélie 75343 Paris cedex 07
Tél. : 01 44 18 58 58 - Fax : 01 44 18 58 59
www.spedidam.fr
info@spedidam.fr
François NOWAK

SPPF
(Société Producteurs de Phonogrammes en France)
22-24, rue de Courcelles 75008 Paris
Tél. : 01 53 77 66 55 - Fax : 01 53 77 66 44
www.sppf.com
Jérôme ROGER

SNEP
(Syndicat National de l'Edition Phonographique)
27, rue du Docteur Lancereaux 75008 Paris
Tél. : 01 44 13 66 66 – Fax : 01 53 76 07 33
www.disqueenfrance.com
Hervé RONY

IX- SYNDICATS PROFESSIONNELS

ADEF
(Association des Exportateurs de Films)
11, rue Chateaubriand 75008 Paris
Tél. : 01 45 63 34 51
www.adef.fr
contacts@adef.fr
Raphaël BERDUGO

ADP
(Association des Directeurs de Production)
C/o Philippe SCHWARTZ
13, chemin des Roses 92150 Suresnes
Tél. : 01 46 43 23 78 - Fax : 01 47 45 88 19
adpcinetv@wanadoo.fr

AFAR
(Association Française des Assistants Réalisateurs)
33, rue des Jeûneurs 75002 Paris
Tél. : 01 53 83 98 98
www.afar-cinema.fr

API
(Association des Producteurs Indépendants)
15, rue de Berri 75008 Paris
Tél. : 01 42 89 31 50 - Fax : 01 42 89 31 40
producteursindependants@club-internet.fr
Hortense DE LABRIFFE

ARP
(Société civile des auteurs, réalisateurs, producteurs)
7, Av. de Clichy
75017 Paris
Tél. : 01 53 42 40 00 - Fax : 01 42 93 57 58
www.larp.fr
Michel GOMEZ

ASSOCIATION FRANCAISE DES DIRECTEURS DE LA PHOTOGRAPHIE CINEMATOGRAPHIQUE
6, rue Francoeur 75008 Paris
Tél. : 01 42 64 41 41 - Fax : 01 42 64 42 52
www.afcinema.fr
Philippe PAVANS DE CECCATTY,
Jacques LOISELEUX

BLIC
(Bureau de Liaison de l'Industrie Cinématographique)
74, Av. Kléber 75016 Paris
Tél. : 01 56 90 33 00 - Fax : 01 56 90 33 01
film.paris@wanadoo.fr
Antoine VIRENQUE, Julie LORIMY

BLOC
(Bureau de Liaison des Organisations Cinématographiques)
18, rue Vivienne 75008 Paris
Tél. : 01 44 90 07 10 - Fax : 01 44 90 07 11

CGC
(Syndicat national des cadres, agents de maîtrise et techniciens de la cinématographie)
64, rue Taitbout 75009 Paris
Tél. : 01 42 80 11 11 - Fax : 01 42 85 49 95

CLUB DES CINQ
5, rue du Chevalier de Saint Georges
75008 Paris
Tél. : 01 42 96 01 01 - Fax : 01 40 20 02 21
infos@pyramidefilms.com

CSDEM
(Chambre Syndicale De l'Edition Musicale)
62, rue Blanche 75009 Paris
Tél. : 01 48 74 09 29 - Fax : 01 42 81 19 87
www.csdem.fr

CSPEFF
(Chambre Syndicale des Producteurs et Exportateurs de Films Français)
5, rue du Cirque 75008 Paris
Tél. : 01 53 89 01 30 - Fax : 01 42 25 94 27
cspeff@wanadoo.fr
Jean COTTIN

EGTA
50, rue Wirtz 1050 Bruxelles – Belgique
Tél. : + 32 2 290 31 31
Fax : + 32 2 290 31 39
www.egta.com
Michel GREGOIRE

FEDERATION DES DISTRIBUTEURS DE FILMS
74, Av. Kléber 75016 Paris
Tél. : 01 56 90 33 00 - Fax : 01 56 90 33 01
films.fndf@fndf.org
Antoine VIRENQUE

FEITIS
(Fédération Européenne des Industries Techniques de l'Image et du Son)
Ingestre court, Ingestre place
W1R 3LR Londres – Royaume-Uni
Tél. : 00 44 207 343 65 43
davidcarr@m2tv.com
David CARR, Michel THEVENET

FFCV
(Fédération Françaises de Cinéma et Vidéo)
53, rue Clisson 75013 Paris
Tél. : 01 44 24 90 25 - Fax : 01 44 24 87 05
www.ffcinevideo.org
Philippe SEVESTRE

FFOSSPA
(Fédération F.O. des Syndicats des Spectacles, de la Presse et de l'Audiovisuel)
2, rue de la Michodière 75002 Paris
Tél. : 01 47 42 35 86 - Fax : 01 47 42 39 45
fasap-fo@wanadoo.fr
Bertrand BLANC

FIAPF
(Fédération Internationale de Producteurs de Films)
9, rue de l'Echelle 75001 Paris
Tél. : 01 44 77 97 50 - Fax : 01 44 77 97 55
info@fiapf.org
Andrès VINCENTE GOMEZ, Aurélio DE LAURENTIIS, Bertrand MOULIER

FICAM
(Fédération des Industries du Cinéma, de l'Audiovisuel et du Multimédia)
17, rue Hamelin 75116 Paris
Tél. : 01 45 05 72 55 - Fax : 01 45 05 72 50
www.ficam.fr
Thierry de SEGONZAC, Vincent LAMY

FNCF
(Fédération Nationale des Cinémas Français)
15, rue de Berri 75008 Paris
Tél. : 01 53 93 76 76 - Fax : 01 45 63 29 76
www.fncf.org
fncf@fncf.org
Jean LABE, Olivier SNANOUDJ

FTILAC
(Fédération des Travailleurs de l'Information, du Livre, de l'Audiovisuel et de la Culture)
47-49, Av. Simon Bolivar 75019 Paris
Tél. : 01 44 52 52 70 - Fax : 01 42 02 59 74
federation@cfdt-stilac.fr
Danièle RIVED

GNCR
(Groupement National des Cinémas de Recherche)
55, rue de Chateaudun 75009 Paris
Tél. : 01 42 82 94 06 - Fax : 01 48 78 54 97
www.cinemas-de-recherche.org
Olivier BRUAND

LA COMPAGNIE DES REALS
62, Bvd Diderot 75012 Paris
Tél. : 01 43 45 79 25
www.laciedesreals.org
Bernard DUMAS, Guy-Louis MER, Jean-Marc PHILIPPE, Joachin GLIEM

MPA
(Motion Picture Association)
270/272, Av. de Tervuren B-1150 Bruxelles
Tél. : 00 322 778 27 11
Fax : 00 322 778 27 00
www.mpaa.org
Christopher MARCICH

PACT
(Producers Alliance for Cinema and Television)
Gordon House - Greencoast place
SW1 1PH Londres
Tél. : 00 44 1 71 233 60 00
Fax : 00 44 171 233 89 35
www.pact.co.uk
John WOODWARD, Mila BOLLAND

SAPT
(Syndicat des Agences de Presse Télévisées)
32, rue Laborde 75008 Paris
Tél. : 01 42 93 42 57 – Fax : 01 42 93 15 32
Andrès VINCENTE GOMEZ
Jacques MORANDAT

SCARE
(Syndicat des Cinémas d'Art, de Répertoire et d'Essai)
16, rue de la Commanderie 54000 Nancy
Tél. : 03 83 28 41 00 - Fax : 03 83 28 84 84
perso.wanadoo.fr/scare
Michel HUMBERT, Jacques FRETEL

SDI
(Syndicat des Distributeurs Indépendants)
23, rue des Charmes 78110 Le Vésinet
Tél. : 01 30 53 20 89 - Fax : 01 30 53 07 79
Christian ODDOS

SEV
(Syndicat de l'Edition Vidéo)
24, rue Marbeuf 75008 Paris
Tél. : 01 42 25 33 04 - Fax : 01 45 63 36 46
www.sev-video.org
info@sev(video.org
Jean-Yves MIRSKI

SFAAL
(Syndicat Français des Agents Artistiques et Littéraires de l'audiovisuel et du spectacle vivant dramatique)
36, rue de Ponthieu 75008 Paris
Tél. : 01 56 69 33 00 - Fax : 01 45 61 16 38
sfaal@sfaal.com
laume@sfaal.com
Patrice LAUMÉ

SFAC
(Syndicat Franco-Américain de la Cinématographie)
74, Av. Kléber 75016 Paris
Tél. : 01 56 90 33 00
Alain GOLDMAN

SFAI
(Syndicat Français des Artistes Interprètes)
21bis, rue Victor Massé 75009 Paris
Tél. : 01 53 25 09 09 - Fax : 01 53 25 09 01
www.sfa.cgt.fr
Michel GAUTHERIN, C. ALMERAS

SFCC
(Syndicat Français de la Critique de Cinéma)
17, rue des Jeûneurs 75002 Paris
Tél. : 01 45 08 14 54 - Fax : 01 45 08 14 55
www.critique-cinema.fr
Jean-Christophe BERJON

SFDTC
(Syndicat Français Des Théâtres Cinématographiques)
10, rue de Washington 75008 Paris
Tél. : 01 43 59 45 30 - Fax : 01 53 75 08 79
sf-tc@wanadoo.fr
Laurence GRAMONT

SGTIF-CGT
(Syndicat Général des Travailleurs de l'Industrie du Film)
14-16, rue des Lilas 75019 Paris
Tél. : 01 42 41 14 93 - Fax : 01 42 40 90 20
sgtif.cgt@wanadoo.fr

SNAC
(Syndicat National des Auteurs et des Compositeurs
80, rue Taitbout 75442 Parix cedex 09
Tél. : 01 48 74 96 30 - Fax : 01 42 81 40 21
> Service des dépôts : Tél. : 01 42 80 52 82
snac.fr@wanadoo.fr
www.snac.fr
Emmanuel DE RENGERVÉ

SNCAMTC
(Syndicat National des Cadres, Agents de Maîtrise et Techniciens de la Cinématographie)
64, rue Taitbout 75009 Paris
Tél. : 01 42 80 11 11 - Fax : 01 42 85 49 95
Gildas FLOHIC

SNTTPCT
(Syndicat National des Techniciens et Travailleurs de la Production Cinématographique et de la Télévision)
10, rue Trétaigne 75018 Paris
Tél. : 01 42 55 82 66 - Fax : 01 42 52 56 26
snttpct@infonie.fr
Stéphane POZDEREC

SNTR-CGT
(Syndicat National des Techniciens et Réalisateurs de la production cinématographique et télévision film vidéo)
14-16, rue des Lilas 75019 Paris
Tél. : 01 42 00 48 49 - Fax : 01 42 40 06 62
www.sntr.fnsac-cgt.com
Laurent BLOIS

SPFA
(Syndicat des Producteurs de Films d'Animation)
17, rue Hamelin 75016 Paris
Tél. : 01 45 05 72 20 - Fax : 01 45 05 72 18
spfa@wanadoo.fr
Stéphane LE BARS

SPI
(Syndicat des Producteurs Indépendants)
1bis, rue du Havre 75008 Paris
Tél. : 01 44 70 70 44 – Fax : 01 44 70 70 40
www.lespi.org
info@lespi.org
Marc-Olivier SEBBAG

SRCCTA
(Syndicat des Réalisateurs et Créateurs du Cinéma, de la Télévision et de l'Audiovisuel)
Pièce V 142 – France 2
7, Esplanade Henri de France
75907 Paris cedex 15
Tél. : 01 56 22 56 08 / 56 48
Fax : 01 56 22 56 35 / 47 59
jp.askenasi@france2.fr
Jacques RUTMAN, Jean-Paul ASKENASI, Sandra BAR

SRF
(Société des Réalisateurs de Films)
14, rue Alexandre Parodi 75010 Paris
Tél. : 01 44 89 99 99 - Fax : 01 44 89 99 60
s.r.f@wanadoo.fr
Michèle SOULIGNAC, Catherine LEGAVE

UDA
(Union Des Annonceurs)
53, Av. Victor Hugo 75116 Paris
Tél. : 01 45 00 79 10 - Fax : 01 45 00 55 79
www.uda.fr
Gérard NOEL

UGS
(Union Guilde des Scénaristes)
14, rue Alexandre Parodi 75010 Paris
Tél. : 01 44 89 99 80 - Fax : 01 44 89 99 84
ug.s@free.fr
www.ugs-online.org

UNEVI
(Union de l'Edition Vidéographique Indépendante)
> Siège social :
1 bis, rue du Havre 75008 Paris
> Bureau :
12, Villa Cœur de Vey 75014 Paris
unevi@free.fr
Renaud DELOURME

UNICINE
(Union des cinémas)
15, rue du Berri 75008 Paris
Tél. : 01 42 89 31 50 - Fax : 01 42 89 31 40
unicine@club-internet.fr
Jean-Pierre DECRETTE, Guy DIDIER, Hortense DE LABRIFFE

UPF
(Union des Producteurs de Films)
18, rue de Vienne 75008 Paris
Tél. : 01 44 90 07 10 - Fax : 01 44 90 07 11
upf@wanadoo.fr
Marie-Paule BIOSSE-DUPLAN

USPA
(Union Syndicale de la Production Audiovisuelle)
5, rue Cernuschi 75017 Paris
Tél. : 01 40 53 23 00 - Fax : 01 40 53 23 23
www.uspa.fr
Jacques PESKINE

L'AUTEUR

Jean-Pierre FOUGEA est **producteur**; il a produit plus de 150 films, courts métrages, longs métrages, films pour la télévision, dont le fameux **"Et la tendresse? Bordel !".**

Il est **éditeur (DIXIT)** et a édité plus de cent livres sur l'audiovisuel. Il est **formateur** et a créé plus de 10 modules de formation suivies par plus de 1 000 professionnels.

Il a, ou a eu, de nombreuses activités professionnelles : fondateur du **SPI** (Syndicat des Producteurs Indépendants), vice-président d'**Unifrance Film**, membre de la Commission Culture et Communication de l'**UNESCO**, membre du Conseil d'Administration de la **FEMIS**, membre du Conseil d'Administration du **Festival de Cannes**, membre de la Commission de Contrôle Cinématographique…

***

LES OUTILS

Editions DIXIT / Jean-Pierre FOUGEA
3, rue La Bruyère 75009 Paris
Tél : (0)1 49 70 03 33
Fax : (0)1 49 70 02 15
Email : info@dixit.fr
Site web : www.dixit.fr

Couverture : Julien FOUGEA
Mise en page : Marlène WEIL-MASSON

Imprimerie : Toscane
Distribution : Dilisco

Achevé d'imprimé en avril 2005
Dépôt légal à parution
ISSN : 0988 – 1042
ISBN : 2 – 84481 – 097 – 7
Prix : 46 €